四川历史名人丛书

传 记 系 列

王 青 – 著

扬雄传

天地出版社 | TIANDI PRESS

"四川历史名人丛书"编委会名单

"四川历史名人丛书"总序

——传承巴蜀文脉，让历史名人"活"起来

文化是民族的血脉，是哺育民族成长壮大的乳汁，是一个国家、一个民族的灵魂，文化兴国运兴，文化强民族强。从十八大到十九大，习近平总书记以政治家的战略眼光，以唯物主义的科学态度，从中华文化的思想内涵、道德精髓、现代价值和传承理念等方面多维度、系统化地阐述了对待中华文化的根本态度和思想观点。他将中华优秀传统文化提升到"中华民族的基因""民族文化血脉""中华民族的根和魂"和"中华民族的精神命脉"的崭新高度，指出"一个国家、一个民族不能没有灵魂"，"优秀传统文化是一个国家、一个民族传承和发展的根本，如果丢掉了，就割断了精神命脉"，要"加强对中华优秀传统文化的挖掘和阐发"，从传统文化中提取民族复兴的"精神之钙"，"对历史文化特别是先人传承下来的道德规范，要坚持古为今用、以古鉴今，坚持有鉴别的对待、有扬弃的继承"，努力实现传统文化的"创造性转化、创新性发展"。总书记的一系列著名论断，从中华民族最深沉精神追求的深度、国家战略资源的高度、推动中华民族现代化进程的角度，把中华文化的发展提升到一个

新高度，升华到一个新境界，推向了一个新阶段。

中华文化源远流长，积淀着中华民族最深层的精神追求，是中华民族独特的精神标识，为中华民族生生不息、发展壮大提供了丰厚滋养。沧海桑田，古印度、古埃及、古巴比伦文明早已成为阳光下无言的石柱，而中华文明至今仍然喷涌着蓬勃的生机。四川作为中华文明的重要发源地之一，历史文化源通流畅、悠久深厚。旧石器时代，巴蜀大地便有了巫山人和资阳人的活动。新石器时代，巴蜀创造了独特的灰陶文化、玉器文化和青铜文明。以宝墩文化为代表的古城遗址，昭示着城市文明的诞生；三星堆和金沙遗址，展示了古蜀文明的不同凡响；秦并巴蜀，开启了与中原文化的融通。汉文翁守蜀，兴学成都，蜀地人才济济，文章之风大盛。此后，四川具有影响力的文人学者，代不乏人。文学方面，汉司马相如、王褒、扬雄，唐陈子昂、李白，宋苏洵、苏轼、苏辙，元虞集，明杨慎，清李调元、张问陶，近现代巴金、郭沫若等，堪称巨擘；史学方面，晋陈寿、常璩，宋范祖禹、张唐英、李焘、李心传、王称、李攸等，名史俱传。此外，经过一代代巴蜀人的筚路蓝缕、薪火相传，还创造了道教文化、三国文化、武术文化、川酒文化、川菜文化、川剧文化、蜀锦文化、藏羌彝民族风情文化等，都玄妙神奇、浩博精深。瑰丽多姿的巴蜀文化，是中华文化的重要组成部分，有着鲜明的地域特征和独特的文化品格，是四川人的根脉，是推动四川文化走向辉煌未来的重要基础。记得来路，不忘初心，我们要以"为往圣继绝学"的使命担当，担负起传承历史的使命和继往开来的重任，大力推动巴蜀文化的传承、接续与转生，让巴蜀文化的优秀基因代代相传，"子子孙孙无穷匮也"。

四川历史文化异彩独放，民族文化绚丽多姿，红色文化影响深广，历史名人灿若星辰，这是四川建设文化强省重要的文化资源。四川省委、省政府秉持高度的文化自觉和文化自信，借助四川文化资源富集的优势，持续深入推进文化强省建设，先后出台《四川省"十三五"文化发展规划》《关于传承发展中华优秀传统文化的实施意见》《建设文化强省中长期规划纲要》等一系列战略规划及措施，大力推进古蜀文明保护传承、三国蜀汉文化研究传承、四川历史名人传承创新、藏羌彝文化保护发展等十七项优秀传统文化传承发展工程，着力构建研究阐发、保护传承、国民教育、宣传普及、创新发展、交流合作等协同推进的文化发展传承体系，不断探索传承守护中华文脉的四川路径。

"四川历史名人文化传承创新工程"是四川启动最早、影响最广的一项文化工程。自 2016 年 10 月提出方案，经过八个多月的论证调研、市 (州) 申报、专家评审，最终确定大禹、李冰、落下闳、扬雄、诸葛亮、武则天、李白、杜甫、苏轼、杨慎为首批十位四川历史名人。这十位历史名人，来自政治、文化、科技、艺术等多个领域，他们是四川历史上名人巨匠的首批杰出代表，各自在自己专业领域造诣很高，贡献杰出：李冰兴建都江堰，功在千秋；落下闳创制《太初历》，名垂宇宙。李白诗无敌，东坡才难双；诸葛相蜀安西南，杜甫留诗注千家。大禹开启中华文明，则天续唱贞观长歌。扬雄著述称百科全书，千古景仰；升庵文采光辉耀南国，万世流芳。

十大名人之所以值得传颂，不仅在于他们具有雄才大略、功勋卓著、地位崇高、声名显赫，更在于他们身上所承载的思想理念、人文精神、气质风范、文化品格等，是中华民族和巴蜀文化的集中表达。大禹公而忘私、为民造福的奉献精神，李冰尊崇自然、求真务实的科学态度，落下闳潜心研究、孜孜不倦的探求意志，扬雄悉心著述、明辨笃行的学术追求，诸葛亮宁静淡泊、廉洁奉公的自律品格，武则天巾帼不让须眉的豪迈气概，李白"直挂云帆济沧海"的博大胸怀，杜甫心系苍生、直陈时弊的忧患意识，苏轼宠辱不惊、澄明旷达的坦荡胸襟，杨慎公忠体国、坚守正义的爱国情怀，都是中华民族优秀文化的浓缩和凝聚，是四川人民独特气质风范的体现，是社会主义核心价值观的本源和本质，是四川发展的宝贵资源和突出优势。

历史名人要有现实意义才能活在当下。今天我们宣传历史名人，不能停留在斯土有斯人的空洞炫耀，而要用历史的、发展的、辩证的思维去深入挖掘、扬弃传承、转化创新，不断赋予时代内涵，不断呈现当代表达，让历史名人及其文化"站起来""活起来""动起来""响起来""火起来"，真正走出历史、走出书斋、走进社会，走向世界、走向未来。"四川历史名人文化传承创新工程"实施三年多来，全社会认知、传承、传播历史名人文化的热潮蓬勃兴起，成效显著：十大名人研究中心全面建立，一批中长期规划先后出台，一批优秀成果陆续推出；十大名人故居、博物馆、纪念馆加快保护修复，展陈质量迅速提升；十大名人宣传片全部上线，主题突出，画面精美；名人大讲堂、东坡艺术节、人日游草堂、都江堰放水节、广元女儿节等品牌文化活动多地开花，万紫千红；以名人为元素打造的储蓄罐、笔记本、手机壳、冰箱贴等文创产品源源上市，深受民众喜爱；话剧《苏东坡》《扬雄》，川剧《诗酒太白》《落下闳》，歌剧《李冰父子》，曲艺《升庵吟》，音乐剧《武侯》，交响乐《少陵草堂》等一大批舞台艺术作品好戏连台，深入人心……

"四川历史名人丛书"的编纂出版，是实施振兴四川出版战略、实现文化强省目标的重要举措，其目的是深入挖掘提炼历史名人的思想精髓和道德精华，凝练时代所需的精神价值，增强川人的历史记忆、文化记忆，延续中华文化的巴蜀脉络，推动中华文化传承创新，彰显巴蜀文化的生命力和影响力。

"四川历史名人丛书"的编纂出版，始终坚持正确的政治方向、出版导向、价值取向，深入挖掘名人的精神品质、道德风范，正面阐释名人著述的核心思想，借以增强川人的文化自信，激发川人了解家乡、热爱家乡、建设家乡的澎湃力量；始终坚守中华文化立场，着力传承中华文化的经典元素和优秀因子，促进人民在理想信念、价值理念、道德观念上团结一致；始终秉承辩证和历史唯物主义观点，用客观、公正、多维的眼光去观察历史名人，还原全面、真实、立体的历史人物，塑造历史名人的优秀形象，展示四川文化的独特魅力，让历史名人文化为今天的社会发展提供精神动能。

"四川历史名人丛书"的编纂出版，注重在创新上下功夫，遵循出版规律，把握时代脉搏，用国际视野、百姓视角、现代意识、文化思维，将思想性、知识性、艺术性、可读性有机结合，找到与读者的共振点，打造有文化高度、历史厚度、现代热度的文化精品，经得起读者检验，经得起学者检验，经得起社会检验，经得起历史检验；注重在质量和水平上下功夫，立足原创、新创、精创，努力打造史实精准、思想精深、内容精彩、语言精妙、制作精美的文化精品，全面提升四川出版的知名度和美誉度，为建设文化强省、助推治蜀兴川再上新台阶提供思想引领、舆论推动、精神鼓励和文化支撑，为增强中华文化影响力贡献四川力量。

"四川历史名人丛书"编委会

2019 年 10 月 30 日

扬雄（前53—18年），字子云，出生、成长于蜀地。他拥有百科全书一般丰富的学识，在哲学、文学、语言学、地方文化等各个领域都有着重要的成就，是四川历史上最负盛名的学者之一。

扬雄模仿《周易》所作的《太玄》，吸收了西汉时期最先进、最流行的天文、历法等自然知识，以"玄"为中心，构拟了一个囊括天道、地道、人道的宇宙间架，构成一个包罗万象的世界图式，以此反映宇宙的条理与秩序；并且按照以天道明人事的思路，力图揭示人类社会的基本规律；表现出对宏大事物的整合能力，以及形而上的思维能力。他模仿《论语》所作的《法言》，继承了先秦儒学中有关仁义、礼仪、孝道等核心观念，主张立政重在教化，尤其强调后天的学习在修身中的重要作用。在人性论这一领域，他在孟子"性善"、荀子"性恶"的基础上，提出人性"善恶混"这一观点。同时，他又吸收道家的"道德"观念并加以伦理化的改造，对儒家学说的发展作出了贡献。更为重要的是，在儒学神学化、灾异方术充斥朝野的西汉晚期，扬雄坚持并捍卫了先秦儒家的理性主义精神，对灾异谶纬和神仙方术自始至终保持着高度怀疑，很少迎合。在扬雄的著作中，几乎看不到当时流行的灾异之说，而对神仙鬼怪之说则绝不信从。可以说，他恢复了孔、孟以来的道统，继承了先秦儒学的精神，为唐、宋以后儒学的复兴奠定了良好的基础。

扬雄同时是一位伟大的文学家，他的文学成就主要集中于辞赋创作上。他创作的四大赋思理密察，典丽深湛，庄重凝练，巧妙地使用了各种委婉的讽谏手段，试图影响君主的行为，表现出一个知识分子的社会责任感。而他的几篇自述境遇的小赋如《解嘲》《逐贫赋》等，则构思新颖，属意巧妙，在自嘲之中有不平与愤激，在诙谐中有辛酸与无奈，对后世的影响甚至超越了他的大赋。除了赋之外，他的作品中还有颂、诔、箴、铭等各种文体；连珠这一形式，则是扬雄的创造。扬雄明道、征圣、宗经的文学思想更是对刘勰有直接的影响。

作为一个语言学家，扬雄搜集了周代以来的方言资料，并通过实际调查记录当时的各地语言，在此基础上整理编集而成的《方言》，是中国第一部汉语方言比较词汇集。这部书的写作与编纂，采用了相对科学的调查方法和编排方法，不仅保存了丰富的汉代语言资料，也保存了许多汉代社会文化的历史资料。

扬雄又是蜀地文化的重要传承者。他的《蜀王本纪》记录了古代蜀帝的世系传承以及在当地影响广泛的神话故事、民间传说和历史掌故，为后世留下了宝贵的蜀地历史资料，并影响了蜀地的地方志撰写。他的《蜀都赋》则详细记录了蜀地的地理、物产与民情风俗，开启了后世都邑大赋的先声。除此之外，扬雄在音乐、史学、天文学等方面也有涉略，并留下了相关的著作。

除了给后人留下诸多宝贵的作品外，扬雄也用自己的生活实践，为后世知识分子提供了一种独特的生活方式。这是一种边缘化的生活方式，自觉地避开政治漩涡，将知识作为安身立命的基石，甘心寂寥、默默无闻地困守书斋，同时也不放弃自己的社会责任，在保身的前提下完成自己应尽的使命。扬雄的生活方式成为诗文中的常用典故，历代落魄的知识分子都从扬雄的经历中看到了自己，并激发起他们强烈的共鸣。很多人效仿他，这些人在举世争骛禄利、学术依附于政治的时代中，保持了人格的完整与独立，这同样是扬雄对后世的贡献。

本书将尽可能完整地向读者展现扬雄的生活经历、思想、创作及其对后世的影响。扬雄的思想体系较为艰深，文字表达较为晦涩，理解起来有一定的困难，学术界也存在着争议。因此，我们在引用扬雄原文的时候尽可能译成白话文，以帮助读者理解。同时，我们也希望通过此书，使读者更多地了解人杰地灵的四川，了解四川悠久深厚的文化传统。

第一章　巴蜀好文雅
——扬雄的家乡

天府之国 _ 003

文翁化蜀 _ 008

蜀地出赋家 _ 010

严遵与李弘 _ 014

天数在蜀 _ 016

第二章　年年岁岁一床书
——居乡时期的求学与创作

扬氏的世系与阶层 _ 021

扬雄的早年教育 _ 024

扬雄的早期创作

　　——《蜀王本纪》与《蜀都赋》_ 027

《反离骚》——对屈原的态度 _ 036

第三章　诗人之赋丽以则

——入京献赋

成帝即位 _ 047

王氏隆盛 _ 050

皇室宗教活动 _ 052

献四大赋 _ 057

黄门侍郎 _ 073

第四章　以玄尚白

——哀帝时期的活动与创作

一朝天子一朝臣 _ 079

今古文经学之争 _ 083

两次建言 _ 087

《解嘲》与《解难》 _ 090

第五章　大者含元气，纤者入无伦

——《太玄》构拟的宇宙体系

《太玄》的结构 _ 101

《太玄》中的宇宙构成论 _ 109

《太玄》中的宇宙发生论 _ 121

《太玄》中的朴素辩证法思想 _ 127

以天道明人事的思维方式 _ 137

第六章　剧秦美新

——易代之际的扬雄

王莽专权 _ 147

文化建设 _ 151

《逐贫赋》_154

新朝代汉_159

《剧秦美新》_164

第七章　言论准宣尼
————《法言》及其思想学说

扬雄的社会政治思想_171

扬雄的人性论_177

扬雄的伦理思想_183

扬雄的知识论_190

扬雄的教育思想_200

扬雄的文学理论_204

扬雄的历史思想_216

扬雄的民族思想_226

第八章　寂寂扬子宅，门无卿相舆
————扬雄的晚年生活

投阁_235

撰著《方言》_238

《答刘歆书》_243

《难盖天八事》_247

知识型的人生_256

第九章　悠悠百世后，英名擅八区
————扬雄的影响与争议

汉魏六朝人心目中的扬雄_265

唐朝诗文中的扬雄形象_270

宋人对扬雄的不同态度_275

明清时期对扬雄的评价 _ 285

扬雄思想的价值 _ 291

第十章 西蜀子云亭
——扬雄的遗迹

成都市的扬雄故居 _ 299

嘉定府的扬雄遗迹 _ 305

郫县、绵阳的扬雄遗迹 _ 308

扬雄年谱 _ 311

参考书目 _ 315

后　记 _ 317

巴蜀好文雅

　　扬雄的家乡是古蜀国的中心地区，这里经济发达，物产丰富。文翁化蜀培养了此地爱好文雅的风气，孕育了司马相如与王褒这样的著名赋家，又有严遵、李弘这样广受称道的先贤。蜀地的天文历法之学也源远流长，人才辈出。扬雄就出生、成长于这样一个环境之中。

天府之国

据《汉书·扬雄传》记载：

> 扬雄字子云，蜀郡成都人也。其先出自有周伯侨者，以支庶初食采于晋之扬，因氏焉，不知伯侨周何别也。扬在河、汾之间，周衰而扬氏或称侯，号曰扬侯。会晋六卿争权，韩、魏、赵兴而范、中行、知伯弊。当是时，逼扬侯，扬侯逃于楚巫山，因家焉。楚汉之兴也，扬氏溯江上，处巴江州。而扬季官至庐江太守。汉元鼎间避仇复溯江上，处岷山之阳曰郫。

据此我们知道，扬雄的祖先出自周代的伯侨，因伯侨起初的采邑在晋国的扬地，于是以扬为姓。扬氏本来居住在黄河、汾水之间，周王室衰落时扬氏中有人称侯，号称扬侯。后来，碰上晋国的六卿争权，韩、魏、赵兴盛，范、中行、智伯衰败。就在这一时期，扬侯被威胁，逃到楚国的巫山，在这里安家。楚、汉相争时，扬氏溯长江而上，居住在巴郡的江州。扬雄的祖先扬季曾经官至庐江（今安徽合肥市庐江县）太守。在汉元鼎间（前116—前111年），为了躲避仇家，扬氏再次沿江而上，来到岷山之南的郫县（现为郫都区，下同）。

尽管《汉书》记载得如此明确，但扬雄的姓和家乡依然有争议。扬雄的姓在古代文献中有两种写法，一种是"杨"，另一种是"扬"。最早记载扬雄生平事迹的正史《汉书》，在早期的各个版本中，有的时候写作"杨"，有的时候写作"扬",一直到明监本才统一写作"扬"。很多学者考证,扬雄实际上应该姓"杨",《汉书》有时写作"扬",是同音通假。也有的学者认为,扬雄的祖上本姓"杨",为了逃避仇家,才改了姓氏,从此开始姓"扬"。这是一种推测,但这种推测有一定的道理。在古代社会,确实有很多家族为了避仇而迁居、改姓。我们在此就按照《汉书》通行本对扬雄姓名的记录,写作"扬雄"。(由于在古籍文献中,扬雄的姓氏很混乱,时而作"杨",时而作"扬",在一书中甚至一卷中都不统一,本书在引用时,一般遵循原作,不作改动。)

其次,扬雄究竟是郫人还是成都人?北宋时高惟几就在《扬子云宅辨碑记》中说:岷山离蜀郡五百里,郫离成都四十里,郫显然不在岷山之南。而且,唐朝以前就有很多材料表明扬雄的故居应该是在成都而不是郫县。所以,扬季五世传一子,世世都是成都人(《成都文类》卷四十二)。今人孙琪华在《扬雄故里问题之我见》一文中说,在汉朝,成都只是蜀郡下面的一个县,与郫是平级的,如果扬雄是郫县人,应该说是蜀郡郫人,但《汉书》明确说他是"蜀郡成都人"。孙先生考证说,"处岷山之阳曰郫",这个郫不是郫县,而是郫江,郫江流经成都。有很多材料表明,扬雄的故居是临江而居。所以,扬雄应该是成都人。(《文史知识》2002年第2期)

就扬雄在后世的遗迹来说,确实是成都比郫县多,高、孙两位是有道理的。我认为,扬季一家开始确实是住在郫县的,但扬雄应该是在成都长期居住并学习。所以,郫县是扬雄的籍贯,而成都是扬雄40岁之前的居住地。随着郫县成为成都市的一个区,有关这个问题的争议也就大大减少。

在了解扬雄之前,我们有必要了解一下扬雄出生和生活的地方。

古代的蜀国,是以古蜀族为中心建立的。其疆域以岷江流域为中心,北至今天陕、甘两省的南部,南至今天云南的北部。郫邑曾数次作为古蜀国的都城,后来才定都郫邑附近的成都。可以说,郫邑和成都都是蜀国的中心地区。

殷周时期,现在的四川地区还不是中原华夏民族直接统辖的行政区域,而是中国境内若干个方国中的一个。直到战国时期的秦惠文王更元九年,也就是公元前316年,秦国大将司马错和张仪奉命伐蜀,灭了蜀国,蜀地才统一到秦国的版图中。秦国行政实行的是郡县制,秦中央政府在蜀地设蜀郡,治成都。因此,蜀地纳入华夏民族的直接统辖区域是比较晚的。

但是蜀地一直有高度发达的农业经济。四川盆地位于北纬26度至34度之间，特殊的地理位置与地形，使它非常适合农耕。四川盆地的地理位置与地形特殊在什么地方呢？

首先，它在青藏高原的东侧，东南距离太平洋、西南距离印度洋均在1200公里左右，而且这中间没有高山阻隔，两洋的温暖气流均能到达，故而形成了温暖湿润的亚热带季风性气候。从降水条件来看，四川盆地中部全年降水量一般略小于1000毫米，向四周逐渐增至1000毫米以上，而盆地中的水分蒸发量略高于600毫米，蒸发量小于降水量，所以盆地内的水资源非常丰富。《华阳国志·蜀志·总叙》在叙述了蜀郡几条重要的河流之后说："皆溉灌稻田，膏润稼穑。是以蜀川人称郫、繁曰膏腴，绵、洛为浸沃也。"

其次，盆地四周，虽然东有巫山，南有大娄山、大凉山，西有龙门山、大相岭，但并不很高，不至于挡住温暖的气流。东北是米仓山和大巴山，正北则是秦岭。大巴山、秦岭海拔均在2000米以上，在冬季，能阻挡由北方来的冷空气，即使冷空气侵入盆地，也由于越过了高山，减轻了寒冷的程度。所以，四川盆地冬暖春早，成为我国冬季著名的暖中心。据现在的测量，在全年最冷的一月份，成都的平均温度为5.5℃。到了四月，盆地中南部平均气温即超过18℃。这种气候，对农业生产是有利的。

再次，从土壤条件来看，盆地内分布最广的是黄壤和潮土，其所含矿物质与有机物都比较丰富，是适宜农耕的肥沃土壤，称得上是膏腴之地。

郫县位于成都平原中部、成都市西北。境内除西北角有一小块浅丘台地以外，其余都是平原。谚语说郫县是"一丘五水，九十四分坝"。意思是说，一分丘地，五分河流，其余九十四分都是平原。和整个四川盆地一样，郫县属亚热带季风性湿润气候，四季分明，光照充足，常年气温为15.7℃，降水量为963毫米。良好的气候和环境，为郫县大地上动植物的生长繁衍提供了良好的条件。所以，自古以来就有"银郫县"之称。

扬雄曾经在《蜀都赋》中描述过以成都为中心的蜀郡的各种物产，提到的矿产有各种玉石、石芝、琥珀、白银、铅、锡、铜，动物有马、犀牛、牦牛、大象、细角羚羊、麋鹿、罴、大熊猫、猪獾、麏、麢、鹿、麝等，树木有楩、栎、榜、檍、檖、楟、枏、枌、梧、橿、枥、楈、榪、豫章等，竹子有钟龙、笭簜以及各种野生小竹子，水生植物有芦苇、蒋、蒲、藿芋、莲藕、菱等，周边生活着翡翠、鸳鸯、袅鸽、鸹、鹭、鹤、鹍、鸧鸹等各种鸟类，水里生活着猵、獭、鼍、蛟、蛇、鼋、鳣、鳖、龟、水豹等各种水生动物。

农业方面，因为水利发达，农作物极其丰富。除了五谷之外，还有各种瓜瓝和蔬菜，到处都长着姜和栀子树，出产附子、巨蒜、嫩艾、花椒、江蓠，以及蒟子酱和酴醿、薯蓣和荠菜、茄子等，茶叶开始成为商品。

园艺十分发达，到处是果园，里面种植着各种果树，扬雄在《蜀都赋》中提到的有黄柑、橘树、橙树、甘蔗、柿子、桃、杏、李、枇杷、杜梨、棠梨、榛子、栗子、奈、林檎、荔枝、樱树、梅树等。《华阳国志·蜀志·总叙》说蜀地："其山林泽渔，园囿瓜果，四节代熟，靡不有焉。"

成都西部有盐井，盛产井盐。除成都之外，井盐产业在十几个地区普遍发展，成为西南食盐的生产基地，自贡就是古代井盐生产的中心。蜀郡的铜矿、铁矿很多，自贡除了是井盐生产的中心外，也是产铁的中心。实际上，整个蜀郡的冶铁、冶铜业都很发达，铁器行销整个西南地区。西汉文帝时，邓通在严道（今荥经县）铜山采炼铸钱，邓氏钱布天下。汉朝时，中央政府在汉中郡的沔阳（今陕西勉县）、蜀郡临邛（今邛崃）、犍为郡的武阳（今彭山）和南安（今夹江）四个地方专门设置了管理铁器生产的铁官，在临邛、犍为郡南安、巴郡胸忍（今云阳）设盐官，在广汉郡、蜀郡成都设工官，在蜀郡严道设木官，在巴郡胸忍和鱼复（今奉节）设桔官。需要政府专设管理机构，可见当地这些行业发展的规模。

蜀郡工艺品中最著名的就是蜀锦。蜀地的百姓可以织出各种花色、品种的锦缎，有统、缚、綖、绶等品种，都是深红色的边，中间染成黑色，色彩艳丽醒目，名满天下。来自哀牢国的蜀布有很高的质量，箇中和黄润这两种布帛，被大量行销到蜀地，再从蜀地远销印度与中亚。漆器驰誉全国，远销今朝鲜与蒙古地区。《蜀都赋》夸耀蜀地有来自全国各地的商人，他们"东西鳞集，南北并凑。驰逐相逢，周流往来。方辕齐毂，隐轸幽辄，埃敦尘拂"。众多的商人车马扬起了冲天的灰尘。《隋书·地理志》说其地是："水陆所凑，货殖所萃，盖一都之会也。"

这一切，使蜀郡成为一个富庶的地区。《华阳国志·蜀志·总叙》说当时的蜀地："家有盐铜之利，户专山川之材，居给人足，以富相尚。故工商致结驷连骑，豪族服王侯美衣，娶嫁设太牢之厨膳，归女有百两之车，送葬必高坟瓦椁，祭奠而羊豕夕牲，赠襚兼加，赙赗过礼……汉家食货，以为称首。"《后汉书·公孙述传》也说："蜀地沃野千里，土壤膏腴，果实所生，无谷而饱，女工之业覆衣天下，名材竹干器械之饶，不可胜用。又有鱼盐铜银之利，浮水转漕之便。"

农业、商业与手工业的繁荣，带来了人口的增长与城市的发展。西汉平帝元始二年（2年），全川人口数为3514217人，占全国人口的6%，到东汉顺帝永和五年（140年），人口为4699226人，占全国人口的9.6%。作为巴蜀首府的成都，是除首都长安之外与洛阳、邯郸、临淄、宛（今河南南阳）四大都市并列的五都之一。成都的人口约为39万，与首都长安不相上下。

蜀国的经济力量到战国后期已经开始逐渐显示出来。秦国之所以能够统一天下，吞并巴蜀是其中关键的一步，蜀地强大的经济资源为秦国统一天下提供了经济基础。过了大约一百年，楚汉相争之时，刘邦夺取天下所依恃的主要经济来源就来自蜀地。西汉时期，无论是关中、山东，或是江南地区，都曾出现过各种饥荒与天灾，巴蜀承担起了支援粮食与安置灾民的任务。有学者认为，此时的四川地区，其经济实力已经超过关中和中原的一些先进地区，在全国居于首位。所以，"天府之国"这一美称虽然一开始指的是关中地区，但后来几乎成为蜀地的专名。

但四川盆地四周全是山丘，在地形上为全封闭形地区，"其地四塞，山川重阻"（《隋书·地理志》）。与经济处于全国领先地位不同，在文化上，由于四川盆地相对封闭的地理条件，而且纳入中原王朝直接统治区域的时间并不长，所以蜀地的文化一直处于相对边缘的地位，当时的文化中心是黄河中下游流域的中原地区。但这种状态经过秦国统一和文翁化蜀后，也有了很大程度的改善。

文翁化蜀

    文翁，庐江舒地人。少年时好学，通晓《春秋》，担任县吏时，被考察提拔，在汉景帝后期，担任蜀地的太守。他为人仁慈，来到蜀地后，看到当地的民风还较为粗蛮，就打算诱导教化，加以改进。于是就选出张叔文等十几个聪敏有才华的郡县小官吏，亲自告诫勉励，遣送他们到京城，有的追随太学中的博士读经，有的学习法规律令。为此，他减少了郡守府中开支，省下钱来购买蜀刀、蜀布等蜀地特产，委托计吏送给太学中的博士。几年后，这些蜀地青年都学成归来，文翁让他们担任要职，进行考察提拔。张叔文在武帝时被征为博士，官至侍中、扬州刺史。

    文翁又在成都修建学府，这一所学校是用石料修建的，故称为"石室"。他招来郊县子弟作为学校学生，为他们免除更赋徭役，成绩优异的提拔担任郡县官吏，其次担任孝弟力田这样的乡官，并从郡学中挑选一些青少年在自己身边做事。每次到各县巡查时，更是从学官的学生中选一些通晓经书、品行端正的一起去，让他们宣传法令。这些学生经常在官府内阁中出入，各县的官民见到了都认为很荣耀，争着成为学官弟子，有钱人甚至花钱以求能成为学员。因此，蜀地的民风得到极大的改变，蜀地到京城求学的人数和齐鲁之地的一样多。

    文翁在蜀地逝世后，蜀地的官民为他建盖祠堂，每年祭祀不断。巴蜀地区爱好文雅的风气就是文翁进行教化的成果。

    文翁在成都办石室为郡学以后，全国各地竞相办学。汉武帝时，中央政府命令全国的郡县都设立学官，这种做法就是从文翁开始的。据《华阳国志·蜀志》记载，西汉末年，州改郡文学（即学舍）为州学，郡便于夷里桥南岸道东边起文学。东汉时，成都县令冯颢立义学。单在成都，就同时有郡学、州学、县学，仅县学就有800多学生，可见学风之盛。洪适《隶释》卷十四收录的汉碑《学师宋恩等题名》碑，载有蜀郡文学中的教职员名录，计有"师"20人，又有"《易》掾"2人，"《易》师"3人，"《尚书》掾"3人，"《尚书》师"3人，"《诗》掾"4人，"《春秋》掾"1人，共有30余人。除了州、郡、县三级官府办学之外，从西汉后期开始，还有不少私人授徒讲学。仅从《华阳国志》卷十《先贤士女总赞》所载资料可知，什邡有杨宣，"教授弟子以百数"；资中有杜抚，"治五经，教授门生数千人"；新都有杨厚，"授门徒三千人"；同是新都人的段翳在家教授，"有人从冀州来学积年"；绵竹有董扶，"家居教授，弟子自远而至"；又有任安，在家教授，门生盈门。以上这些材料有的反映的是东汉之情形，但与扬雄生活的西汉晚期在时间上相距并不太远。总之，在汉景帝之后，蜀地的文化教育做得非常好。

蜀地出赋家

文翁在蜀地大力提倡推广的教育工作很快就有了成果，武帝时，出现了一位享誉全国的文学家，他就是司马相如。

司马相如的生活经历很有传奇色彩，为历代文人津津乐道。他是蜀郡成都人，父母为他取名叫犬子，因为是长子，所以字长卿。他少年时喜欢读书，也学习剑术，完成学业后，很仰慕蔺相如的为人，就改名相如。

景帝时，他"买赀为郎"，也就是买了一个侍郎的官职，离开蜀地到长安任官。但是，景帝并不喜欢辞赋，司马相如的特长无从发挥。这时，梁孝王前来京城朝见景帝。梁孝王是景帝的同母弟，母亲窦太后特别喜欢他，给他的封赏远超其他的诸侯王，因此，他有实力招引全国的人才来做他的门客。这时候，西汉刚刚平定了七国之乱，原先吴王刘濞的门客纷纷改投梁王。跟梁王一起来京师的门客中，有齐郡人邹阳、淮阴人枚乘、吴县人庄忌先生等，都善于游说，并擅长写文章。相如见到这些人，觉得与他们爱好相似、意趣相投，便以生病为由辞掉了侍郎的官职，投奔梁孝王，做他的门客，从而有机会和全国一流的文人相处。就在这一时期，司马相如写作了《子虚赋》。

这首赋虚构了一个情景，说是楚国的子虚先生出使齐国，跟随齐王田猎，齐王向子虚先生炫耀，并问楚国是否有如此之盛事。子虚先生便极力铺陈楚国云梦泽之广阔、物产之丰盛、楚王田猎之盛况。回来后，他把自己与齐王的对话向乌有先生复述，乌有先生对此不以为然，他批评子虚说："足下不称扬楚王道德淳厚，而竭力夸耀云梦泽的物产与田猎的盛况，这样奢言淫乐而显侈靡，窃为足下不取也。如果您所说的是真的，那并不是楚国的优点；如果并无此事而夸大，那就伤害了您的诚信。更何况，齐国之广大，吞下八九个像云梦这样的大泽没有任何问题，超凡珍异之物更是不可胜记，齐王怎么可能无言以对呢？"这篇赋可以说体现了汉朝大赋的一般特点，即形式上是用主客问答的方式，极力地铺排夸饰，但曲终奏雅，认为这样的夸耀是"奢言淫乐而显侈靡"，并不值得赞美。

梁孝王去世后，门客四散，相如只好返回成都。家境贫寒，又没有谋生的职业，生活非常困窘。他和临邛县令王吉一直相处得很好，王吉说："你长期在外求官，任职不太顺心的话，可以来我这儿。"于是相如前往临邛，暂住在城郭下的一座亭子里。王吉对他非常恭敬。临邛县里富户很多，卓王孙家就有家奴八百人，程郑家也有数百人。这两家一看县令王吉对相如如此尊重，便商量说："县令有贵客，我们备办酒席请请他，一并把县令也请来。"当王吉到了卓家后，卓家的客人已上百了。中午时分，去请司马相如，相如却托病不肯前来。县令见相如未到，不敢进食，亲自去迎请相如。

相如不得已勉强来到卓家，满座客人无不惊羡他的风采。酒兴正浓时，县令走上前去，把一张琴放到相如面前，说："我听说长卿特别喜欢弹琴，希望聆听一曲以助兴。"相如辞谢一番，便弹奏了一两首曲子。

实际上，这一切都是计谋。相如早就听说卓王孙有个女儿名文君，新寡，很喜好音乐，所以佯装与县令互相敬重，用琴声来诱发她的爱慕之情。卓文君在门缝里偷偷窥视，见相如一表人才，便一见钟情。宴会结束后，相如托人以重金赏赐文君的侍者，让侍者向她转达倾慕之情。卓文君听完后乘夜逃出家门，私奔相如。两人连夜赶回成都。来到成都后，家徒四壁，生活十分困窘。

卓王孙得知女儿私奔，大怒，说："这个女儿太不争气了，我虽不忍心伤害她，但也不分给她一文钱。"也有人劝过卓王孙，但他始终听不进去。

过了好久，文君感到不快乐，说："长卿，只要你同我回到临邛，向兄弟们借贷也完全可以维持生活，何至于让自己困苦成这个样子！"相如就和文君来到临邛，把自己的车马全部卖掉，买下一家酒店，做卖酒的生意。文君亲自在垆前酌酒，相如穿着犊鼻裈与雇工们一起在闹市中洗涤酒器。卓王孙听到后，感到很耻辱，连门也不愿意出。有些兄弟和长辈劝卓王孙说："你有一个儿子两个女儿，家中不缺少钱财。如今，文君已经成了司马长卿的妻子，生米煮成了熟饭。长卿他虽贫穷，却是个人才，完全可以依靠。况且他又是县令的贵客，为何这样轻视他呢？"卓王孙觉得有道理，便分给文君家奴一百人、钱一百万，以及其他一些嫁妆。文君就同相如回到成都，买了田地房屋，成为富有人家。

相如的好运并不止于此，在长安，蜀郡人杨得意担任狗监，侍奉汉武帝。一天，武帝读《子虚赋》，交口称赞，说："很遗憾，不能与这个作者同时。"杨得意说："这篇赋是我的同乡司马相如写的。"武帝很惊喜，召来相如询问。相如说："确有此事。但是，这赋只写诸侯之事，不值得看。请允许我写篇天子游猎赋，赋写成后就进献皇上。"

这篇为天子创作的大赋就是《上林赋》。此赋写亡是公听了子虚先生和乌有先生的对话后，笑着说，子虚确实错了，但乌有也并不正确。"他们的言论，不彰明君臣之间的大义，不端正诸侯应守的礼仪，只是为游戏之乐、苑囿之大争执，互相比较谁更奢侈、谁更荒淫，这并不能显扬名声、赢得声誉，反而贬低了君主，损害了自己的名誉。更何况，齐、楚两国的土地物产与田猎之事，又有什么值得称道的呢？"于是，亡是公以更加富丽的笔触渲染上林的丰饶与天子田猎的盛况，将齐、楚两国彻底压倒。

到了最后，司马相如写了天子怅然若失地叹息道："唉，这太奢侈了！我在理政闲暇，不愿虚度时光，前来上林苑狩猎作为消遣。但生怕子孙后代骄奢淫逸，循此而行而不肯休止。这不是为后代建立功业、树立榜样的行为。"于是就撤去酒宴，不再打猎，命令主管官员说："凡可垦之地，都要变为农田，用以供养黎民百姓。推倒围墙，填平壕沟，使乡野之民均可来此谋生。对来陂池捕捞者也不必禁止，宫馆空闲也不禁居住。开仓济贫以补不足，抚恤鳏寡，慰问孤儿、孤老。发布政令以施恩德，减轻刑罚，改变制度，变换服色，更改历法，同天下百姓一道从头做起。"

这就是所谓的"曲终奏雅"，在赋的结尾点明这首赋的写作用意。这两篇赋代表了汉朝大赋的最高成就，对后世产生了很大的影响。

司马相如之后，蜀郡出现了另一个在辞赋创作上享有盛名的文学家——王褒。王褒是宣帝时人。宣帝爱好六艺，喜欢辞赋，他仿效武帝的做法，讲习研讨六艺群书，广泛召集有奇异爱好的士人。他征召过九江人被公，因为被公能用楚音读《楚辞》；还征召了有杰出文才的刘向、张子侨、华龙、柳褒等，让他们在金马门随时听候皇帝的诏令，以备顾问。

当时益州刺史名叫王襄，热衷于宣扬风尚，教化民众。他听说王褒很有才能，请来相见。让王褒作《中和》《乐职》《宣布》等诗，挑选热心的人让他们依照《鹿鸣》的音调排练歌唱。王褒为刺史写作颂歌以后，又为颂歌作了传注。于是王襄上奏，说王褒有杰出文才。皇上征召王褒到京师，诏令他为圣明君主得到贤臣而作赋颂。后来太子身体不适，皇上便下诏让王褒等人都到太子宫中侍奉太子，早晚诵读历史上的名文以及他们自己创作的文章。直到太子康复后，才让他们回到皇上身边。后来方士说益州有金马碧鸡之神，可用祭祀使此神显灵，于是宣帝派王褒前往祭祀。结果王褒在路上病死了，宣帝既悲悯又惋惜。

和司马相如善于写作大题材、大场面不同，王褒擅长用辞赋来吟咏日常事物。他把专门描绘园囿、游猎的汉朝大赋，转变为以日常器物为题材；把铺陈夸张的手法，转变为精细缜密的描绘；将风格宏伟壮阔的汉大赋，转变为风格优美细腻的咏物小赋。他的名著《洞箫赋》，就是三个转变的集中体现。《洞箫赋》详述箫的制作材料、产地及其发声，并描绘了乐声的美妙效果和音乐引发的各种感受，细腻有致，令人如闻其声。这首赋写就之后，当时还是太子的汉元帝让后宫贵人都来诵读。齐梁时期著名的文学评论家刘勰在《文心雕龙·诠赋》称赞道："子渊《洞箫》，穷变于声貌。"它开创了音乐赋这一题材类型，对后世很有影响。

公元前51年，王褒病逝，时年40岁。王褒一生共留下辞赋16篇。他继承并发扬了蜀人喜欢创作辞赋的传统，使蜀地的辞赋创作在宣帝时依然保持了全国的最高水平。

严遵与李弘

　　扬雄早年跟随以治《老子》著称的严遵游学。严遵即严君平，本姓庄，因为汉明帝名刘庄，班固作《汉书》时，为了避明帝的讳，称之为"严遵"。严君平是西汉中叶人，他博览群书，无所不通，在成都以卜筮为业，每天只接待几个人，不以赢利为目的。每天赚到百钱左右，之后就放下帘子开始讲授《老子》。

　　严君平认为卜筮虽然是低贱的职业，但可以施惠于众人。如果有人来占问邪恶非正之事，卜筮者可以依据自己的判断为他指明利害。他对做儿子的讲为孝之道，对做弟弟的讲依顺之道，对做人臣的讲忠诚之道，因势利导，劝之以善。据严君平自己讲，听从他劝告的，占总数的一半以上。

　　严君平既想做事情挽救社会危机，又不愿陷入政治的漩涡而罹祸。他看不起阿富顺贵的小人，也不愿做诵诗书、修礼节的朝臣，向往的是轻物傲世、卓尔不污的清高之士，所以平日洁身自好，不求为官。他的处世哲学是："不为石，不为玉，常在玉石之间""不为有罪，不为有功""遇时而伸，遭世而伏"，动摇于入世和避世之间。他写《老子指归》，借筮卜以劝善，本欲为匡正乱世而出力，但当西汉末年，天下大乱之后，他便心灰意冷，放弃了兼善天下的念头，而隐遁其身，抱守冲和了。扬雄在《法言》中称赞他说："蜀严湛冥，不作苟见，不治苟得，久幽而不改其操。"意思是说蜀地的严君平深沉玄默，没有愚笨的见解，不用不正当的手段，总是沉静安闲，从不改变节操。扬雄还夸赞他说，即便是如随侯珠、卞和玉这样的珠宝都比不上他高贵。

扬雄在京师做官时，多次在朝廷有贤名的官员中称赞严君平的德操。杜陵李强与扬雄一向关系密切，后来朝廷任命其担任益州牧，临行时他高兴地对扬雄说："这一次我可以真正得到严君平了。"扬雄对他说："您得备礼接待。严君平这样的人您可以去见他，但他不会屈志为您工作的。"李强心里不以为然。及至到了成都，他礼仪周到地与严君平相见，最终都没敢提出让严君平做他的从事。他叹息道："扬子云确实了解严君平。"严君平非常高寿，活了九十多岁，当地人非常爱敬他。

在扬雄称赞的前代乡贤中还有一位叫李弘。李弘，字仲元，居住在成都市内，年少时学习五经，但不为章句之学，虽然住在贫穷的里巷中，却一直淬炼自己的金石之志。周围的邻居被他的道德品质所感化，竞相向他学习。因此，他所居之地民风特别淳朴，年纪大的乡邻不必用肩挑重物，男女分道而行，极有礼节。

朝廷曾经征召李弘担任县令，乡人一同来送他，李弘本来也不太想上任，送行酒喝了一个月还没有动身，刺史派人来催他，李弘干脆出游，到了外地，不上任。也有一种说法，是说李弘担任过郡功曹（相当于现在的市长助理、从事、秘书这样的从官），但他只待了一个月就离开了。

李弘在做州从事的时候，经常谏争，处事很公道。扬雄在《法言·渊骞》中称赞他，说李仲元不愧是世人的榜样。他"不夷不惠，居于可否之间"。意思是既不做伯夷也不学柳下惠，居于可与不可之间，折中而不偏激。扬雄说："他的容貌一直很严肃，他的行为一向很庄严，他说话总是很恭谨，不正确的话他不说，不正确的行为他不做，不正确的言论他不听。我把他当作老师那样敬畏。"

总之，蜀地颇有一些扬雄佩服的先贤，对扬雄有着很大的影响。

天数在蜀

    巴蜀之地自古以来就有天文历法研究的风气与传统，历朝历代涌现出不少优秀的天文学家。中国科技史专家吕子方先生认为，早在《山海经》成书时期，蜀地就有深厚的研究天文的风气，这为以后中国天文学的发展打下了良好的基础。司马迁在《天官书》中历叙前代出色的天文学家，提到周朝有一位苌弘，这位苌弘既是一位忠臣，也是一位杰出的天文学家，他就是蜀地人。

    据《淮南子》记载，苌弘是周室的"执数者"。所谓执数者，就是掌管天文历法以及其他方术的人。苌弘学识渊博，公元前518年，孔子自曲阜西行至洛邑，向老子请教礼制，特意去拜访苌弘，向其请教"乐"的知识。由此可以看出苌弘的学识和地位。《淮南子·氾论》是这样描述他的："天地之气，日月之行，风雨之变，历律之数，无所不通。"但他擅长的领域主要还是在天文。据《左传》记载，他曾经根据岁星在天上的位置准确地预测了蔡国和楚国的灾祸，并根据地震预测周敬王一定能大胜王子朝。更准确地说，苌弘擅长的是占星术，但占星术要以天星的变化作为预言的基础，所以他们不得不去探究天星的变化等问题，这样就促进了天文学的进步。

    到了汉武帝时期，巴蜀之地又出现了一位杰出的天文学家，那就是落下闳（又作洛下闳）。落下闳字长公，巴郡阆中（今四川阆中）人。落下闳对天文学的贡献主要体现在三个方面：

    第一，参与制定了太初历。从秦献公开始，秦国一直使用颛顼历，统一天下后，开始在全国范围内实行。所以，到武帝元封七年（前104年）的一百多年间，全国一直采用的是颛顼历。但是，当时的颛顼历已经和实际天象之间有了较大的差距。据北平侯张苍说，很多时候在朔、晦之日能看到月亮，该出现弦月的日子看到的却是满月，而在望日看到的是月亏之象。朔、晦为农历每月的初一和最后一天，这两天是不应该看见月亮的；弦是半月，不当见满月；望是农历每月的十五，为满月，不应见亏月。朔、晦月见，弦满望亏，说明颛顼历已然不符合实际天象。再加上已经改朝换代近一百年，便有了改历的强烈呼声。

武帝元封七年十一月初一是甲子日，到夜半的时候，又正好是冬至的节气点。而古人治历的基本观念是一定要以甲子日那天、恰好又是初一的夜半冬至点作为起算点，称之为历元。因此，这是一个十分难得的时机。经司马迁等人提议，汉武帝下令改定历法。由邓平、长乐司马可、酒泉侯宜君、侍郎尊负责，加上以著名方士唐都为代表的民间治历者，共二十余人，一起实施改历。落下闳经同乡谯隆推荐，由故乡来到京城长安，参与了这次改历。

改革后的历法称为太初历。太初历规定一年为365.2502日，一朔望月等于$29\frac{43}{81}$日，即29.53086日，因为余数是$\frac{43}{81}$，所以又称为"八十一分法"。从精度上来说，比颛顼历反而退步，但它有很多优点。比如，将原来以十月为岁首改为以正月为岁首；开始采用有利于农时的二十四节气；以没有中气的月份为闰月，调和了太阳周天与阴历纪月不相合的矛盾。这是我国历法上一个划时代的进步。太初历还根据天象实测和多年来史官的记录，得出135个月的日食周期。太初历不仅是我国第一部比较完整的历法，也是当时世界上最先进的历法。这部历法施行达183年之久，成为我国古代著名的四家历的第一家。

第二，为了更精确地制定太初历，落下闳还制造了浑天仪。虽然落下闳制造的浑天仪还较为粗疏，却使人们能够较为直观地看到日月星辰运行的轨迹，更重要的是，这表明浑天说成为制历的理论基础。这以后，浑天仪、浑天像的制造越来越精密，但落下闳具有开创性的贡献。

第三，同样是为了制定太初历，落下闳和唐都还重新测定了二十八宿相距的度数。古代推历必须先测二十八宿，而二十八宿相距的度数是一个重要问题。二十八宿沿赤道广狭不同的度数有二十八个基本点，这些基本点是以显著的星座为标准的。尽管由于岁差现象和恒星自行的原因，随着年代的推移，其值稍有差异，但二十八个基本点的位置相传至今，大体没有变动，这就建立了我国观测二十八宿的基础。

无论是太初历的历法体系，还是浑天仪的制造，都深刻地影响了扬雄的宇宙观念和《太玄》的写作。

第二章

年年岁岁一床书

——居乡时期的求学与创作

　　童年时的扬雄不善言谈，略微有些口吃。他沉默、内向，不爱社会交往，但受到了很好的启蒙教育，认识许多的奇字、僻字。年轻时的扬雄喜欢读书、沉思与写作，居乡期间，他创作了大量作品，很多是以蜀地的文化与历史为题材，表现出他对家乡的热爱。

扬氏的世系与阶层

　　上文我们说过，汉武帝元鼎年间（前116—前111年），扬雄的祖先扬季担任庐江郡（郡治大致在安徽省庐江县西二十里处）的太守，得罪了人，为了避仇，沿长江而上，来到岷山南面的郫，也就是现在的成都市郫都区定居。

　　因避仇而迁居在汉朝好像很普遍。王莽的曾祖父王翁孺原籍东平陵（治所在今山东章丘西），与当地豪族终氏为怨，迁徙到了魏郡元城委粟里（约在今河北大名县大街乡大街村一带）。东汉时王充原籍会稽阳亭，其祖父为避仇而迁居钱塘县，以商贩为生；其伯父、父亲又与丁姓豪门结仇，只得再次迁居浙江上虞。到晋朝时，类似现象仍未绝迹。如著名的文学家、竹林七贤之一的嵇康原籍会稽上虞（今绍兴市上虞区），因避仇而徙居谯国铚县。这种现象说明地方政府在行政司法等方面软弱无力，地方上的实际统治权力操纵在当地豪门手中。因避仇而需迁居，也说明扬季一家在当地并非是首屈一指的大户。

　　我们在上文也说过，郫县处于成都平原的核心地区，是肥沃之地。不过，扬季一家所居的地方，却"左邻崇山，右接旷野"（《逐贫赋》），似乎并非沃壤。拥有田地也并不太多，据《汉书》本传中扬雄的自述："有田一廛（一廛就是一百亩），有宅一区，世世以农桑为业。"

　　百亩之家属于典型的小自耕农。战国时的李悝曾经给小自耕农算过一笔账：一般农户一个男劳力负担五口人，耕种一百亩田，一年每亩收粮食按一石半米计算，合计收粮食一百五十石，除掉十分之一的税收计十五石，余下一百三十五石。口粮，每人每月一石半，全家五口一年的口粮是九十石，扣除后剩四十五石。每石粮食卖钱三十，共计得钱一千三百五十，除掉社闾春秋祭祀社神摊派钱三百，尚余钱一千零五十。添置衣服大概每人每年花钱三百，五口人一年就要一千五百钱，光这笔开支就短少钱四百五十。若不幸有疾病丧葬的费用，还有完纳赋税的开支，那就需要举债度日（见《汉书·食货志》）。李悝所说的是战国到汉初的一般情形。景帝时期，晁错曾经这样描述五口之家农民的生活状况：

> 一个五口之家，家里可以参加劳作的不少于二人；能够耕种的土地不超过百亩；百亩的收成，不超过百石。他们春天耕地，夏天耘田，秋天收获，冬天储藏；还得砍木柴，修理官府的房舍，服劳役。春天不能避风尘，夏天不能避暑热，秋天不能避阴雨，冬天不能避寒冻，一年四季，没有一天休息。还要交际往来，吊唁死者，看望病人，抚养孤老，养育幼儿，一切费用都要从农业收入中开支。农民如此辛苦，有时还要遭受水旱灾害，官府又要急征暴敛，随时摊派，早晨发命令，晚上就要交纳。交赋税的时候，有粮食的人，半价贱卖后完税；没有粮食的人，只好以加倍的利息借债纳税。于是就出现了卖田地房屋、卖子孙来还债的事情。（据《汉书·食货志》）

自耕农居住的房屋很简陋，泥土墙，茅蓬顶，普遍都是一堂二内。窗门很小，或编蓬为户，以破瓮做窗户，以草绳做门轴，上漏下湿。更穷的或住在土窟里面。宅前有个庭，宅后即是园圃。二三十户人家住在一个"里"里面，共同出钱雇用一个监看里门的人。他们很少穿得起缯帛，多半夏天穿一件麻葛制的褐衣，腰上一条韦带，头上一幅巾或一顶笠，脚下一双草履。日子一久便"衣敝履空"了。冬天穿一件羊裘或鹿裘，或破败的缊袍。贫穷的人夜晚没有被子，只盖床麻席。他们很难天天吃上米面，酒肉更是稀罕。手里的好粮食多半卖了出去，只能吃粗劣的饭菜，有时只能"含菽饮水"。饮食的器皿也都是粗糙的瓦器。为了如此的衣食，他们还得终年劳碌，没有休息的时候，生活对于他们是一种煎熬。

所以，扬雄在《逐贫赋》中说："人皆文绣，余褐不完；人皆稻粱，我独藜飧。贫无宝玩，何以接欢？宗室之燕，为乐不盘。徒行负笈，出处易衣。身服百役，手足胼胝。或耘或耔，沾体露肌。"意思是别人穿着绣着花纹的锦衣，而我连粗麻织就的衣服都不完整；别人都吃精米，我却只能吃粗劣的饭菜。因为贫穷，没有珍宝与玩物，怎么欢会？宗室的宴席上，无法享乐。每天徒行负重，平日衣衫太褴褛，出门需要专门换衣裳。什么活都干，手脚都磨出了老茧。整日在田地里赤着膊，不是耕种就是培土。这应该就是自耕农的真实写照。

扬雄的早年教育

公元前53年，汉宣帝将年号改为甘露元年。这是汉宣帝第五次改年号。

就外部局势而言，这一年发生了有利于汉朝的变化。北方的世敌匈奴开始分裂为南北两部。南匈奴的首领是呼韩邪单于，北匈奴首领是郅至单于。双方内斗，南匈奴被北匈奴击败，于是开始依附汉朝。呼韩邪单于率领部众南下来到汉朝边塞附近，派遣自己的儿子右贤王铢娄渠堂入侍汉朝。北匈奴郅至单于一看，也连忙派遣儿子右大将驹于利受入侍汉朝。双方争相向汉朝示好，北方边境的形势开始缓和下来。

就国内而言，有两件事值得一提，它们对以后的历史发展至关重要。

第一件事，就是王政君就在此年被选入宫廷，这是王氏家族崛起的关键一步。

第二件事，就在此年，皇太子刘奭在陪侍汉宣帝进餐的时候，对宣帝说："陛下过于依赖刑法，要重用儒生。"太子刘奭是宣帝与结发妻子许平君所生，母亲许平君很早以前就被霍光毒死了。太子性格温柔仁厚，喜欢儒家经术，看到汉宣帝任用的官员大多为精通法令的人，依靠刑法控制臣下，于是劝宣帝重用儒生。汉宣帝生气地说："我大汉自有大汉的制度，本来就是王道与霸道兼用，怎能像周朝那样，纯用礼义教化呢？况且俗儒不识时务，喜欢是古非今，名实不分，不知道应该持守什么，怎能委以重任？"看到太子还想要坚持，叹息道："败坏我家基业的人一定是太子！"

自汉武帝接受董仲舒的建议开始罢黜百家、重用儒生后，表面上儒家学说开始成为汉朝的官方意识形态，但实际上，汉朝的政策是阳儒阴法，即外部提倡仁政，内里还是严刑峻法，这就是宣帝所说的王道与霸道并用。太子刘奭继任后，汉朝在思想制度上的发展趋势是重用儒生，法家思想逐渐淡出汉朝的意识形态。不过，即使是儒家思想，也不是铁板一块，研究不同经典的儒生在学术特长和思想观念上是有很大的差异的。研习《春秋》的喜欢讲阴阳灾异，而治《诗》《礼》之学的儒生往往重视古代礼仪。从太子的建言中，我们也可以看出刘奭的思想学术兴趣。果然，自元帝之后，习《诗》《礼》之学的儒生开始更多地进入中枢机构。

就在这一年，扬雄出生了。

扬雄是扬家的独生子。从扬季到扬雄已经是五代单传，人丁不旺，除了郫邑之外，再也没有扬氏分支。在汉朝，宗族是地方上的重要势力，门第孤单，宗族弱小，社会地位不高，就容易受欺负。

童年时的扬雄不善言谈，还略微有些口吃，不能流畅地谈话，更无法与人展开论辩。家庭原因和生理因素，都使扬雄变得沉默、内向，不太爱社会交往，就喜欢读书、沉思。

41岁之前，扬雄一直生活在蜀地。这是扬雄人生中最重要的一个阶段，但很可惜，因为缺乏直接的史料，我们对扬雄入京之前的生活状况了解甚少，只能从当时的一般情形和扬雄著作中的片言只语加以推测。

首先我们来看扬雄的早年教育。

汉朝教学的一般情形，大致也分小学、中学、大学三个阶段。汉朝教小学的地方叫书馆，老师称书师，使用的教材通常是《凡将》《急就》《仓颉》等字书，目的在于让学童识字习字。这一阶段，最看重的是书法，如果字写得好，可以去考试，通过了就可以做吏员。这是学习的第一阶段。再进一步就教授《尔雅》《孝经》《论语》，这几部书相对来说较短也较为容易，大家都要学，这一阶段相当于现在的中学阶段。最后才是教授六艺，大部分是教授一部大经，如《尚书》《诗经》《周易》等。教授大经的老师有的是由教《论语》《孝经》的老师兼任，也有的是请专门研究一部经典的经师担任。

汉武帝时期设立了五经博士，他们学习儒家经典，成绩优秀者便能够在朝廷任官。因此，学习儒家经典的人越来越多，学派不断增加。当时学习经典的方法就是所谓章句之学，侧重于解释篇章字句,而不在阐发大义。一般来说一个学者终其一生专治一经，只有个别学者能够兼治其他经典。学者的知识领域非常狭窄，而对于经典的解释越来越烦琐。

由于扬雄远离当时的政治文化中心，所以他并没有被当时世俗的潮流所裹挟。按照汉朝教育的一般情形，扬雄应该是受到了很好的启蒙教育，在识字写字这方面打下了极好的基础，他认识许多的奇字、僻字和难字。正是这扎实的文字基础，使他后来成为字书的编纂者。从他所写的辞赋和《方言》等著作来看，他掌握的文字之多绝对是专家级别的。

大学阶段，他博览群书，并不专治一经；他不为烦琐细碎的章句之学，只是略通训诂。所以扬雄尽管博学，却无法走上经学取士这条道路，直到中年，依然是一介布衣。

扬雄的早期创作——《蜀王本纪》与《蜀都赋》

扬雄早年有一个爱好，那就是写作。从他学会作文开始，他就不断地尝试写作各种文章。据扬雄自己说，他刚会写文章的时候，曾经写过《县邸铭》《王佴颂》《阶闼铭》《成都四隅铭》这些铭颂类文章。正是因为这些文章引起了成帝的注意，让他在承明殿待诏。当然，这已经是后话了。上面提到的这些作品都已经失传了，我们看不到它们的具体内容，但从题目上看，当与扬雄的家乡与官邸有关。据说，扬雄还创作过一篇《绵竹颂》。而绵竹虽属广汉郡，但距蜀郡并不远，应该是对家乡的歌颂，类似于《蜀都赋》。

现在留传下来的题为扬雄所作的作品中，以蜀地为题材的还有不少，比如记录蜀地历史的《蜀王本纪》和铺陈蜀郡地理、物产、习俗的《蜀都赋》。当然，关于这些作品的作者有些争议，而且它们的写作时间也很难确定，我们姑且把它们作为扬雄居蜀时期的作品来介绍。

所谓"本纪"，通常都是按年代编次的历史著作。有的是按人物来系年，是为人物本纪，《史记》中的《秦始皇本纪》《高祖本纪》等都属于人物本纪。有的是按国别来系年，比如《史记》中的《秦本纪》，就是编年记录秦始皇之前的秦国历史。而《蜀王本纪》则是按地域来系年，实际上是蜀地的编年史。我们推测，完整的《蜀王本纪》应该是有年月等时间记录的。

除了扬雄之外，蜀地有很多学者都编写过类似《蜀本纪》这样的书。《华阳国志·序志》记载："司马相如、严君平（遵）、扬子云（雄）、阳成子玄（子张）、郑伯邑（廑）、尹彭城（贡）、谯常侍（周）、任给事（熙）等，各集传记，以作《本纪》。"即是说，有八个学者都写作或整理过《蜀本纪》，但除了扬雄所撰《蜀王本纪》因为所辑较完备，曾传于世外，其他的《蜀本纪》均散佚无考，仅见于《隋书·经籍志》、新旧《唐书》等著录。

《蜀王本纪》是最早记载古蜀神话与历史的地方性史料。从现存《蜀王本纪》的佚文来看，此书记录了蚕丛、柏灌、鱼凫、杜宇（望帝）、鳖灵（开明）这些传说时代的蜀国君主的相关神话，后人把它称为蜀国历史上的五帝时代。另外还记录了五丁开山、秦惠王伐蜀、老子出关、李冰治水等著名的史实或神话，还有其他流传于当地的民间传说和历史掌故。最后一条记录是宣帝年间的："宣帝地节中，始穿盐井数十所。""地节"这个年号共有四年，是在公元前69年到公元前66年，正是扬雄出生前十多年之事。

后世众多关于巴蜀的著作都是以扬雄《蜀王本纪》为蓝本的，如常璩《华阳国志》、左思《三都赋》等均是在《蜀王本纪》的基础上，参照《汉书》《史记》以及其他原始资料的基础上撮辑而成。唐宋后，扬雄的《蜀王本纪》也佚散了。到明清时，有郑朴、洪颐煊、王仁俊等学者从《北堂书钞》《艺文类聚》《太平御览》等类书以及《史记》《汉书》《后汉书》及《文选》等书注家的引用中辑出《蜀王本纪》。这些引用文字各异。清朝人严可均在《全汉文》中辑录整理的《蜀王本纪》是目前较为详备的辑佚本，但也只有一千多字。尽管因为散佚而变得零碎，但它是现存关于古蜀历史的最可靠的文字。尤其是其中关于古蜀"五王"、大禹为汶山郡广柔县人、老子为关令尹喜著《道德经》并相约成都青羊肆、蜀守李冰作石犀等史料，对今天研究古蜀史、大禹与夏史、老子与《道德经》、李冰与都江堰等古史有非常重要的意义。

不过，现存的《蜀王本纪》的文章风格和扬雄其他文章风格差异很大。扬雄的绝大部分文章在文字上都是惟艰惟深、晦涩难懂，结构上却整饬有条理，但《蜀王本纪》文字浅显易晓，结构上却似乎没有统一的布局。因此，四川有些著名的学者如蒙文通、徐中舒都怀疑此书不是扬雄所作。他们的怀疑是有道理的，但因为我们没有更多的材料，在此也只能存疑。

《蜀都赋》的创作年代我们现在难以确定，大部分学者认为是扬雄入京前、居蜀时的作品，也有学者认为是扬雄到了长安之后所作。此赋开中国文学史上都邑大赋之先河。它首先介绍了蜀国的历史名称、分野、地理环境。为了便于大家阅读，这里采用袁海宝的白话译文：

蜀都在古代被称为梁州。大禹曾在此地治理江水，满眼望去全是沿江的平原旷野，草木苍翠茂盛，土地肥沃宽广。从天象的分野来看，它正处于井宿所覆盖的精华地域；按地理划分的原则来讲，其属于坤宫所在之处。蜀都东面有巴族和賨族，再往前便是百濮族，有铜梁山、金堂山，也有火井和龙潭。

然后以极其繁富之笔，铺陈了蜀地的地形与物产：

此地高峻的山上布满玉石，还有层层丹砂和青雘，有可以制作手杖的邛竹和可以用来编织席子的桃枝，以及石鳝和水螭。南部则有犍为郡和牂柯郡以及黔中郡的少数民族，有昆明湖、峨眉山，有作为边界的岷嶓山，高峻险要，其山势如飞舞起来一般。灵山在成都的西面，成都东部则是离碓山。近处出产瑕英、石芝、玉石和琥珀，远处出产白银、铅、锡、青绿色的石头。还有马、犀牛、大象和僰族人。成都西部有盐井、冶铁的工场、橘树林、铜矿山。邛池和泸水相连，水面起伏延展，回荡着层层波纹。它的旁边有犀牛、牦牛，还有金马碧鸡之神。成都北边有岷山，那儿有白马羌族。有细角羚羊、麋鹿、黑、牦牛、大熊猫、猪獾、麛、麠、鹿、麝、户豹、能黄、獑胡、蜼、玃、猿、鼯鼠、猱、犹、豰、毕方等珍奇异兽。

然后开始描绘蜀地的群山：

青翠的山峰直插云霄，群山险峻，回环丛簇，高下参差，山峦层层叠叠，高大陡峭，即便在夏天，高处的山峰上依旧有积雪，叩击岩石时发出岭嶙寒声。山峰连绵起伏，参差有致。五矶山高低错落，湔山高大威严，观上山巍然屹立，龙阳山山高势险，这么多的高山，或前或后，相互交错，连在一起。有些山峰挺拔，峻险陡峭；有些山体绵长，艰险崎岖；有些山石形状高大怪异，犹如精怪；有些高山人迹罕至，山峰相互连倚、遮隐。彭门山双峰对峙，两峰均是高峻陡峭。旁边地势倾斜，群峰林立，山石挺立突出。

接下去描绘蜀地的水流：

这些山北面和昆仑山脉的边缘相互连接，地下涌出了甘甜的泉水，泉水渗透、汇聚，形成了河流。成都的东面有沈黎郡，西面则是羌族聚居的地方，漆水从成都的胸前流过，都江则流经其胫部。水渠中的江水都溢了出来，大浪滔滔，千山万壑的小溪流汇成了大河，激起漩涡，冲荡一切，急流涌下，波浪拍击崖石，涛声和拍击声回荡着，波涛击碎大石，冲裂大山，纷纷扬扬，冲刷一切，吞没了不少冤魂，并将峭拔的岩石、曲折的河岸一起淹没。水势汹涌浩大，漫过了堤岸，和坑洼不平的道路浑然一体，水流冲击的声音汇集起来，比雷神的轰鸣还响。水流滚滚不息，水流之声响如雷，水流之速急如电。江水水势凶猛，流向远处，就像士兵从山上跑到山下一般，急流而下，几条小河一起流进了大河，最后在江州这个地方汇拢。

铺陈蜀地的各种树草植物：

此地的树木有楩、枥、豫章、榜、檐、橞、禅、枫、青稚、雕梓、枌、梧、櫄、枥、楢、木樨、椰等，这些树木枝叶舒张，自然生长在一起，树干高大挺拔，凑在一起。枇、桤、杕、楬一棵紧挨一棵，无边无际，相互掺杂推挤，枝叶随风摆动。森林宽广，树密林深，向四野观望，全是繁茂的林木。竹子有钟龙、笭簹以及繁茂的野生小竹子，这些竹子一窝一窝地生长，十分茂盛。竹林深广茂密，枝叶随风而动，竹海上下起伏，沿着江岸和山坡连绵丛生。竹子根与根相连，竹竿高大挺拔，竹子一直延展下去，长满了远处的原野。像这样的情况，往往达到方圆数十乃至上百里。湖泊大水茫茫，人们堆起了土石，筑起了高高的大堤。在那些浅塘中长出了绿色的芦苇、蒋、蒲、藿芋、蘋、野草、莲藕、荷花、菱等。

以及各种动物：

在那里生活着翡翠、鸳鸯、枭鸱、鹕、鹭、鹤、鸮、鹧鸪等鸟。在深水处有猵、獭、潜伏的鼍、水豹、蛟、蛇、鼋、鳣、鳖、龟等动物，这里的水生动物种类繁多，数量庞大。

介绍成都这座城市的布局和物产：

成都的城门有十八个，城内有四百多个闾里，两条江河从城的旁边流过，河流上横跨着九座桥梁。武儋山是成都城边上的主山，山势陡峭，草木丛生。蜀侯始于蚕丛，他创立的王者基业已经陵夷。先民们用石头垒成房屋，住在倚靠小山的石室当中。秦汉年间，开始有一批崤山以东的居民迁徙进来。从那时起开始开垦梯田，山中富饶的物产，比如收获的麻和竹子，通过水路运输，顺流而下，像浮在水中的龟、浅水中的沙石一样。像杜若和蝎子这类刚柔相济的药材，数量众多，百姓也不去掩藏。像鲐、鹤、鸪、鹙，还有那些因风而孕的鸟，因雨而孵化的鸟，以及让人见所未见、惊叹不已的物产，都不知道数量有多少。

蜀都园圃中的各种果木：

蜀都的果类分布在各个果园之中，果园的四周都已经围了起来。其中有黄柑、甘蔗、柿子、桃、杏、李、枇杷、杜梨、榛子、栗子、柰、棠梨、荔枝，还有高大的橙树，同时还有樱树和梅树以及木兰树，林檎果并生在树枝头，名叫般关的梨子结得亮晶晶，它们枝条婀娜，果木之花盛开林间。在春天，风吹动着桤树、杨树和柳树的枝条，枝叶相连，随风摆动，枝叶从弯弯的树干生长舒展开来，䶂猱、蟪蛄、子规鸟在树上鸣叫。

各种农产品与鲜花：

蜀都的五谷非常丰盛，瓜瓠等蔬菜也十分繁多，到处都长着姜和栀子树，出产附子、巨蒜，还有嫩艾、花椒、江蓠以及蒟子酱和酴醿，最多的是薯蓣和荼菜，在寒冷的冬天还生长着竹笋。除了以上的蔬菜，还有一种便是茄子。百花在春天竞相绽放，盛开的花朵散发出浓郁的香味，遍地是茂密的茶树，各种花朵翠紫青黄、五颜六色，那绵延不绝的鲜艳美丽的花朵就像舞动的锦缎，一眼望去无边无际。

蜀地的织锦和商业盛况：

蜀都的百姓可以织出各种花色、品种的锦缎，有绨、缣、缊、颂等品种，都是深红色的边，中间染成黑色，色彩艳丽亮目，这些品种从很久以前就流传下来，至今不绝。这个地方出产布匹，有细都、弱折两种，丝绵的衣服质地非常细腻，不管是晴天还是阴天都可以穿着。这些丝织品的经线和纬线都像蜘蛛丝一样，仿佛经不起风吹。莇中和黄润这两种布帛，一端长的就值数金。还有那些刻镂的镶金嵌玉的器物，那是由无数工匠制作出来的。蜀地是天下商旅和货物的汇集之地，商人从四面八方乘坐马车赶到这里相聚，而后又散往各地，有时候他们并驾齐驱，同进同出，车声隆隆，尘土飞扬。无数珍奇的物品以及大量的货物在这里流通，在集市上周转进出，齐、楚的商人在市门内外喧哗争售，嗓门都嘶哑了。随着四季的变换，无数不同的商品被运到这儿；既无折价之货，也无滞销之物；财物丰饶，蓄积备具。

详细记述了蜀地的祭祖仪式：

蜀都的孝子贤孙十分尊崇祖宗先辈。为了祭祀鬼神，选择时日。祭祀之前需要先沐浴更衣，戒除荤、酒，表示诚敬。他们穿着明衣，献上黑黍，选好吉日，分别拿着清酒与浊酒，根据人员的亲疏远近，安置好众人的次序，让善于烹饪的人调和五味，做出可口香甜的食物，以及酸甜辣兼备的肉汤。席上有江东的鲐鱼、鲍鱼，陇西的牛羊，关在涤宫以米喂养的猪，以及狩猎而得的小鹿。除此之外，还有大獭、乳獐、鹦鹉、鸧鸹、爆炒的猫头鹰、活剖取出来的豹胎、山貉的脑和髓、最好的水产品、大猪、肥雁、鹑、清晨捕获的野鸭、刚下蛋的野鹅、鸦、正在交配的鹤、春天的羊羔、秋天的竹鼠、切得细细的鲛鱼、龟肉、田中的小锦鸡。不费多大的力气，就可以准备好众多的肉食和蔬菜，那些除了腥臊之气，可以提精凝神、补养血气的食品，没有一样不陈列上来。

最后描绘蜀地的家族聚会：

　　说到蜀地的风俗，在立春有一个迎春送冬的仪式，那些富贵人家会抽干池塘水，排干河边的地，去江边观赏人家捉鱼。

　　蜀地百姓在美好吉祥的日子里会举行盛大的聚会。春末夏初，侯、罗、司马、郭、范、晶、杨等大户人家就会在荥水畔的别墅大摆酒宴，在宽大华丽的厅堂摆好席位。竖起帷幕，帷幕一直延续到山岗边上。各种器物都雕刻、绘制着华美的花纹，璀璨华美，绘画用朱漆缘边，色彩绚丽，光泽鲜艳。画中有盘踞的龙蛇以及隐藏在山林之间的珍奇异兽，还画着各种神话故事，有上天降生的治国安邦的蜀王杜宇，也有曾是江面浮尸、后来成为蜀国丞相的荆人鳖灵。宴席中间有女子起身唱歌，歌声低沉悲痛，伴乐激切嘶哑。除了周代的大濩舞，该舞蹈中的音乐出现了六次变化，也有舒缓的夏乐，乐工的歌声妙入幽冥。在望帝鳖灵的庙中，人们尽情地吟唱旧时乐曲。跳舞的人和着节拍跳动着，舞蹈队伍中的美女一个接着一个，微风吹动着她们的衣衫，看上去十分惬意自在。她们跟着《凄秋曲》的节拍而歌，还唱着《阳春曲》。那位善歌的罗姓儒生引吭高歌，另一位姓吴的高手也跟着歌唱。那些美女含情脉脉地看着他们，也和着唱，她们的歌声缥缈、悠扬。

喜欢游玩、渔猎的人，以及像郜公那样的豪侠，一起去濒临大泽的平原旷野，大家约定集中住宿，上百辆车并排在一起。岸边站满了观光的人，水中的行船相互追逐，水面上一片纷乱嘈杂，有些隐约不清。湖面上到处是渔网，密密麻麻，像蔓草一般。水下有许多张口的捕鱼用的竹笼，水中还多处布置了用来抓鱼的柴，百姓们撒出了渔网，射出了系着丝线的箭。弓箭射中了鸟儿，它们纷纷跌落下来，奔跑的野兽被人们用网子抓了起来。飞禽被剁成肉泥，鱼儿被切成薄片。人们吃饱喝足之后，相互告别，四散离去。

这篇赋辞藻极为华丽，写景状物极尽铺陈、夸张之能事。它开启了都邑大赋这一类型。都邑赋可分为京都赋与地方都市赋两类。在京都赋这一类型中，东汉的班固创作了《两都赋》，张衡创作了《二京赋》，西晋有左思《三都赋》，都是京都大赋中的名作。再后来，唐朝李庾的《两都》，宋代周邦彦的《汴都》，元代黄文仲的《大都》，明代金幼孜的《皇都大一统》、顾起元的《帝京》、陈敬宗的《北京》、桑悦的《两都》，清代乾隆帝的《盛京》诸赋，都属于京都大赋。论地方都市赋，则继扬雄以后有魏徐幹的《齐都》、刘桢的《鲁都》，晋庾阐的《扬都》，宋王十朋的《会稽风俗》，元赵孟頫的《吴兴》，明黄佐的《粤会》，清褚邦庆的《常州》、程先甲的《金陵》，等等。都城题材浩大，特别适合大赋这种文体，是赋家最为喜欢的题材。清初陈元龙奉敕编纂《历代赋汇》，"正编"载录历代都邑赋10卷计70篇，"补遗"又录2卷计13篇，数量是比较大的。

但《蜀都赋》的作者同样有争议。在唐以前的文献中，对《蜀都赋》并没有明确的记述，直到《艺文类聚》和《文选》的注文中才有引录；完整的文章最早见于《古文苑》。《古文苑》一书来历不明，我们不知道谁是最初的编定者。据《书录解题》说是"唐人所藏"，"世传孙洙巨源于佛寺经龛中得之"，听上去颇有些神秘色彩，后世的目录学者认为此书真伪不明，因此，《古文苑》中收录的文章真伪也莫得而明。此外，左思在创作《三都赋》时，曾广泛搜求资料，却未明言对《蜀都赋》有所参考。萧统《文选》不曾收录《蜀都赋》，明代张溥在编纂《汉魏六朝百三家集》时，也没有收录《蜀都赋》。历史学家徐中舒先生认为，蜀地称都从班固始，西汉时，蜀郡尚未称都，因此，"此赋非杨（扬）雄作，不辨自明"（《论巴蜀文化》，第16、148页）。著名文史专家郑文先生也说："此《赋》行文既乏条理，韵又不叶，以与《甘泉》《校猎》诸赋相较，又复不侔。纵非伪造，亦属残缺。"（《扬雄文集笺注》，第306～307页）

但有更多的学者反驳说，东晋王羲之《蜀都帖》、北魏郦道元《水经注》中，都曾提到扬雄的《蜀都赋》。此外，《北齐书·司马子如传》中，还提到司马膺之曾为扬雄的《蜀都赋》作过注。《史记·司马相如传》中已经有"蜀都"之称。此赋押韵的部分符合西汉四川地区的语音特点（见熊良智《扬雄〈蜀都赋〉释疑》，《文献》2010年第1期）。根据我们上述的梳理则可以知道，这首赋实际上是较有条理的。只是，此赋和扬雄后来的四大赋相比，没有曲终奏雅的讽谏部分，但这和写赋的目的有关。总之，怀疑者的理由并不充分，如果没有更为有力的证据，我们姑且还是将其视作扬雄所作。

《反离骚》——对屈原的态度

　　扬雄在早年的阅读过程中，认为历史上文才最好的就数屈原。他觉得屈原文才超过了司马相如，却不被楚君接纳，最后投江而死，因此深深地为他的遭遇感到惋惜，每次读屈原的作品都会悲伤、流泪。扬雄认为，君子时势顺利就该大有作为，时势不顺就该像龙蛇蛰伏，机遇好不好是命运的安排，何必投水自尽呢？便写了一篇赋，摘取《离骚》中的句子而反驳它，名为《反离骚》。他将这篇《反离骚》从岷山投到江水中，以此来悼念屈原。除了《反离骚》之外，又模仿《离骚》重作一篇，赋名叫《广骚》；又模仿《九章》中《惜诵》以下到《怀沙》诸作，写了一卷作品，名叫《畔牢愁》。《畔牢愁》和《广骚》因为字数很多，所以很少被载录。但《反离骚》被传录得较多，所以，现在我们只能看到《反离骚》。这篇辞赋作于汉成帝阳朔年间（前24—前21年），当时扬雄三十岁左右，还在蜀地。后面的《广骚》《畔牢愁》当作于此后不久。

　　由于这篇赋是模仿《离骚》并反其意而写作的，所以我们要结合《离骚》来看此赋。第一段模仿《离骚》的首段，以自陈家史开端：

> 有周氏之蝉嫣兮，或鼻祖于汾隅，
>
> 灵宗初谍伯侨兮，流于末之扬侯。
>
> 淑周楚之丰烈兮，超既离虖皇波，
>
> 因江潭而往记兮，钦吊楚之湘累。

我的祖先和周氏相亲连，最初居住在汾水之滨，家谱中记载的最早的先祖是伯侨，扬侯便是其后裔子孙。因为仰慕周朝和楚国的丰功伟业，历经了江河的大波，（来到巫山）。今天在江边作下祭文，凭吊楚国非罪而死之人。

> 惟天轨之不辟兮，何纯洁而离纷！
> 纷累以其渜涩兮，暗累以其缤纷。

"累"是对屈原的称呼。此句意为：天路不开啊，为什么如此纯洁善良的人会遭受如此大难！您遭受了那么多的卑污之辞，受到那么多纷乱的非议。

> 汉十世之阳朔兮，招摇纪于周正，
> 正皇天之清则兮，度后土之方贞。

汉朝自高祖建国，经历了惠帝、吕后、文帝、景帝、武帝、昭帝、宣帝、元帝，到成帝正好十代。阳朔是成帝所设的一个年号。招摇是北斗七星中的第七个星，这儿用来代指斗柄，古人以斗柄指向来确定季节。周历以建子十一月为正月，周正的意思是十一月。这两句的意思是说，就在大汉第十代皇帝（成帝）的阳朔年间的十一月份，正是天地之道清明、方正、正直的时代。

> 图累承彼洪族兮，又览累之昌辞，
> 带钩矩而佩衡兮，履欃枪以为綦。

"图"是想到的意思。"洪族"就是大族。"昌辞"，即美好的文辞。全句意思是说：想到您出身于楚国大族，又看到您华美的文章。"钩矩"即规矩，是画方圆的工具，"衡"是称量的工具，这儿引申为遵守规矩、准则。"欃枪"是妖星的名称。"綦"的本义是鞋带，这儿引申为脚印。踩着妖星的脚印，意思是踩着恶人的足迹。整句是说：您虽然行事非常公正守道，却被认为做了糟糕的事

（以致被放逐）。

接下去通篇都是对屈原的责疑与抱怨。在《离骚》中，屈原一再声称他"扈江离与辟芷兮，纫秋兰以为佩""制芰荷以为衣兮，集芙蓉以为裳"。穿着香花美草制作的衣裳和佩饰，扬雄就说：

> 素初贮厥丽服兮，何文肆而质蠡！
> 资娥娃之珍髢兮，鬻九戎而索赖。

您穿着江离、辟芷、秋兰、芙蓉制作的华美衣裳，为何文章放逸旷达而内心却如此褊狭呢？以您高洁的德行而在楚国为官，就像带着美女的头发去向九戎售卖一样，不会有任何的效果（因为在九戎，人人披发）。《离骚》中，屈原每自比凤凰和骏马，扬雄就说：

> 凤皇翔于蓬陼兮，岂驾鹅之能捷！
> 骋骅骝以曲艰兮，驴骡连蹇而齐足。

凤凰飞到水中杂草丛生的陆地，它远不如野鸭子敏捷；骏马奔驰在崎岖不平的道路上，毛驴和骡马也能和它齐足并行。

> 枳棘之榛榛兮，猿狄拟而不敢下，
> 灵修既信椒、兰之唼佞兮，吾累忽焉而不早睹？

在丛生多刺的枳、棘林里，善攀援的猿也会迟疑不决。楚王已经听信了子椒和子兰的谗言，先生您怎么忽视了而没有早一点发现呢？

> 衿芰茄（荷）之绿衣兮，被夫容（芙蓉）之朱裳，
> 芳酷烈而莫闻兮，不如襞而幽之离房。

穿上菱角与荷叶做的绿衣，换上荷花做成的红裳。浓烈的香味没有人闻到，那就不如把它叠起来放在别的房间。屈原抱怨"众女嫉余之蛾眉兮，谣诼谓余以善淫"，扬雄就质问他：

> 闺中容竞淖（绰）约兮，相态以丽佳，
> 知众嫭之嫉妒兮，何必飏累之蛾眉？
> 懿神龙之渊潜，俟庆云而将举，
> 亡（无）春风之被（披）离兮，孰焉知龙之所处？

宫中的嫔妃们都力图使自己的容貌迷人，相互竞争，以求压倒对方。知道各位美人心怀嫉妒，为什么还要扬起蛾眉显示您的美貌呢？美丽的神龙平时潜藏在深渊之中，等到有云彩才会飞出来。如果没有春风吹散云雾，谁会知道神龙在什么地方？（所以，您不是神龙）。

> 愍吾累之众芬兮，飏烨烨之芳苓，
> 遭季夏之凝霜兮，庆夭顇（悴）而丧荣。

可怜先生您拥有那么高尚的品质，就像散发着香气的苓草一样，却突然遭受了初秋寒霜的摧残，过早地失去了它的荣光。《离骚》中，屈原曾经"济沅、湘以南征兮，就重华而陈词"。所以，扬雄说：

> 横江、湘以南往兮，云走乎彼苍吾，
> 驰江潭之泛溢兮，将折衷虖重华。

横渡长江和湘江，向南而去，要走到苍梧之地，驰过江边的流水，请求舜来评定是非曲直。但是，舜也不见得会支持您呢：

> 舒中情之烦或兮，恐重华之不累与，

陵阳侯之素波兮，岂吾累之独见许？

向着舜讲述自己内心的烦闷和疑惑，恐怕他也不会站在先生您这边。阳侯是古代的诸侯，有罪自己投江而死，其神成为大波。而先生您犯了和阳侯一样的错误，前有投江而亡、化身白浪的陵阳侯，重华（舜）为什么要单单称许您呢？

精琼靡与秋菊兮，将以延夫天年，
临汨罗而自陨兮，恐日薄于西山。

您将玉屑和秋菊一同服食，原本是想延年益寿的，可您到汨罗江畔自尽，这就像日薄西山，再也无法长寿了。

解扶桑之总辔兮，纵令之遂奔驰，
鸾皇腾而不属兮，岂独飞廉与云师！

解开了系在扶桑树上的缰绳，让载着太阳的车尽情飞驰，这使鸾皇、凤鸟都难以追上，岂能只是风神和云师？

卷薜芷与若蕙兮，临湘渊而投之，
棍申椒与菌桂兮，赴江湖而沤之。
费椒稰以要（邀）神兮，又勤索彼琼茅，
违灵氛而不从兮，反湛（沈）身于江皋！

将薜荔、芳芷、杜若、兰蕙卷在一起，走到江边的深渊前投下去；将申椒与菌桂捆成大束，丢入江湖中让水浸泡。您枉费了用来求神的稰、椒，以及用来占卜的琼茅，却并未听从巫师的言语，反倒选择了投水自杀。

在《离骚》中，屈原曾用傅说作为君臣遇合的例子。屈原先追求宓妃，后来嫌她依恃美貌、骄傲无礼、整日娱乐，改为追求有娀氏之佚女，并请雄鸩做媒，还说："恐鹈鴂之先鸣兮，使夫百草为之不芳。"于是扬雄就责难道：

累既攀夫傅说兮，奚不信而遂行？
徒恐鹈鴂之将鸣兮，顾先百草为不芳！

　　屈原您既然仰慕傅说，为何不相信自己会因为才德被重用，反而选择自杀？徒劳地担心杜鹃将要鸣叫，但您的行为使百草在杜鹃鸣叫之前就已经不芳。

初累弃彼宓妃兮，更思瑶台之逸女，
抨雄鸠以作媒兮，何百离而曾不一耦！

　　起初您摒弃了宓妃，爱上了瑶台上有娀氏的逸女，也曾派遣雄鸠前去做媒，为什么多次相离，没有一次相配呢？

乘云霓之旖柅（旎）兮，望昆仑以樛流，
览四荒而顾怀兮，奚必云女彼高丘？
既亡（无）鸾车之幽蔼兮，焉驾八龙之委蛇？
临江濒而掩涕兮，何有《九招》与《九歌》？

　　乘着五彩缤纷的云朵在昆仑的上空盘旋，观赏四方的景致以抒胸怀，为什么要执意于楚国的社稷呢？既然没有了众人簇拥的鸾车，那又怎么能去驾驭盘曲的八龙？站在江边掩面而涕，又怎么会为人间带来《九招》和《九歌》？

夫圣哲之（不）遭兮，固时命之所有，
虽增欷以於邑兮，吾恐灵修之不累改。
昔仲尼之去鲁兮，斐斐迟迟而周迈，
终回复于旧都兮，何必湘渊与涛濑！
溷（混）渔父之铺歠兮，洁沐浴之振衣，

弃由、聃之所珍兮，跖彭咸之所遗！

圣人和贤者生不逢时，都是命运的安排。即便有再多的长吁短叹，我想楚王也不会因为您的劝谏而悔改。以前孔子不被重用离开鲁国，徘徊迟疑之后再去周游，最后又回到了他的国家，您何必自投于汨罗江的波涛之中呢？您以为渔夫所讲馂糟歠醨是污浊的，以为沐浴后弹冠振衣是高洁的，结果抛弃了许由、老聃所珍视的超脱，而走上了彭咸投水的老路！

从这首作品中可以看出，扬雄对屈原的基本感情是尊敬、同情与惋惜。他感叹天路不开，使屈原以纯洁之身而遭罹纷离混浊之世；痛天时之无常，使屈原以芬芳之质而遭季夏严酷之霜。惋惜、伤感之情溢于言表。但文中认为屈原不应该扬蛾眉于浊世，而应当怀瑾握瑜，幽之离房；不应该执着于楚国，而应该效法孔子，周迈天下；更没有必要自沉汨罗，完全可以如"神龙之渊潜兮，俟庆云而将举"。

扬雄是站在智者的立场上对屈原的行为提出非议的。在扬雄看来，真正的智者应该能够洞见事物的形势，判断行为的吉凶，从而做到保身全性。而屈原既不能正确判断楚国的政治形势从而远身避祸，一旦进入政治旋涡又不能赢得君主的信任，反而露才扬己，引起众人嫉妒，遭受挫折也是必然之事。更关键的是，在遭受挫折之后，他认识不到这是圣哲之人皆会遭到的命运，而选择了自杀殉国这条绝路，这与舜、傅说、孔子等前贤先圣的做法是背道而驰的。

其实，对屈原沉江自杀的不理解和惋惜，西汉初年贾谊就已有之。他在《吊屈原赋》也曾劝说屈原："历九州岛而相其君兮，何必怀此都也？"到全国各地去看看其他君主吧，何必一定要怀恋故国？而且居高临下地指点说："凤皇翔于千仞之上兮，览德辉而下之。见细德之险征兮，摇增翮而去之。"凤凰在千仞之上临空翱翔，一定要看到德行的光辉才能下降驻留，发现德行细薄并有凶险的征兆，就应该马上展开翅膀飞走。贾谊认为屈原应该遵循"鸟择木而栖，士择主而仕"的原则，离开楚国，到别处去寻找圣明之君。如果这种理想不能实现，就要远祸全身，珍惜生命。扬雄《反离骚》的立场与贾谊略同，他们所流露的价值取向也是一致的，都认为屈原以死殉国是一场人生悲剧，如果采取变通措施，这种悲剧完全可以避免，并且无损于屈原的形象。

扬雄入京后，也曾经在不同的作品中数次提及屈原，比如在《太玄赋》中说：

> 屈子慕清，葬鱼腹兮。伯姬曚名，焚厥身兮。孤竹二子，饿首山兮。断迹属娄，何足称兮。辟斯数子，智若渊兮。我异于此，执《太玄》兮。荡然肆志，不拘挛兮。

赋中列举历史上一系列为了功名而殉葬丧生的人物：有为了保持自身清白而投江自杀的屈原；有为了保持节烈之名，不见傅母不下堂而葬身烈火的伯姬；有不食周粟、饿死在首阳山的伯夷、叔齐兄弟；还有直言强谏、被吴王逼迫自杀的伍子胥。"辟斯数子，智若渊兮"，尽管这些人智慧如渊，但自己处世绝不会像以上诸人那样，而是要无拘无束、权变通达。

在扬雄所否定的诸人中，首先提到的就是屈原，他从尚智的理念出发，批评屈原的不明智。仅就此而论，这与他早期作品《反离骚》所持的看法是一致的，没有任何改变。但由于《太玄赋》的作者有争议，也有可能是假托者因袭了扬雄早年对屈原的评价。而在靠得住的材料中，有迹象表明，晚年的扬雄对屈原的评价要宽容得多。在《法言·吾子》中有这样一段评论屈原的文字：

> 或问："屈原智乎？"曰："如玉如莹，爰变丹青。如其智！如其智！"

关于这段文字，古人的理解已然不同。我的理解是，屈原的品质就像玉石一样，他把自己高贵的品质转化成了精彩的文字，这就是屈原的智！这就是屈原的智！可见，到了晚年写作《法言》的时候，扬雄对屈原有了全新的理解，对屈原的评价更宽容了，不只觉得屈原德行高尚，也觉得屈原具有智慧，这是扬雄晚年一个值得重视的改变。

第三章

诗人之赋丽以则

来到长安后的扬雄献上了四大赋，属辞宏丽，"语瑰奇则假珍于玉树，言峻极则颠坠于鬼神"，渲染之处给人一种繁复缤纷、奇异瑰丽、目眩神迷的感受，但在铺采摛文的诡丽之辞后面，却隐含了作者深微的讽喻。大赋写成后呈递上去，精心构思的讽谏之意并没有被成帝领会，但昳丽的文采却有令人惊叹的效果。成帝因此任命他做了黄门侍郎。

成帝即位

　　就在扬雄22岁那年，京师发生了一件大事：在位16年的元帝刘奭去世了，终年42岁，继任的是他和王政君的孩子——太子刘骜，汉朝的政治格局也随之发生巨大的变化。

　　在了解刘骜之前，我们先来了解一下他的母亲王政君，这是汉朝后期的一个关键人物，成帝以后的重大政治变化都源自她的发迹。

　　王政君是魏郡元城（今河北大名县东）人，她的爷爷叫王翁孺。翁孺生了一个儿子叫王禁，字雅君。王禁年轻时在长安学习法律，担任廷尉史。就在宣帝本始三年（前71年），他生下了第二个女儿王政君。

　　王禁好酒色，娶了很多妾，共有四个女儿和八个儿子：长女王君侠，第二个女儿就是元后王政君，次为王君力，以下为王君弟；八个儿子分别是长子王凤、次子王曼、三子王谭、四子王崇、五子王商、六子王立、七子王根和八子王逢时。这些儿女中，只有王凤、王崇与王政君同出一母。

　　王政君长大后，性情温顺，恭守妇道，但她的婚姻之路却非常坎坷。她曾许嫁了夫家，尚未成婚，对方就死了。后来，东平王送来了聘礼，与王政君订了婚，准备娶她为妾，但王政君还没过门，东平王又突然死了。

　　连续死了两位未婚夫，王禁开始担心，生怕这个女儿克夫。他专门让一位术士为王政君看相，术士仔细打量了一番后，颇为神秘地说："她以后一定会大贵。至于贵到什么程度，我现在不能说。"王禁听信了术士的话，更加用心地培养这个女儿，教她读书、弹琴，并教授她各种礼仪。

五凤年间，王政君十八岁了，出落得亭亭玉立，而且知书达理。王禁将她献到了宫中，进入掖庭，成了宫女。

一年多以后，适逢皇太子（也就是后来的元帝）所宠幸的司马良娣患重病。临终时，司马良娣怀着无比的怨恨，对太子说："妾的死，并不是由于天命，是因为那些幼妾和良人轮番使用咒术来谋害妾。"太子哀怜地看着她死去，却无可奈何。良娣死后，太子悲愤致病，神志恍惚，郁郁寡欢。他把怒气撒到那些幼妾和良人身上，怒斥她们，不允许她们见他。宣帝为了让他高兴，便让皇后从后宫的宫女中挑选可以侍奉太子让他开心的人。皇后挑选了五个宫女，王政君就是其中之一。

皇后将王政君等五人引见给太子，并悄悄地让身旁的长御（皇后的随从女官）询问太子想要的是谁。太子其实对这五人都没兴趣，心思全在死去的司马良娣身上，但在皇后面前迫不得已，便随手一指，说："其中一人还可以。"那天王政君坐的地方离太子最近，长御便以为太子指的是她。

于是皇后派侍中杜辅和掖庭令浊贤一起将王政君护送到太子宫。不久，王政君便有了身孕。甘露三年（前51年），王政君生下了一个儿子，也就是后来的汉成帝，这是宣帝的第一个嫡孙。看到刚出生的孙子，宣帝非常高兴，亲自为他取名为骜，字太孙。宣帝经常将这个孙子带在自己身边，特别宠爱。

三年后，宣帝驾崩，太子即位，也就是汉元帝。元帝随即立太孙为太子，立其母王政君为婕妤，封她的父亲王禁为阳平侯。很快，王婕妤被立为皇后，元帝任命王禁为特进（特进这个官职专门授予列侯中有特殊地位或者是朝廷特别敬重的人），并让王禁之弟王弘担任长乐宫卫尉。王氏家族自此开始得势，且一发不可收。

幼年时的成帝处事非常谨慎，还很喜欢读经书，为人也比较宽厚，元帝很喜欢他。可是到了后来，太子有了一些变化，其地位变得不那么稳固了。太子开始喜欢饮酒，并且贪图安乐，元帝慢慢开始怀疑太子的治国能力。

元帝晚年多病，不再过问国家大事，但他特别喜爱音乐，而且有一项特别的技能。他经常把军中所用的骑鼓放在殿下，亲自走到廊上，凭倚栏杆，用铜丸从远处投击鼓面，使其发出紧密有节奏的鼓声。这项技能，众多的侍妾甚至宫内的乐工都做不到，只有山阳王刘康能做到。

山阳王刘康是元帝和傅昭仪的儿子，元帝晚年最喜欢的妃子就是傅昭仪，元帝曾多次在大臣面前夸奖刘康有才干。史丹是元帝的侍中，元帝因为他是旧臣，而且是宣帝的外戚，所以对史丹非常信任。史丹听了元帝的称赞，曾直言不讳地说："所谓才干，指的是聪明而喜好学问，温习旧的知识，能够得到新的理解和体会，皇太子就是这样的人。如果有点音乐技能就算才干，那么陈惠、李微（这两个都是宫廷的乐官）都比匡衡（当时的丞相）高明，可以辅助国政了。"元帝听了沉默不语。

后来，元帝的病情加重，长久不能起床。傅昭仪和她的儿子山阳王刘康经常在病床前侍奉，而皇后王政君和太子刘骜却很少进见。随着元帝病势日渐沉重，他变得心绪不宁，好几次向尚书询问汉景帝废掉皇太子刘荣，改立胶东王刘彻当皇太子的旧事。

史丹是元帝最亲近的大臣之一，能够直接进入寝殿探病。史丹等到元帝单独卧床的时候，径直进入寝殿，边叩头边流着眼泪说："刘骜被封作太子已十多年了，他的尊号家喻户晓，天下无不归心，大家都愿做他的臣民。山阳王刘康一向得到陛下的宠爱，如今道路上纷纷传言，说是要改立刘康做太子。如果是这样，三公、九卿及其以下的高级官员，必然拼死相争。我请求陛下先赐我死，作为群臣的表率。"

元帝一向心肠软，看到史丹流着眼泪进言，话语又恳切中肯，甚为感动，便喟然叹息说："我的病日益沉重，太子刘骜、山阳王刘康、信都王刘兴，年纪都还小，对他们的未来怎能不担忧？可我并没有改立太子的念头。皇后王政君一向谨慎小心，先帝（宣帝）又喜爱太子，我怎么能违背他的意旨？你从什么地方听到的这些话？"史丹立即向后退，连连叩头说："臣愚昧，妄信传言，罪当处死！"元帝对史丹说："我的病越来越重，恐怕不能痊愈了，你要好好辅佐刘骜，不要辜负了我的重托。"史丹唏嘘着，起身告退。太子的地位，从此才告巩固。

五月，汉元帝在未央宫驾崩。太子刘骜在史丹、王商、石显等人的辅佐下，正式登基。

这一年，扬雄22岁。

王氏隆盛

我们都知道，封建社会乃是所谓"家天下"，与皇帝个人关系的远近亲疏在权力运作与分配中起着决定性的作用。由于中国的社会组织是以宗法血缘关系为核心而建立的，因此，与皇帝最亲近的通常有以下几类人：

第一类是父系亲族，即宗室；第二类是母系亲属，第三类是姻亲，这两类都称为外戚；第四类是皇帝出于各种原因而特别宠幸的人，后人称之为佞幸；第五类才是由制度化渠道选拔出来，由皇帝正式任命的大臣。

自从汉景帝时发生了七国之乱，汉朝以后的皇帝对宗室都有些猜忌，有意识地削弱宗室的地位，他们不愿意宗室过多地参与政治，因此，宗室在汉朝中后期被边缘化了。

和武帝、宣帝相比，元帝、成帝的性格都不太强势，他们父子俩执政都较多地依凭身边之人。相对来说，元帝较多地依赖宦官，而成帝较多地依赖外戚。

成帝这个人，从外形、气度上看是颇适合做皇帝的。他善于修饰仪表，站姿笔直端庄，说话时很从容，不指指画画。临朝时仪态深沉、平静，非常有尊严，既肃穆，又温和。但成帝有天生的弱点，他性格较为软弱，容易被人控制。

成帝继立后的第一件事就是尊王政君为皇太后，任命自己的大舅舅王凤为大司马、大将军，总领尚书事务，将封户增加五千户。又封他的四舅舅王崇为安成侯，食邑一万户。为什么专门封四舅呢？因为四舅是成帝母亲王政君的同母兄弟。而王政君的异母弟如王谭等，都赐予关内侯的爵位，封给食邑。

过了五年，也就是河平二年（前27年）六月，成帝给他的舅父们全部封侯：王谭封为平阿侯，王商封为成都侯，王立封为红阳侯，王根封为曲阳侯，王逢时封为高平侯。五人同日封侯，因此当时人称他们为"五侯"。

成帝为人谦退软弱，这个时期，国家大权都掌握在大将军王凤手里。任命一个普通官员，成帝都无法自己做主，要由王凤决定。身边的侍臣曾向成帝推荐光禄大夫刘向的幼子刘歆，说他博学卓识，有奇才。成帝召见了刘歆。刘歆给他诵读了自己所作的诗赋，成帝非常喜欢，想任命他为中常侍，下命令让仆人取来中常侍的衣冠。正准备行拜官礼时，左右侍从都说："还没有告诉大将军呢。"成帝说："这是小事一桩，又何必通报大将军？"左右之人叩头力争，不让举行拜官仪式。成帝不得已，只能请示王凤。王凤认为不可以，此事居然只能作罢。由此可见王凤当时的权势。

这一时期，形成了"王凤专权，五侯当朝"的局面。王氏子弟不但在朝廷做官，而且全都担任卿、大夫、侍中等显官要职，连郡太守、国相、州刺史等地方官也都出自王氏门下，王氏家族的权势越来越盛。阳朔三年（前22年），王凤因病去世，死前推荐王音代替自己的职位。于是，王音接任大司马、大将军，领尚书事，辅政八年，到永始二年（前15年），王音也去世了。成都侯王商担任大司马、卫将军。三年后，在十二月的乙未日迁为大司马、大将军，15天后，王商去世。过了8天，王根担任大司马、骠骑将军。

成帝的五个舅舅争相招引贤才，倾财施予，互相攀比，以此为荣。五侯门下，宾客充盈。大家都盛赞王氏一家，王氏声誉名满天下。

就在这种情况下，扬雄来到了京师。

皇室宗教活动

　　扬雄来到京师的具体情形，史料记载有一些不清楚的地方。据《汉书·扬雄传》的记载，扬雄四十多岁时从蜀地来到京师，大司马、车骑将军王音奇其文雅，召以为门下史，荐雄待诏。问题是，扬雄四十岁那年，王音已经去世了。这以后，担任大司马的有王商和王根，但都不是车骑将军。因此，扬雄来到长安后，是谁把他召为门下史是有疑问的，但肯定是五侯之一、成帝的舅舅。很多学者认为是王根。

　　来到长安后，扬雄的同乡、蜀地人杨庄此时担任郎官，在成帝面前诵读扬雄的早年作品《县邸铭》《王佴颂》《阶闼铭》《成都四隅铭》等，成帝非常喜欢，认为这些文章写得很像司马相如，由此接见了扬雄，并让他在承明殿待诏。但据《文选·甘泉赋》李周翰注却说杨庄诵读的是《绵竹颂》，这两种记载当然是扬雄自己的自述更为可信。总之，扬雄来到朝廷等待诏命。而这个时候，汉朝的宫廷正频繁地举行各种大规模的宗教祭祀活动，需要为文像司马相如那样的人来润色鸿业。

　　成帝比扬雄小两岁，扬雄入京这一年，成帝已经40岁了，即位也已经20年，却依然没有后嗣。十几年来，整个朝廷、整个京师，乃至全国官员百姓，都在为此操心。很多人归咎于成帝初即位时改变了郊祭的地点和仪式，导致神祇不肯赐福。

　　那么，成帝即位时为什么要改变郊祭的地点和礼仪呢？这说来话长。

古代的皇室祭仪大致上分两大系统，郊祀与庙祭。庙祭是祭祖先的，通常是在园陵旁的宗庙中祭祀；郊祀是祭祀天地、日月、星辰、江河、山川等自然神祇的，通常是在都城的郊外进行。因为天属阳，地属阴，所以在南郊祭天，北郊祭地。

这一古制在武帝时发生了变化。因为武帝每年都要到云阳县的甘泉宫（位于今淳化县）避暑三个月，因此，他就在甘泉宫就近祭祀。祭祀的主神改成了泰一，祭坛就称之为泰畤。除了泰一之外，也祭祀日神与月神。早晨朝拜日神，傍晚祭祀月神，都是拱手肃拜。但祭祀泰一则是沿用祭祀五帝的仪式。

祭祀五帝是秦国的传统祭仪。秦国的都城在很长一段时间内都是在雍地，就是现在的陕西凤翔县，历代国君在此地建立了祭五帝的祭坛。早在秦文公的时候，就建造了鄜畤，祭白帝；秦宣公作密畤，祭青帝；秦灵公时作吴阳上畤、下畤，祭赤帝、黄帝；汉高祖刘邦作北畤，祭黑帝。所以，一共是五畤。元光二年（前133年），武帝初次到雍城，郊祀、礼见五畤神灵，以后经常是每隔三年郊祀一次。

元鼎四年（前113年）六月，汾阴（今山西省万荣县）一位名叫锦的巫士，在濒临黄河的地方发现了一个宝鼎，上报给当时的河东太守。太守上书武帝，武帝即刻派有司勘验。这时，汾阴籍的道士公孙正侍于皇帝左右，乘机上书说，汾阴就是古地理书中的昆仑山东南五千里的神州，是中国的中心，而发现宝鼎的地方则是远古祭地祇的"泽中方丘"。武帝深信其言，于是举行了声势浩大的迎鼎仪式，将发现宝鼎之处改名为宝鼎（今山西万荣县宝井乡）。到了十月份，武帝来到雍城祭祀，说："如今上帝由朕亲自祭祀，却不祭后土，与礼不合。"于是东行。十一月甲子，在汾阴脽上建起了后土祠，并举行了一场大规模的祭地仪式。

从此以后，皇帝通常都是在云阳县的甘泉祭泰一，在雍地祭五帝，在河东郡的汾阴县祭后土。三年中头年祭天，二年祭地，三年祭五畤，每三年轮流一遍。

武帝时期新举行的这么多祭祀仪式，背后都是民间方士在推动。元帝时，中枢开始起用《诗》《礼》博士。在熟习礼仪的《诗》《礼》博士们看来，武帝时期的宗教系统，无论是庙祭还是郊祭，都不是纯正的儒家典礼，不符合儒家古礼，他们对仪式中的祭仪以及在祭仪中体现的精神都颇有微词，但由于是前代君主所立，不好一下子改动。贡禹、韦玄成先从庙祭入手，废除了很多郡国寝庙。但在郊祀系统中，基本遵循了武帝时留下来的制度，隔一年的正月，到甘泉郊泰畤，东至河东祭后土，西到雍地祠五畤。一共祭祀了五次，每次祭祀，路过的地方，都被皇帝普施恩惠，有时是免除田租，有时是赐给牛酒，有时是赐爵，或者赦免罪人。

成帝刚刚即位的建始元年（前32年），丞相匡衡、御史大夫张谭上奏说：

> 在南郊祭天，在北郊以瘗埋的方式祭地，是就阳即阴之义。古代的天子在其所都之处就近祭祀。以往武帝住在甘泉，所以在云阳立泰畤，在甘泉宫南边祭祀，也是符合"就近""就阳"的原则的。但是成帝长期居住在长安，祭天却要到长安北边的甘泉，祭祀后土要到东方的河东，这违背了阴阳五行的原理。

> 而且，大老远地跑到云阳与汾阴祭祀，中途非常艰险。到云阳，要路经长达百里且特别险厄的溪谷。而到汾阴呢，则要渡过黄河，有风波舟楫之危。这都不是皇帝应该冒的险。因为远道而来，经过的郡县都要花很大的精力接待。吏民困苦，百官烦费。像这样"劳所保之民，行危险之地"，是难以得到神灵的保佑的，也不符合承奉天道、爱护人民的原则。周文王、周武王都是在丰、镐郊外祭的天，成王则是在洛阳进行的郊祀，可见古代的明君都是在所居地附近祭天地。因此，建议将甘泉泰畤、河东后土祠迁往长安，希望大臣们讨论这个问题。

成帝把这个提议交给大臣。大司马、车骑将军许嘉等八人认为武帝时的祭仪由来已久，不宜加以改动。而右将军王商、博士师丹、议郎翟方进等大臣认为应该按照《礼记》的规定，在都城的南北郊祭天地。于是，成帝就按照多数大臣的意见，在这一年的十二月，废除了甘泉和汾阴的天地之祠，在长安的南北郊建造了祭坛，并在第二年的正月在长安进行了第一次祭天仪式，三月，在北郊举行了祭后土的仪式。

就在撤销甘泉泰畤改作南郊祭天的那日，大风吹坏了甘泉的竹宫，拔取十围以上的树木百余棵。怎么会出现这么严重的灾异天气？成帝下诏询问以博学见称的刘向。刘向说："普通人都不愿意断绝后嗣，更何况是国家的神宝旧時？甘泉泰時、河东后土祠、雍地的五時，它们初立的时候，都是有神祇感应的，并不是随便就立祠的。武帝、宣帝的时候，对它们的礼敬特别恭顺完备，所以神验尤其显著。祖宗所立的祭神的旧位，是不能轻易改变的。贡禹改变了前代的祭礼礼仪，易大传上说："不信神的人会殃及三代。'遭殃的可能不止贡禹等人呢！"成帝这时候就已经很后悔了。

建始三年（前30年），匡衡因为多取了四百顷的封地，而且他手下的属官盗取所主管的财物价值十金以上，匡衡因此而获罪，免为庶人。于是很多大臣纷纷说，不应该改变郊祀地点。在扬雄来到京师的前几年，已经开始不断地前往云阳、雍地去祭祀泰時和五時。如鸿嘉二年（前19年）春，成帝来到云阳甘泉宫，祭泰時。到永始二年（前15年）冬十一月，又来到雍地，祠五時。

永始三年，皇太后下诏说："武帝时在甘泉祭天，在汾阴祭地，神祇安之，享国长久，子孙蕃延，沿袭到今天。今上宽仁孝顺，并没有大的过错，之所以没有继嗣，原因想来就是将天地之祭迁到了南北郊，违先帝之制，改神祇旧位，失天地之心。我六十岁了，一直没有皇孙，食不甘味，寝不安席。"下令恢复甘泉泰時、河东后土祠，雍地的五時加上陈宝祠一并恢复。

然而成帝还是没有继嗣。实际上，成帝还是太子时，与许妃有过一子，夭折了。即位后，许妃成了皇后，两人有过一女，又早亡。成帝与班婕妤也有过一子，数月后夭折。所以，成帝并不是没有生育能力，他没有子嗣，和神鬼没有关系，真实原因就在于他后期宠信赵飞燕姐妹，而赵飞燕姐妹不允许他接触其他宫女。

赵飞燕本是长安宫人，初生时，父母想抛弃她，结果她三日不死，才又抚养。成年后，做阳阿公主家的婢女，学习歌舞，取名飞燕。成帝喜欢微服出游，到阳阿公主家，公主举行音乐舞会，成帝对飞燕一见钟情，就召入宫中。后将其妹妹也召入宫，同为婕妤，贵倾后宫。赵飞燕立为皇后以后，宠幸稍衰，而其妹妹则受到成帝的特别宠爱，进为昭仪，居住在昭阳舍。其中庭全用红色，而殿上髹漆，门限都用铜制并镀以黄金，白玉为阶，壁上的横木饰以黄金，镶嵌蓝田璧、夜明珠，饰以翠羽。后宫从没有如此豪华富丽过。赵氏姊妹专宠十余年，都没有生子。

成帝死后，司隶校尉解光曾经审讯过宫廷内的掖庭狱丞、中黄门、官婢和赵昭仪的御者，据他们的交代，成帝和中宫史曹宫生过一个孩子，当时有六个婢女在场。结果曹宫被赵昭仪所逼服毒自杀，六个婢女同日上吊，这个孩子被人从乳母手中抱走，不知去向。成帝也和许美人生过一个孩子，赵昭仪听说了，对成帝说："你常欺骗我说是在皇后宫中住宿，要是在皇后处，那许美人的孩子是怎么来的？难道你想许美人再当皇后吗？"于是大哭大闹，啼泣着不肯吃饭，说："你要安置我，让我回娘家去……陛下常对我说永远爱我，今日却变心了，这是为什么？"成帝不得不安慰说："约好了以赵氏为后，所以才不立许氏为后，让天下没有比赵氏更尊贵的，何必担忧！"然后成帝下诏让许美人将孩子送过来，许美人用一个芦苇编的筐子装着自己的儿子，送到成帝身边。成帝把随身宫女都支走，自己关门与赵昭仪在一起。不久开门，把一个密封的箧及绿色方盒交给掖庭狱丞籍武，让他把箧中的死儿埋掉。籍武在狱楼墙下挖一坑，就将死儿埋在了里面。

如果他们的交代属实，那成帝是亲手杀死了自己的儿子，祭祀又有什么用呢？

尽管依然没有什么效果，却依然要年年祭祀。永始四年（前13年）春正月，成帝又来到甘泉，郊祀泰畤。三月，来到河东汾阴，祭后土。

这一连串的祭祀活动，需要有人来歌颂。

献四大赋

扬雄到京师是元延元年（前12年），那年的三月，成帝刚到雍地祭祀了五畤。第二年，也就是元延二年（前11年）春正月，扬雄跟随成帝来到了甘泉，郊祀泰畤。扬雄为此创作了《甘泉赋》。此赋首先陈述了这次祭祀的目的。为了阅读方便，这四大赋我们都采用袁海宝的白话译文。

大汉朝的第十代君王将要在甘泉祭祀上天，明称众神尊号，祈求神祇庇佑，希望能带来吉祥。大汉天子的声望和功业可以同三皇五帝相比，唯一让人忧心的是还没有皇位继承人，希望得到上天的垂怜，以延续皇族血脉，扩大汉朝的伟业。

然后用繁丽的辞藻夸张地渲染皇帝出行的盛况：

于是命令百官选择良辰吉日，群臣跟随天子列队出行，有如众星拱卫北斗一般。诏令招摇、太阴二星，让勾陈前来服侍并掌管队伍，委托堪舆神主持壁垒，击打夔、魑、獝狂等鬼。八方神灵奋起其众，武装奔走警戒。使战神蚩尤之辈身佩利剑，手持玉斧，往来奔走于帝王左右。士兵们分合迅疾，方才聚集，又如飘风流云一般散去。他们排兵布阵如鱼鳞一般错杂，队伍似鱼潜鸟飞之状；队伍集合与分散十分迅速，好似云雾腾地而起，犹如蒙翳自天而降。一聚一散之时，士兵的盔甲闪闪发光，灿烂无比。

此时，皇帝登上了饰以凤凰、带有华盖的车驾，驾驭多匹骏马驱车向前，行止之间颇像龙活动时的姿态。车马聚散，忽如乌云闭锁，忽如阳光四散。旌旗摇空，高过日影；旗杆森立，旗帜随风翻飞。以牦牛尾巴为饰的旗子在空中飘扬，泛着闪电般的光芒，队伍中满是装饰华美羽毛的车盖，以及迎风飘扬的鸾旗。在皇帝所居的中营里聚集着数万骑兵，数千辆华美的车辆并列其中。车马声轰轰隆隆，参参差差，其速度迅捷得能走在雷声的前面，能赶上疾风。跨过众多起伏的山峰，走过曲折蜿蜒的河流，登上橡峦山到达了天门所在，通过闾阖门进入了寒凉的高处。

甘泉宫本来沿袭秦的离宫，已经很奢侈豪华了，而汉武帝又增加了通天殿、高光殿、迎风殿，等等，是一处盛大的建筑群。《甘泉赋》不厌其烦地用华丽的辞藻对甘泉的环境与建筑作了穷形尽相的描绘：

还没有到达甘泉宫，但已经可以看到那个光彩夺目的通天台了。其下阴潜不见，其上十分宏大，光彩交错。此台高耸入云，其高度难以测量。甘泉周围地势平坦，面积广阔，广袤的丛林中长满了香草，丛林里还聚生着棕榈和薄荷，它们数量极多且非常繁茂。高高的丘陵巍峨屹立，两峰之间是深深的山谷。离宫遍布各处，交相辉映，封峦观、石关观相连在一起。

甘泉宫的建筑外形奇特，千姿百态，犹如云气一般，变化无穷，门前双阙高高耸立。抬头仰望，眼花缭乱，难以看得真切；正面望去，宫殿高大宽敞，横跨东西，无边无际。

甘泉宫的博大深邃令人惊骇，心中茫然不知所措。坐上车沿着甘泉宫的四周观赏，深感它的广大无边。玉树翠绿茂盛，墙壁上装饰着玉树、玛瑙和犀角，光彩夺目。勇健的铜人托举着铜盘，它身上的铠甲开张，好似龙鳞。铜盘上点燃的蜡烛，散发出耀眼的光芒，就像阳光一样夺目。甘泉宫可与上帝居住的悬圃相媲美，其取象于太一神巍峨的宫殿。宏伟的祭台突出崛起，若山峰耸峙，直指北斗，星辰就排列在屋檐两端翘起的地方，日月运行也要经过宫室的屋檐，隐隐作响的雷声好像从廊柱中响起，迅捷的闪电仿佛来自宫墙之外。鬼怪难以攀爬到顶端，爬至半路纷纷掉落下去。高台的顶端如此之高，以至于日月从下往上照，所以连影子都是倒着的，它们穿过悬天飞梁，高浮于青霄尘气之中。

（高台）左边是彗星，右边是雨神，前面是赤色的双阙，阙的后面就是甘泉宫的正门。它遮蔽了西海与幽都，甘甜的泉水汇集成了小河。宫门的东边盘着青龙，西边列着白虎。先至高光宫四处游览一番，再到幽静的西厢房逍遥。正殿高大巍峨，璧玉雕饰玲珑美观，短柱悬浮，檐椽飞举，其形势危殆，好像有众神竭力扶持才不至于倾倒。宫门宏伟高大，门内像紫薇宫一样幽深。并列的宫观亭台相互交织、相互掩映，绵延不绝。登上高耸入云的台阁，眼前全是浑然天成、纷繁交错的景致。宫观闪动着红色的光芒，树木翠气飞扬，环绕四周。夏桀建立了璇室，商纣建立了倾宫，现在甘泉宫继之，登高远眺，就像站在了深渊的旁边。

旋风从林间急速而过，吹动着桂树、椒树、棠棣及杨柳。浓烈的香味随着风一直飘到了屋檐，充满梁柱之间。香气随风四散而去，风儿摇晃编钟，发出阵阵声响。香风推开玉门，摇晃着门环，带来了香草的味道。帷帐被风吹动，鼓了起来，飘飘扬扬，满室的清香让整个宫殿显得更加的幽深寂静。风儿吹过，乐声美妙和谐，犹如夔和伯牙在抚琴奏乐。即使如鲁班、倕、王尔等能工巧匠，看见甘泉宫精巧华美的建筑，也不敢献艺了；即使仙人征侨和偓佺来到此地，也会流连忘返，仿佛置身于梦中一样。

然后，扬雄开始叙述、描摹祭泰畤的仪式：

天子庄重地面对着这些华美空旷的楼台宫观，看到用美玉装饰的榱椽，错落宏大的宫殿，清心寡念，集中精神，迎接天、地、太一三神的降临。天子搜寻皋陶、伊尹那样的能臣，如召伯甘棠施惠，如周公东征，同群臣一起来到阳灵宫祭天。铺薛荔作为席子，折琼枝作为配饰，吸取青霄中的云霞，饮用若木花上的露水，（皇帝和臣子）聚集在礼天之圄，登上祭地之坛。竖起耀眼的长旄之旗，华丽的车盖装饰得那么美丽。攀上北斗星向下望去，放眼观览下面的三危山。将众多的车辆陈列在东海边上，任凭玉饰的车辆急速奔驰；漂浮于龙潭而后潜入九龙之地，窥视地底奥秘之后又回到了地上。疾风推动着车辆前进，鸾凤环绕车辆。渡过流水潺潺的若水，登上蜿蜒曲折的不周山。欣然为西王母祝寿时，似乎悟到了好色败德，所以摒弃了众多美女，使玉女无法眉目传情，宓妃无法施展其蛾眉。这样才能秉持道德中精微刚正的义理，方能向神灵祈祷、询问。

这时候点燃载有玉和牺牲的干柴，烟气飘向天空，以此来祭祀招摇、太一。周围旗帜飘扬，柴草熊熊燃烧，烟气披离四出。往东照到了东海之滨，往西照到了流沙之域，往北照亮了幽都之地，往南照到了丹水之畔。黑玉制成的酒器其柄像角一样弯曲着，里面盛满了黑黍和香草酿造的美酒，浓郁的酒香弥漫在四周。熊熊燃烧的火焰触动了黄龙，感动了麒麟。于是选择神巫去叫开天门，打开天庭，迎接众神。众神带着他们的随从纷纷降临神坛，瑞气腾腾，普天祥和。

祭祀完毕，功业得到了弘扬，于是便乘车归去，越过封峦观在棠梨宫歇息。打开了天门与地垠，让八荒之地与天下万国都和谐起来。登上了长平坂后敲响了雷鼓，鼓声震天，武士勇猛，云彩飞扬，大雨滂沱，似乎在夸赞圣皇之德光耀万代。

最后是结束语：

高高的圆台，耸立入云，沿着坡道上下，仿佛兜了一个大圈子。重重宫殿，参差不齐，高大深邃，绵延无边。上天的事情，深奥难懂。皇帝陛下圣明端庄，确实能够与上天相配。怀着恭敬的心情来祭祀上天，神灵一定保佑。他们在高高的天空中逍遥盘旋，光彩夺目，一定会降下福祥，保佑皇室的子子孙孙，万寿无疆。

过了两个月，也就是元延二年的农历三月，按惯例，将举行祭祀土地之神的活动。成帝率领百官渡过黄河，奔赴汾阴。祭祀完毕之后，游历了介山，绕过安邑县，远眺龙门山，又游览了盐池，登上了历山。然后登上华山远眺，可以看到商周的遗址，不禁使人追思唐尧、虞舜时期的风尚。扬雄写作了《河东赋》呈上。这篇赋的用意是与其羡慕古代的美好统治，不如回去励精图治，建立一番功业。和《甘泉赋》一样，这篇赋一开始也描绘了天子出行的盛况：

> 元延二年的暮春时节，皇帝将要祭祀地神，向神灵祈福，所以就去京城东边的汾阴县朝拜，想借此机会留下大的功业和不朽的名声，（故而）创造出祥和的环境，祈求神灵降下福祉。礼敬神明之事盛大美好，难以全面记录。皇帝命令百官统一穿戴礼服，准备好出行的车辆，登上翠玉装饰的凤形车，那是六匹马所拉的车驾，速度之快，赛过光影。车上的旌旗迎风摆动如掉落的流星之状，车上还悬着射天狼的硬弓。张开如阳光般耀眼的旌旗，皇帝车驾的左边竖起了用牦牛尾巴制成的大旗，旗杆上的旗帜和顶端的飘带随风起舞，犹如云彩一般。扬起了闪电一般的鞭子，驾驶雷车，鸣响大钟，竖起五色彩旗。羲和来为皇帝陛下驾车，颜伦也在一旁侍奉车驾。车子像旋风一般急速驶过，似鬼神一般来去无踪。数千辆车子驶过，车声轰轰隆隆犹如打雷一般，数万匹骏马昂首前进，车马队伍威武雄壮，所过之处地动山摇，声势浩大，仿佛要使山体震动，使泾、渭之水沸腾起来。秦地之神受到惊吓，跳入水中，躲到了水中的陆地旁边；巨灵感到恐惧，掌推华山，脚踏衰山，二山分而黄河通。

但是，这篇赋对祭祀仪式一笔带过，更多的是描绘成帝率群臣游览介山、龙门山、历山、华山时的所见与所思：

> 就这样到了汾阴的行宫，周围环境静谧，众人恭恭敬敬，行为举止稳重得体。神灵们享受了供奉，五方之神各得其所，天地显现出一种阴阳协和之气。于是天子的车驾缓缓而行，大家四处游览，闲散自得，欣赏了介山的风光。皇帝嗟叹晋文漏赏功臣，怜悯介子推的遭遇；又觉凿通龙门山的大禹十

分的辛劳，他疏通河道，分流洪水，把分散的九条大河的水都引到了东海。接着登上历山向着远处眺望，思绪纷飞，浮想联翩，想到古代圣贤的遗风，内心颇为欣喜，很开心能够在舜耕作过的地方游玩。远望唐尧故地，眼前浮现出高大的形象；凝视周人领地，想起了周朝的太平强大。皇帝徘徊于此地，不忍离去。又远望着垓下与彭城的方向，看到了夏桀被流放的地方一片荒芜，坎坷不平，但周王朝的豳地却宽阔平坦。乘着翠龙渡过了黄河，登上了高大险峻的华山。云朵涌起，似有相迎之意，雨淅淅沥沥地下着，四周寂寞清冷，幽暗不明。于是在此命令风神往来于南北，呵斥雨神奔走于东西。这华山险峻，峰高入云，顶天立地，世上无二。

最后，曲终奏雅，道出此赋的真正用意：

　　皇帝顺着原路返回，他以为大汉朝包含了众多的民族，此等功业是前朝不能相比的。汉建立天下，群龙为帝，符合卦爻贞兆。让钩芒和蓐收并驾拉车，玄冥和祝融陪同，勉励众神先行开路，发扬六经的精义，用以颂扬皇帝陛下的伟大功业。汉王朝的功业已经超过了昌盛一时的周王朝，超越了远古时期五帝的功业，直追上古三皇的崇高功绩。既然我们已经在这平坦的道路上启动了车子，有谁说路远而不能跟随呢？

元延二年十二月，成帝外出狩猎，扬雄也一起跟随着队伍。他回顾了以前历代君主建造苑囿以及田猎的历史，说：以前尧、舜、禹、商汤、周文王时期，皇家的宫观台榭、池塘苑囿、林麓沼泽，这些地方产出的财物足够供奉郊庙祭祀、招待宾客、满足庖厨所需，不会侵夺百姓肥沃的粮田和桑柘之地。女有余布，男有余粟，国家殷实，上下富足。所以，甘露降在宫廷内，甜美的泉水在庙堂前的路边流淌，凤凰在树上筑巢，黄龙在池塘遨游，麒麟跑进了皇家的苑囿，神雀栖息在园林之中。从前，大禹任命伯益为掌管山泽之官，使得上下协和，草木茂盛；成汤喜欢田猎，但是天下的费用依然充足；周文王的苑囿虽然有方圆数百里，但是百姓以为它还太小；齐宣王的苑囿尽管只有方圆四十里，但百姓却以为这太大了：这就是让百姓富足和侵夺百姓的区别。汉武帝广开上林，南到宜春宫、鼎湖宫、御宿苑、昆吾，沿着终南山一直向西，到了长杨宫、五柞宫，向北绕过黄山宫，沿着渭水向东，周围有几百里宽。穿凿出的昆明池像滇池一样，营造了建章宫、凤阙、神明台、驳娑殿，池里有渐台，还有太液池，就像海水沿着方丈、瀛洲、蓬莱三个小岛流动一样。游观侈靡，穷妙极丽。把苑囿的三面稍微割除一些，便足以供养百姓。像这样的羽猎，所用的战车、戎马、器械和各类储备物资，都极尽奢侈。尧、舜、成汤、周文王打猎是为了三驱，即奉郊庙、御宾客、充庖厨。但武帝的这种做法不符合"三驱"的目标。我害怕后世的人重犯前人奢侈淫逸的过失，不吸取"泉台前人建，后人毁"的教训，所以，借助本次狩猎的机会，向皇上献上了《校猎赋》，以示讽喻规劝。文章的内容是这样的：

有人说，只要说到勤俭质朴，大家都称扬伏羲与神农氏，是不是意味着后世的君主都奢侈呢？并不是！其实只是不同时期的人有不同的举措，只要合宜，又何必一致？一定要一致，那在泰山封禅，怎么会产生七十二种礼仪呢？因此，凡是创建帝王之业并得以流传的君主，都不见得有什么差错。纵观三皇五帝，有谁知道是非？于是就写下颂词：

美好神圣的君王，住在清净的宫殿之中。他如大地一般富足，像上天一般高贵。齐桓公竟然不够资格为他扶车，楚庄王也不够资格做他的车右。他觉得上古三帝僻陋小器，要干出一番超越前代的巨大功业，历涉五帝般恢宏、三皇般高远的境界，以道德为师，以仁义作友。

寒冬腊月，天地之间，寒风凛冽，草木的根茎在泥土下处于萌芽的状态，外部的叶子都已经枯黄。就在这段时间，皇帝将要在园囿举行田猎，于是打开北方的边界，让西北风吹拂，接受颛顼和玄冥的统治。命令虞人掌管水泽，东到昆明湖边，西至阊阖门旁。储备的物资随时准备供应，士兵们列满道路两旁。砍伐荆棘，割掉野草，自汧、渭以东，到丰、镐以西，设置禁卫，这个范围以内都是围猎的场所。范围之大，可以遥望日月皆从中出入，而天地之际杳然绵远。在三巀山上设置竹篱笆，将其当成外门，再围出上百里的大圈，将其当作殿户。它的南边一直到达海边，左边以太阳落下的虞渊为界。这里水草丰茂，群山耸立，十分广阔。等到猎场被围起来，各路人马汇合其中，然后把供具安置在白杨观以南，昆明池以东。勇士们以盾牌护身，背负着弓箭，拿着剑戟，整齐地排列着。其余的人举着垂天的网罗，挥动着红杆的日月之旗，旗帜拖着长长的尾巴，就像彗星一般。旗旒如青云，旗子上的系带就像天上的彩虹，似乎和昆仑墟相连。旗帜之多就像天上罗列的群星，旗帜相连犹如波涛。来来往往，前后簇拥，将彗星当作城池，将日月看作侦察敌情的哨所，让荧惑星主管刑法，用天弧星作为弓箭。士兵行动迅捷，渐渐向着四方散开，一个跟着一个走在路上。那些插着旗帜的车子十分轻便，一辆跟着一辆，直行而过，数量众多，沿着山坡，驶向遥远的地方，最终都排列在高平的原野之上。皇上身边的羽林骑兵来来往往，他们的装束光彩鲜亮，各个不同。众人匆匆忙忙，像辊辘般转来转去，青林之中，盔甲的光芒若隐若现。

太阳初升，皇帝要从玄宫出发了。撞响了大黄钟，竖起九色彩旗，用六匹白马拉车，备好天子的车驾，蚩尤星聚在车子的两旁，髦头星在车前开路。举起高耸的旗帜，摇动着可以触及星辰的赤色曲柄旗，仿佛空中响起霹雳，闪过电光。盛大的狩猎队伍集合起来了，声势浩大，场面壮观。于是四面八方的城门都打开了，让队伍出发，风云之神，时聚时散，狩猎队伍中的士兵像鱼鳞一般密密麻麻地排列着，又像龙须一样汇聚在一起。到处都是人声鼎沸，队伍走进西园，走到了神光宫的旁边，就望见了平乐馆，一直穿过竹林，踩着香草地，踏着长着兰草的路，举起火把，点起火堆。驾驶车辆的人开始施展自己的技巧，上千辆的车子并排前进，校尉骑着马统领着上万的士卒。勇士们就像咆哮的猛虎，摆开阵势，并且混合交织在一起。他们的行动犹如风雷一般迅猛，大地上响起了马的嘶鸣声、车轮声、人的喧闹声，十分的震撼，地动山摇。这响声向着四面八方传去，渐渐消失在数千里之外。

壮士们慷慨激昂，意气风发，各自朝着不同的地方奔去，随其所欲去捕捉野兽。他们拖曳着黑色的野猪，踩着犀牛与牦牛，踢到了奔跑的麋鹿，砍倒了蝮蜒，搏击乌猿，他们高高跃起，越过了盘曲的树木，在林间穿梭不止。一时间，山林之内尘土飞扬，仿佛山林中刮起了大风，树叶上满是尘埃。捕猎的勇士们用脚踢断了松柏，以手拨开了蒺藜，在深山密林中追逐着猎物，车轮碾压过轻捷之兽、善飞之禽，用脚踩着虎头，把长蛇当成腰带。拖着赤豹，拉着象和犀牛，跨过山岗，飞跃池塘。车骑就像云一般汇合在一起，人马众多，声势雄壮，泰山和华山也只能作为这支队伍的旗帜，熊耳山也只能作为队伍旌旗上的缀饰。车骑如履平地，树木扑倒，高山在快速地旋转，仿佛置身于天外，徜徉于大水之畔，逍遥于天地之间。

这时间，天空晴朗，万里无云，射手们睁大了眼睛，拉开了弓，准备射箭。到处都是光彩鲜明的车子，光亮照耀着天地，望舒收着缰绳，让车子徐徐向前，悠闲地走上了上兰观。围猎的阵地开始转移，壮观威严的队伍开始依次出发，行军速度由慢而快。散开的队伍坚强稳重，按照行伍的次序归队。整支队伍的行军布阵犹如天上的星辰一般，士卒们皆如霹雳闪电一般，碰上它就碎，接近它就会被打破。鸟来不及飞走，野兽无法躲得过。这支队伍行动起来，把飞禽走兽都抓完了，大地似乎被清扫了一样。装着捕兽网的车子在原野上飞驰，威武的骑兵轻疾而过，他们踏倒了奔跑的豹子，用绳索拴住了狒狒，为了追逐鸡头人身的陈宝，一直追到了很远的地方。陈宝在降临的时候，砰然有声，带着一道光芒。漫山遍野去搜寻它们，终于把雌雄全部抓获。围场中的野兽非常的多，有的跑到最后就跑不动了，被困在远处的大网中张着口吐出舌头，大口喘气。士卒们个个穷追猛打，直到找不到目标方才罢休。各种禽鸟飞逃，犀牛与兕牛以角相顶触，熊罴相互撞击，虎豹战栗惶恐。野兽们以头抢地，露出恐惧至极的神色，失魂落魄，用头撞击车辐，以至于脖子被卡住了。这时，胡乱射箭也能射中猎物，无论进退都能获取猎物。那些为刀枪所伤，或者被脚踩，被车轮碾伤的野兽堆积如山。

飞禽走兽已经被猎尽，射杀也渐渐停止了。君臣们一起来到了临近渗池的亭馆，来自岐山和梁山之下的江河之水流注渗池。池水水面辽阔，向东望去，无边无际，往西看去，不见水畔。随侯珠、和氏璧的光辉闪烁在池边，美玉宝石体形硕大，青色的光芒在岸边闪耀。池中有女神的水府，看其中的珍宝则有点昏暗模糊，无法清晰地说出它们的形状。还有鸾鸟、孔雀、翡翠鸟在展示着它们的羽毛，关雎、天鹅、大雁一起欢快地鸣叫着，野鸭、白鹭和鸥鸟展翅起飞，拍动翅膀的声音如同打雷一般。文身的表演者下水与水族格斗。他们凌坚冰，入深渊，探崖搜曲，寻找蛟螭；他们脚踩水獭，抓住鼋鼍，捕捉大龟。入深穴，出苍梧。骑着大鱼，浮游在彭蠡湖上，遥望虞舜的古迹。椎击夜光如流离之蚌壳，剖取其中的夜明珠。鞭笞洛水的女神宓妃，款待屈原、彭咸与伍子胥。

这时，一些饱学之士、鸿儒大家，戴着高高的帽子，穿着色泽不一的衣裳，他们研习唐尧时代的典籍，以《雅》《颂》匡正世人，行朝拜之礼。礼仪之光辉耀，影响如神。皇帝陛下的仁声武功惠及北狄南邻。北方和西方少数民族的首领，都带着珍宝来上贡，俯首称臣。朝拜队伍的头刚进入围场大门，尾巴还在卢山脚下。皇上身边的贵族、左右的大臣，以及杨朱、墨翟的弟子，都在不住地赞颂："这正是伟大的功德啊！即使在尧、舜、大禹以及成周兴盛的时期，也没有超过今时今日的。远古时期的圣王都曾在泰山巡视，在泰山南边的梁父山举行祭祀，除了当今圣上，还有谁有资格上泰山封禅。"

皇帝谦虚推辞不肯表示赞同。往上想要取得日、月、星所垂的吉象，向下想要获取在地下掘出醴泉的祥瑞，希望通过进一步修德，感动上苍，获得黄龙、凤凰、麒麟、神雀等祥瑞。将在云梦狩猎视为奢侈，将去孟诸游玩看作淫靡，谴责楚王建造的章华台，赞赏西周时期建造的灵台。不住离宫，停止观游，建筑物不加装饰，木器也不加雕刻。让百姓有时间耕作养蚕，鼓励百姓勤于劳动。让男女适时婚配而不违背婚期。怕贫穷的人不能全部享受到浩荡的皇恩，所以开放皇家苑囿，开仓发放公家的储备物资，提倡道德，弘扬仁义。驰骋于神明之囿，去观察臣子的得失。放掉野鸡和兔子，收起捕兽的网，和百姓共享苑囿中的麋鹿与柴草。正因为要达到这个程度，所以要大力推行淳朴的教化，增加使社会昌盛的规章制度。比三皇还要辛劳，比五帝还要勤苦，这不就做到了极致？于是就努力完成那些恭敬、庄重、雍容、和睦的事情，确定君臣之间的礼节，崇尚圣贤的事业，不再有空闲去欣赏苑囿的壮丽，享受游猎的奢侈。于是大家便掉转车头，离开阿房宫，回到未央宫。

元延三年，成帝想要对胡人夸耀自己苑囿中禽兽之多，就在当年的秋天命令右扶风地区征发百姓到终南山去围猎。西自褒斜道，东到弘农郡，向南到汉中郡，老百姓们张开了各种大网，捕捉熊、罴、豪猪、虎、豹、狄、玃、狐狸、兔、麋鹿，都装到了槛车里送到了长杨宫。禽兽用网围住，让胡人空手去捕捉，谁抓到就归谁，皇上亲自到那里观看。在那个时节，老百姓没有时间去收获庄稼。扬雄跟着去了射熊馆，回来之后，写下了《长杨赋》。这篇赋以主客问答的传统方式来结构，虚构了一个叫翰林的主人与一个叫子墨的客卿，首先让客卿子墨询问翰林主人：

我听说圣明的君主治理天下，常给百姓施以仁义恩泽，一举一动都不会考虑自己的利益。现在的君王要到长杨宫狩猎，事先命令右扶风，左至华山，右到褒斜，在巖峈山上打下木桩作为栅栏，于终南山上布下罗网。在山林中陈列上千辆的兵车，山脚下数万骑兵整齐排列着。指挥军队聚拢过来，形成合围，让胡人在里面狩猎，凡是他们抓获的就赏赐给他们。他们捕捉熊罴、豪猪，整个猎场周围是一圈木栅栏，外围又围上了用削尖的竹木片编成的篱笆，这真是天下最为壮观的景象啊。尽管如此，这却扰乱了农民的生产。在这三个多月里，百姓非常的辛苦，却得不到任何好处。恐怕有些不明事理的人会认为：这只是一次娱乐活动，从内容上看又不是为了猎取野味来做祭品，这哪里是为了人民呢？再说了，国君应该追求精神的幽恬静默、性格的淡泊宽虚。现在君王喜欢到远方游猎，以显示自己的声威，经过几番折腾，人马皆疲惫不堪，但这并不是君王急需要做的事情。我现在是弄不明白了。

翰林主人回答说：

唉，从哪里讲起呢！像你这样的，真的是只知其一不知其二，看到事情的表面却没有认识到它的本质。我谈论这件事，已经谈腻了，这件事也不是一两句话就能够说得清楚的。请让我给你讲个大概，真实的情况你自己去观察吧。

以前秦国十分强大，但秦国君臣贪婪地残害百姓，如同传说中的封豕、窦窳一般，又和凿齿在一起，张牙舞爪，争相作恶。天下的英雄豪杰起兵反抗，于是天下大乱，社会动荡不安，百姓难以安稳地生活。于是上帝就将目光投向了高皇帝，寄希望于他。高祖奉着上天的旨意，顺应天道，平定天下，兵锋东至大海，西到昆仑，他手提宝剑，叱咤四方。高祖指挥作战，摧城拔寨，所向无敌，一日之战，不可殚记。在那些辛苦的日子里，他头发散乱都没有时间梳理，肚子饿了也来不及煮饭。头盔上生出了虮虱，衣服都被汗水浸透，以此替百姓们请命于上天。他为百姓伸张冤屈，救济黎民，谋划国家的万年大计，扩大帝王基业，经过七年的治理，天下终于得到了安宁。

到了汉文帝统治的年代，皇帝顺其自然，无为而治，注重国家的平稳、安宁。文帝奉行节俭，布衣不坏不会脱掉，鞋子不烂不会换掉，不住华丽宏大的宫殿，木器上也不加任何雕饰。于是后宫的嫔妃们不用玟瑁、珠玑、翡翠等饰品，摒弃了那些雕刻精美的器物，不用那些奢侈华丽的东西，不涂脂抹粉，连庄重的雅乐都是有节制地尽量少听，那些郑卫之地的靡靡之音不会受到欢迎。那时候，北斗高悬，三阶并立，天下太平。

后来北边的匈奴侵犯边境，南边的越人造反，西边的少数民族部落之间相互猜忌不和，闽越和南越纷争不断。边境的百姓难以安居，中原地区的百姓为此而遭受灾难。孝武帝勃然大怒，立即整顿军队，命令骠骑将军霍去病、大将军卫青，统率千军万马，迅速出击匈奴。大军如旋风一般刮过，似波浪席卷，其行进十分迅捷，大军蜂拥而过，其势难以阻挡。军队行动就像流星一样迅速，攻击如天上的雷电一般。他们摧毁了敌人的战车，砸烂了他们居住的帐篷，让敌人的脑浆洒到了沙漠上，让他们的骨髓流进了余吾河中。进而踏入了匈奴的王庭，驱赶他们的骆驼，烧毁了他们的村庄，分离了他们的头目，使一部分匈奴人归降大汉。大军一路填平坑谷，清除野草，削平山石，开通道路。踩着敌人的尸体，用车拉着伤者，拿绳子捆绑着老弱。那些被长矛和弓箭所伤的人多达数十万，敌人们屈膝叩拜，吓得像蚂蚁一样趴在地上。过去二十年了，他们还不敢大声喘息。我大汉军队出征，先是向北攻打了匈奴，随后挥师东南。南越国内部相互残杀，最后归顺大汉。朝廷派出使者来到了西部的少数民族部落，羌族和僰族部落的首领纷纷派人向大汉进贡。因此那些距离遥远、风俗不同，以及与我国从无交往的国家，这些地方非仁爱的君主不能够感化，非有德行的君主不能够收服。现在他们都踮起脚尖，抬头仰望，拿着他们珍贵的宝物来敬献给我们的皇帝。于是天下太平，边境上长时间没有动乱，人民也不再遭受战乱之苦。

现在朝廷非常的仁慈，遵循王道，彰显仁义，学术方面，兼容并包，圣明的教化如云一般笼罩着大地。皇帝陛下广施恩德，播及四方，普天之下，无不受到恩泽。士人不谈论王道，连樵夫都会笑话他。人们私下里认为：凡是达到了高峰，就会衰减下来；凡是器皿盛满了，没有不亏损的。所以在太平的时候不要忘记危险，安宁的时候不要忘记危难。于是在五谷丰登的时候常要出动兵马，整修战车，鼓励士卒，整兵于五柞宫，跑马于长杨宫，以与野兽搏斗的方式来检阅部队的武力，以涉猎飞禽的方式来考核骑射的功夫。于是集合军队登上终南山，远望着乌戈国，使西部月出之地的人臣服，让东方日出之所的人感到畏惧。又害怕后世子孙沉迷狩猎而不知节制，反将其当成国家的重大事件，纵情游猎，荒废正事，无法禁止以至于国势衰微。所以车子不停地开动着，旗子的影子还没有移动，随从的人都没有看清楚外面的景色就匆匆跟着兵车回去了。这样做也是为了奉行高祖的功业，遵循周朝文武两帝留下的法度，学习三王五帝田猎娱乐的做法，让百姓不至于放弃农业生产，织女不至于放弃织布，让年轻人在适合的时节婚配，不要因为应征耽误婚时。当今圣上倡导和谐、顺从，颁布简单易行的政策，体谅百姓的劳苦，经常停止征发徭役，时时召见百岁以上的长者，慰问孤苦、贫弱之人，皇帝和百姓们同甘共苦。然后摆上钟鼓，摇动鼗鼓，敲起玉磬，树立起雕刻着猛兽的钟架，一边敲击玉磬，一边跳起八佾之舞。将诚信、美善当作美酒，把礼乐当成美食，倾听着和谐美妙的宗庙之乐，接受神人的祝福。歌声与颂诗相符，奏乐和雅诗相合。皇帝如此勤勉，就应该得到神的慰劳和赏赐。等到天神降下重大的祥瑞，那样就可以去泰山举行封禅大典了，就可以使自己永垂不朽，和上古的帝王一同享受荣光。作为一个君王，怎么能只想着去毫无节制地游猎，踩在那烂糟糟的稻田中，跑遍整个梨栗之林，践踏草木，向着百姓夸耀自己捕捉到了许多的狄、获、麋鹿呢？目光短浅的人只是看到近在眼前的东西，而目光远大的人却能够看清楚千里之外的景象。拿你来说，只是客啬胡人抓走了我们的飞禽走兽，竟然不知道我们通过这样的活动降服了他们的王侯。

话还未说完，子墨客卿就离开了座位，又一次向着翰林主人行了一个礼，说："这其中的道理真是深奥啊！这是我体会不到的，今天受到您的启发，我才豁然开朗，大开眼界。"

这几篇大赋的写作，扬雄可谓是呕心沥血。桓谭《新论》记录了一个传说，说是扬雄的《甘泉赋》写成之后，太疲倦了，打了一个瞌睡，梦见自己的五脏吐出掉在地上，用手收起后又重新塞了回去。这以后，生了一年的病。可见他当时思虑之苦。

这几篇赋都进行了精心的构思，作者的意图往往隐藏在铺采摛文的诡丽之辞中。利用大赋进行讽喻要有高超的技巧，关键一点是不触怒君主，并使其乐意接受。那个时候的扬雄初至京城，并无正式官职，尚在试用阶段，对于把贵生保身视为人生准则的扬雄来说，进说的技巧尤其重要。

在这四篇赋中，扬雄的进谏技巧可以概括为四条：第一是夸辞以见其非。这种方法集中地表现在《甘泉赋》中。此赋的重点内容是描摹甘泉那些参差嵯峨、峻极于天、奇丽瑰玮的候神之所与离宫建筑，在占全赋将近一半的描写中，扬雄一再提到自己目眩神迷、头昏心乱的感受。正如本传所说，甘泉那些奢华侈靡、华丽瑰玮的建筑本来是秦君所建、武帝增造，不符合三代俭朴之精神，但其建造已久，并非是成帝新建，想要进谏并不是时机，但要沉默又不肯，只能推而隆之，将它们上比帝室紫宫，意思是非人力所能为；使鬼为之，则劳神矣；使民为之，亦苦民矣。这其中讽意至为明显。

第二是美辞以饰其旨。这种方法集中地体现在《长杨赋》和《校猎赋》中。在《长杨赋》中，扬雄第一次采用了传统的主客问答的方式，客人子墨先生的疑问代表了当时的正统舆论以及一种直露的进谏方式，然后让翰林主人帮成帝解释、开脱，对此次校猎饰以公义，明以美名，认为此次校猎首先是安不忘危、操练兵马的一项准军事措施，而且成帝迅速返回也表明已经考虑到了淫荒田猎、陵夷不止的后果。其次，这样的校猎也是为了恢复高祖、周文周武、三王、五帝之举措的一个前奏，在能够保卫和平的基础上，再做到政治清明、经济繁荣，然后才可以以盛大歌舞享祀群神，如此才能获得神佑。正如汉学家康达维（David R. Knechtges）指出的，《长杨赋》其实不是对一次田猎过程的描述，而是通过虚构人物的辩论来自觉表达讽喻之旨。

这种手法也用在《校猎赋》中，说是成帝不敢接受文人学士对他的称颂，他有更高远的目标：

往上想要取得日、月、星所垂的吉象，向下想要获取在地下掘出醴泉的祥瑞，希望通过进一步修德，感动上苍，获得黄龙、凤凰、麒麟、神雀等祥瑞。将在云梦狩猎视为奢侈，将去孟诸游玩看作淫靡，谴责楚王建造的章华台，赞赏西周时期建造的灵台。不住离宫，停止观游，建筑物不加装饰，木器也不加雕刻。让百姓有时间耕作养蚕，鼓励百姓勤于劳动。让男女适时婚配而不违背婚期。怕贫穷的人不能全部享受到浩荡的皇恩，所以开放皇家苑圃，开仓发放公家的储备物资，提倡道德，弘扬仁义。驰骋于神明之圃，去观察臣子的得失。放开抓住的野鸡和兔子，收起捕兽的网。苑圃中的麋鹿、柴草，让百姓一起来享用。正因为要达到这个程度，所以要大力推行淳朴的教化，增加使社会昌盛的规章制度。需要比三皇还要辛劳，比五帝还要勤苦。于是努力完成那些恭敬、庄重、雍容、和睦的事情，确定君臣之间的礼节，崇尚圣贤的事业，不再有空闲去欣赏苑圃的壮丽，享受游猎的奢侈。

像这样夸赞成帝尚未做或者根本不可能做的事业，用成帝本人做梦也想不到的公义来掩饰成帝本人的"私急"，这是一种游说技巧。这些谀美之辞是为了确立一种标准，一种理想状态，以使统治者在对比中有所醒悟。如果君主能够顺水推舟，照他勾画的理想状态行事，坏事就变成了好事。

第三是直辞以励其志。这种方法集中体现在《河东赋》中。在赋中，扬雄以直截了当的语言激励成帝奋发有为。他认为大汉的功业甚至可以超越尧、舜、文、武，成帝能够"思唐虞之风"，这已经是一个良好的开端，只要继续努力，就一定能追上三皇、比肩五帝。

第四是微词以戒其行。对某些行为的谏诤是君主特别忌讳的，但这种行为的危害又特别大，扬雄如鲠在喉，不能不发，这时候，进谏的技巧就尤为重要。如成帝宠信赵飞燕姐妹，后宫荒淫，但类似这样的宫闱秘事又不便明言，所以就采取了微词以讽的方法，以深婉曲折的比附、暗示，以图使皇帝有所警醒。当时赵昭仪大受宠幸，每次到甘泉，都跟从成帝，乘坐的是天子的豹尾车。所以，扬雄极力申述车骑之众、骖驾之丽并不能感动天地、受福三神。又说屏玉女，却宓妃，这是用隐晦的语言告诫祭祀时应该庄重敬慎。《甘泉赋》中的原话是"想西王母欣然而上寿兮，屏玉女而却宓妃"。西王母是高禖之神，具有赐人以子的神通，所以，扬雄的这几句话不仅仅是告诫祭祀时要严肃，斋戒且不近女色，他似乎还认为，要感动西王母，使其赐子，就必须远离赵氏姐妹。也就是说，不能广御诸妃而专宠一身乃是成帝无子的重要原因。

这几篇赋结构严密，属辞宏丽，"语瑰奇则假珍于玉树，言峻极则颠坠于鬼神"，渲染之处给人一种繁复缤纷、奇异瑰丽、目眩神迷的感受。写成后呈递上去，精心构思的讽谏之意并没有被成帝领会，但昳丽的文采却有令人惊叹的效果。成帝认为他是一个奇才，让他在金马门待诏。后来，任命他做了黄门侍郎。

黄门侍郎

　　黄门侍郎是一个秩比四百石的低级官职，其流品很杂，有以特殊技能、文才而被任用，有因荐举而被任用，有因射策上书而被任用，也有靠父兄的庇荫而被任用，有的干脆就是买来的官。郎官中有武士，有儒生，有文人，有富人；有博闻显学的，也有目不识丁的；有贵游子弟，也有一贫如洗的。但郎官却是通往高级官职的初始台阶。郎官是皇帝的近臣，皇帝派遣官吏，常从郎官中选拔。郎官好似其他官吏的候补班一样。从永光元年（前43年）开始，元帝就让统领郎官的光禄勋每年以质朴、敦厚、逊让、有行（或作节俭）这四种品行选拔郎吏去补官，称为"光禄四行"，使得郎官的升迁之路又多了一条。所以，凡是想获得功名打算做官的，都先求做郎官。西汉年间许多著名人物都是郎官出身，如刘向、眭弘、京房、王吉是以选举为郎，马宫、何武、翟方进以射策甲科为郎，张安世、陈咸、韦玄成是以父任为郎，霍光、杨恽以兄任为郎，张释之出钱为郎，甘延寿以良家子善骑射为郎，枚皋、东方朔以文学为郎，徐乐、严安、主父偃以上书为郎，吾丘寿王因为擅长一种名叫"格五"的棋戏而为郎，卫绾则因为擅长在车上表演杂技为郎。与扬雄一起担任郎官的，就有后来赫赫有名的王莽与刘歆，还有董贤、李寻等。

　　应该说，入官使扬雄的经济状况有了较大的改善。西汉的俸禄与先秦相比，算是较高的，很多人就靠做官发了财。武帝时，公孙弘布被粟食，直爽的汲黯就对武帝说："公孙弘身为三公，俸禄甚多，居然还用布被，这是虚伪。"武帝问公孙弘，公孙弘不得不承认："以三公而用布被，确实是虚伪，我是想以此来求取名誉。"扬雄的官职不能和三公相比，俸禄当然也少得多，但与当时的农民相比，还是比较宽裕的。按照当时的制度，比四百石每月的俸禄为45斛，也有说是40斛的。而且农民的赋税非常繁重，官吏则只需要交军赋，负担大大减轻。

经济状况稍有改善，但扬雄在工作上却并没有值得称道的成就，只是应成帝的要求写作过一篇《赵充国颂》。赵充国是汉武帝时期的人，曾经随贰师将军李广利出击匈奴。他一辈子都在与羌、氐、匈奴等少数民族打仗，对边境和少数民族问题非常了解，以兵屯田、长期驻守就是他提出并实施的安边策略。赵充国于宣帝甘露元年去世，终年八十六岁。他的肖像图画于未央宫麒麟阁中，为"麒麟阁十一功臣"之一。这一时期，正碰上西羌有警，边境并不安宁，成帝思念赵充国这样有勇有谋的边地良将，于是请扬雄写了一篇《赵充国颂》。文体和内容都不太能显示扬雄的特长，只是铺叙履历而已。

这一时期的扬雄可能还创作了一篇《酒箴》。箴是一种规诫性的韵文，这种文体的历史非常悠久。此文又名为《酒赋》。全赋现存仅百余字，它以器物比人事，以提水用的罐瓶与鸱夷滑稽相对比。水罐"处高临深，动而近危"，虽清洁自守，但不免为所系之绳牵引，一旦磕碰于井沿井壁，则"身提黄泉，骨肉为泥"。然而盛酒的鸱夷滑稽，随人意转动自如，却受到重视，"常为国器，托于属车，出入两宫，经营公家"。

此赋的写作题旨，有不同的说法。有人认为，此赋乃是为成帝好酒而作。据《汉书·成帝纪》载，成帝"乐燕乐""湛于酒色"。扬雄作《酒箴》讽成帝，疑当因事而触发。通观全文，此说之不确是不言而喻的。《汉书·游侠传·陈遵传》云："先是黄门郎扬雄作《酒箴》以讽谏成帝，其文为酒客难法度士。"也就是说，扬雄是站在酒客滑稽玩世的立场上来讽刺法度之士的行事拘束、处境艰危。汉朝人似乎都是这样理解的，因此此赋为那位留客纵饮无度的陈遵所欣赏，并用它来嘲笑束身自好的张竦。学者郭维森则认为，此篇讽刺意味明显，元帝、成帝时政治昏乱，忠直之臣如萧望之、王章都遭冤而死，而很多宦官、外戚是酒囊饭袋，却大受重用，"托于属车，出入两宫"，颇切合此两类人的身份。

由于此赋采用客观的描述，作者的观点含而不露，要判断扬雄究竟站在哪一边，我们必须借助于扬雄的其他言论，从他的一贯态度来看此赋的真正立场。

实际上，此赋中鸱夷滑稽的形象是有原型的。西汉时，滑稽玩世而"常为国器，托于属车，出入两宫，经营公家"的典型代表是东方朔。东方朔为人"指意放荡"，诙谐不羁，不遵礼法，自称是"避世金马门"。然汉武帝对其待遇不薄，以其为常侍郎，"遂得爱幸"，出入左右。东方朔嗜酒，"尝醉入殿中，小遗殿上，劾不敬"。（《汉书·东方朔传》）这一切，与赋中鸱夷滑稽的形象符合如契。

扬雄尽管在文学上受东方朔影响很大，但对东方朔的评价却一向不高，所以在他自己的赋中，似不大可能真正地称赞以滑稽玩世而得重用的人物。因此，此赋是正言若反，欲刺反赞，通过对比，让美丑善恶自见。扬雄的本意可能仅在讥刺不遵礼法而受重用的人物，但这种含而不露的象征手法，能够引发读者更丰富的联想。

可能是黄门侍郎的日常工作平淡乏味，扬雄向成帝提出，他年轻时就喜欢博学深刻、文采绝丽的文章，愿意免受三年的俸禄，摆脱日常工作的烦扰，让自己肆心广意，自由地读书，以满足自己的心愿。成帝看到扬雄的上奏后，下诏允许扬雄领着俸禄，到国家藏书室——金匮石室看书。有了这个带薪读书的机会，可以想象扬雄是如鱼得水。就这样读了一年书之后，扬雄写作了《绣补》《灵节》《龙骨》这三章铭诗，成帝非常喜欢，允许他以后都可以尽情地在金匮石室看书，这为他此后几部重要著作的创作提供了很好的条件。

第四章

以玄尚白

——哀帝时期的活动与创作

　　哀帝的时候，丁氏家族、傅氏家族等外戚以及董贤这样的佞幸掌握重权，趋附他们的，有的竟然从二千石的高官开始起家。当时扬雄正起草《太玄》，以此自守，对高官利禄表现得很淡泊。有人嘲笑扬雄用玄来求白，无怪乎功名无所成就。扬雄为此写了《解嘲》。《太玄》写成之后，因过于深奥，观之者难以理解，学之者很难有成，扬雄又写了《解难》加以回答。这两篇文章均成为后世同类之作的模仿对象。

一朝天子一朝臣

　　绥和二年（前7年）三月十八日，就在扬雄进京入官后六年，成帝去世了，临死前依然没有儿子。大臣们立了定陶恭王的儿子为继承人，后来的谥号为哀帝。

　　哀帝的父亲定陶恭王，就是当初差点取代了成帝做太子的刘康。他的母亲是傅太后，也是差点取代了王政君。但是这一次风波并没有影响成帝与刘康之间的兄弟感情。成帝没有继嗣，又常患病，定陶王刘康来朝见，太后与成帝秉承先帝的遗愿，待他十分优厚，给予的赏赐是其他诸侯王的十倍。对当初夺嫡之事，成帝不存丝毫芥蒂。成帝把他留在京师，不让他归国，对他说："我没有儿子，人命无常，不必避讳，一旦有变，就再也看不见你了。你就长期留在京师，随侍在我身边吧！"后来成帝病情渐渐减轻，刘康一直留居在封国驻京府邸，日夜进宫服侍成帝，成帝对他十分亲近看重。

　　大将军王凤对刘康留居京师感到不快，此时恰好发生日食，王凤就乘机说："发生日食，是阴气过盛的征象。定陶王虽亲，按礼应当在自己的封国当藩王，如今留在京师侍奉天子，是不正常的，因此天现异象发出警告。陛下应遣送定陶王返回封国！"成帝无法违抗王凤，只好同意。刘康辞行时，成帝和他相对流泪。

　　成帝临死，首先想到的继承人就是定陶恭王的儿子刘欣，孔光推荐成帝的弟弟中山孝王刘兴，成帝自己觉得刘欣更贤良，于是定他做了继承人。成帝死后，刘欣登基做了皇帝。

俗话说，一朝天子一朝臣，随着天子的更替，汉朝的政局也发生了巨大的变化，新的外戚、佞幸开始掌政。

哀帝的母亲是丁姬，祖母是傅太后。但丁姬几乎没有抚养过哀帝，哀帝是祖母一手带大的。而在哀帝被立的过程中，傅太后出了大力。每次傅太后陪同刘欣来朝，私下都给赵昭仪和王根送重礼。赵昭仪及王根见皇上无子，也想早日与一位合适的王子建立关系，以保持自己的富贵长久，就都极力夸奖刘欣，劝成帝立他为太子。现在刘欣当上了皇帝，傅太后便取代了王政君的位置，傅家开始尊显。

绥和二年（前7年）三月，尊定陶恭王为恭皇。五月，丙戌（十九日），立傅太后堂弟傅晏的女儿傅氏为皇后，并下诏尊定陶太后为恭皇太后，尊丁姬为恭皇后。各自设置左右詹事，采邑如同长信宫皇太后和中宫皇后。同时追尊傅太后的父亲为崇祖侯，丁姬的父亲为褒德侯。封哀帝舅父丁明为阳安侯，舅父的儿子丁满为平周侯。

这样，以傅氏、丁氏为核心的新的外戚产生了，而原来的外戚王氏家族的势力则开始受到抑制。这其中，最重要的事件就是王莽的退职。

成帝去世前一年，也就是绥和元年（前8年），王根退休。临行时，推荐了侄子王莽继任自己的职务，成帝同意了，从那一年开始，王氏家族的代表就是王莽。

哀帝即位后，太皇太后王政君为了给新外戚傅氏、丁氏让权，主动下令让王莽退职让位。哀帝自幼就得知王氏骄横势盛，但因为是刚即位，所以还是优待他们，不但没有答应王莽的退职请求，而且给王根加封二千户，王舜加封五百户，王莽加封三百五十户。以王莽为特进，每逢初一日和十五日上朝，还命令红阳侯王立回到京城。

但仅过了一个多月以后，司隶校尉解光上奏说：

> 曲阳侯王根家族势大，本人尊贵，前后三代把持大权，一门有五个将军主持政务，天下车马竞相奔驰到王氏门下献媚。王根贪赃累计达数万，横行霸道，极为放肆；大规模兴建私宅，家里筑起了土山，设立了两个市场，

大殿上装饰着赤墀，门户用青琐布置；四处观览射猎，让家奴和随从披甲持弓，排成步兵队列；途中住进了天子的离宫，在上林苑里围猎，征发百姓修治大道，百姓深受他的重役之苦。

他怀着奸邪之心，想操纵朝政，将自己的亲信、主簿张业举荐为尚书，蒙蔽圣上，阻塞下情，在朝廷内隔断君臣联系，在朝廷外交结诸侯，骄横奢侈，侵犯圣上的尊严，破坏了制度。

据查，王根身为皇家至亲和国家重臣，在先帝逝世时，不悲哀不思念，陵墓尚未完工，便公然聘娶了原掖庭女乐人、五官殷严和王飞君等人，设置酒宴，唱歌起舞，背弃和忘记了先帝的大恩，违反了作为臣子的大义。

此外，王根哥哥的儿子、成都侯王况有幸以外戚身份承袭其父亲的爵位，成了列侯、侍中，不想着报答圣恩，也聘娶了原掖庭贵人为妻，他们都没有为臣之礼，其行为是大不敬和不道德的。

这简直是一篇批判王氏家族的檄文，没有最高统治者的授意，没人会有这样的胆子。果不其然，天子马上回复道："先帝对待王根和王况父子最为优厚，如今他们竟背弃了恩义！"鉴于王根曾提出国家大计，责令他回到封地去；将王况贬为庶人，回到故乡。王根和王况之父王商所推荐任职的官员，都被罢免。

两年后，傅太后和哀帝的母亲丁姬都获得了尊号。有官员上奏："新都侯王莽原来任大司马时，将上尊号的建议压了下来，损害了孝道。另外，平阳侯王仁将赵昭仪的亲属窝藏了起来。他们都应该回到封地去。"由于当时有很多人为王莽鸣不平，此条上奏并没有实施，但接下来发生的一件事让哀帝和傅太后忍无可忍了。

哀帝在未央宫摆设酒宴，内者令把傅太后的座位设在太皇太后王政君的座位旁边。时任大司马的王莽巡视后，斥责内者令说："定陶太后不过是藩妾而已，怎配跟至尊的太皇太后并排而坐！"下令撤去原先的座位，重新摆放。傅太后听说后，大怒，不肯赴宴会，对王莽极其痛恨。王莽再次上书请求退休。到七月初一，哀帝赐给王莽黄金五百斤、安车驷马，让他辞官回到了府邸。王莽退职回府后，由傅太后的堂弟、右将军傅喜辅政。

傅喜虽然是傅家人，却十分谦恭谨慎，对傅家的非分要求并不给予满足，丁、傅宗族的人对傅喜的谦恭节俭也十分忌恨。傅太后要求称尊号，想与成帝的母亲、太皇太后王政君一样尊贵，傅喜与孔光、师丹都坚持认为不可以。哀帝难以抵挡朝廷大臣的正当言论，又受到傅太后的逼迫，犹豫不决，拖延了一年多。傅太后大发雷霆，哀帝不得已，就先把师丹免职，希望借此影响傅喜，傅喜却始终不顺从。这时，朱博与孔乡侯傅晏勾结，共谋促成了傅太后尊号的变更。两人多次在皇帝闲暇时被召见，并经常呈递密封奏书，攻击诽谤傅喜以及孔光。不久之后，哀帝下策书免去傅喜的官职，让他以侯爵的身份离开朝廷，返回宅邸。

　　哀帝还有一个宠臣，那就是董贤。

　　董贤是云阳人，原来是宫中的舍人。有一天，哀帝发现正在传漏报时的董贤模样很俊俏，大为喜爱，命他做随驾侍从。从此，二人同车而乘，同榻而眠。哀帝对他的赏赐累积有巨万，他的显贵震动了朝廷。有一次睡午觉，董贤斜身压住了哀帝的袖子，哀帝想起床，但董贤还没睡醒，哀帝不愿惊动他，于是就把袖子割断了再起床。

　　哀帝又诏命董贤的妻子可以进入皇宫，住在董贤在宫中的住所。又召董贤的妹妹入宫，封为昭仪，地位仅次于皇后。昭仪与董贤夫妻日夜侍奉哀帝，一同跟随左右。哀帝还任命董贤的父亲董恭为少府，赐爵关内侯。又下诏，命令将作大匠为董贤在北宫门外建造宏大的宅邸，里面有前后大殿，殿门宽阔，工程浩大，豪华靡丽，精巧绝伦。又赐给他宫中专用的兵器和皇宫的珍宝，上等的珍宝全都被挑选进了董贤的家里，而皇帝所用的不过是次一等的。甚至连皇家丧葬用的棺木、珍珠连缀制成的寿衣、玉璧制成的寿裤，都预先赐给了董贤。又下令让将作大匠在哀帝的陵墓义陵旁为董贤建造墓园，内修别室，还用坚实的柏木作椁。墓园外修筑巡察的道路，围墙有数里之长。门阙和用作守望防御的网状障墙都十分堂皇。

今古文经学之争

　　哀帝年间，在思想与学术领域有一个重要的事件，那就是刘歆争立古文博士事件。今古文之争，对扬雄的思想与学术也有较大的影响，在此，有必要介绍其前因后果。但要弄清这个问题，我们首先要弄清什么是古文经、古文经学，什么是今文经和今文经学，两者的差异在哪里。

　　大家都知道，战国时，六国各有自己的文字，称为六国文字；秦国是用籀文。秦朝统一天下，籀文就成为全国的通行文字。这就是"书同文"。后来，李斯对籀文进行了简省，简省后的文字称为小篆。到了汉朝初年，小篆进一步简省成为隶书。小篆与隶书就成为秦和汉朝初期的通行文字，称为今文。一般来说，当时的文献都是用今文来抄录的。

　　六国文字在秦朝统一之后，就被禁止在官方和民间使用。而以前用六国文字抄录的文献又遭到了两次大厄。第一次是在秦始皇三十四年（前213年），史称"焚书坑儒"。当时的博士齐人淳于越反对实行郡县制，要求根据古制，分封子弟。丞相李斯加以驳斥，并进一步扩大引申，认为现在治国最大的阻力就在于学者和百姓援引古代经典，是古非今，于是主张禁止百姓以私学诽谤朝政，禁止议论政事。秦始皇采纳了李斯的建议，下令焚烧除《秦记》以外的列国史记，对不属于博士馆的私藏《诗》《书》等也下令限期交出烧毁；有敢谈论《诗》《书》的处死，以古非今的灭族；禁止私学。这样，民间原本用六国文字抄录的经书大多被秦火焚毁了。然而，官方所藏的书籍想必不至于一并烧毁，应该还是有一部分被保留下来。不过，随着陈涉、吴广振臂一呼，天下云合响应，秦朝土崩瓦解，项羽攻入咸阳，将秦都付之一炬，秦朝的官方藏书在这次灾厄中也被彻底焚毁了。

西汉自惠帝起，开始重视儒家经典，派人四处访求老儒，用当时通行的隶书将老儒背诵的经典文本和解释记录下来，一一抄录成书。如《尚书》出自伏生，《礼》出自高堂生，《春秋公羊传》出自公羊氏和胡母生。因为这些经典都是用当时流行的文字——隶书写下来的，故称为今文经，传授今文经的学说叫今文经学。

朝廷和诸侯广开献书之路，鼓励民间将存有的古籍献给他们。这样一来，一些用六国文字抄录的古代经籍相继发现。景帝时，河间献王以重金在民间征集经籍，收到一批经书，是用古六国文字抄写的。这批经书是民间为了躲避秦火，将文献埋藏后重新获得的。武帝时，刘余被分封到曲阜，这就是鲁恭王。刘余喜欢宫室苑囿狗马，到封地后，准备扩充自己的宫室，于是拆毁了孔子旧宅，结果发现故宅中有一道夹壁，夹壁中发现了古文经传多种，其中包括《尚书》《仪礼》《论语》《孝经》等。河间献王和鲁恭王等先后将这些古籍献给朝廷，藏于秘府。因为这些古籍都是用六国文字书写的，故称为古文经。传授古文经的学说叫作古文经学。

从汉武帝之后，汉朝官方对经学越来越重视，重视的标志就是设立五经博士。博士这个官职在六国时候就存在，但是，那个时候只要有一技之长，无论是通诗赋，还是通术数、方技，都可以立为博士官。到西汉文帝的时候，专门为经学设立博士，称为一经博士。在汉文帝时立有三位，分别是传授《诗经》的博士申培公、韩婴两位，及传授《尚书》的伏胜的弟子欧阳生博士。景帝时，又设了三个博士官：《诗》博士辕固生、《春秋》博士董仲舒及胡母生。这样，博士中《诗》有三家，《春秋》有两家，《书》有一家。到了汉武帝建元五年（前136年）春，根据公孙弘的建议，置《诗》《书》《易》《礼》《春秋》五经博士，于是增加了《礼》博士官及《易》博士官。汉武帝之前，《论语》《孝经》《孟子》《尔雅》也都立有学官。到武帝的时候，由于《论语》《孝经》《尔雅》是所有人必须学习的内容，就没有立学官。王国维说，这是将中学课程清出了大学阶段。而《孟子》，当时属于诸子，所以，也不设立学官。又依董仲舒之建议，"诸不在六艺之科，孔子之术者，皆绝其道，勿使并进。"至此，儒家经学的研究遂成为西汉官方所重的唯一学术传统。

根据公孙弘的提议，五经博士有特殊的优待，即可以招收五十名博士弟子员。由太常选择十八岁以上、仪表端正的人充当博士弟子，并免除他们的赋税徭役。博士弟子学习一年之后，考核合格，就有了任官的资格。

到宣帝末年，博士人数增加到十二人。当时传授《易》的有施氏、孟氏和梁邱氏三家，传授《书》的有欧阳氏、大小夏侯三家，《诗》学则是齐诗、鲁诗和韩诗三家，《礼》则是后氏，传授《春秋》的是公羊和穀梁两家。元帝时曾经为《京氏易》设立学官，没多久就废止了。

这些学官都采用今文经，传授今文经学。因为学习研究经学能够取得利禄，到汉元帝为止的一百多年，传授经学的人越来越多，学派不断增加，对一经的解说达到一百多万字，大师多至一千多人。今文经学变得日益琐碎固陋。

到了西汉哀帝时，刘歆领校国家藏书，看到古文经与今文经文字不一。刘歆认为，当时太学中的博士们所传习的经典是在秦焚书之后，由汉初经师凭记忆口耳相传下来的，因此难免会有差错；这些用汉初文字记载下来的今文经既不完整，也不可信。他竭力主张为古文经中的《左氏春秋》《毛诗》《逸礼》及《古文尚书》设立博士。但当时的太学博士群起反对，刘歆写了一篇《移让太常博士书》对太常博士加以痛斥，说他们因陋就简，不求改进，抱残守缺，挟藏私意，没有从善服义的公心，心怀嫉妒，不考情实，雷同相从，随声附和，人云亦云。这严厉的斥责激起了执政大臣和太常博士的强烈反对，刘歆被迫离开京师去做河内太守。

今文经学发展到汉朝末期，确实已经有重大的弊端。它一直在烦琐化，刘歆说经学博士"分文析字，烦言碎辞，学者罢老，且不能究其一艺，信口说而背传记，是末师而非往古。至于国家将有大事，若立辟雍封禅巡狩之仪，则幽冥而莫知其原"。意思是说这些人只知道繁冗、琐碎地分析文字，学习的人辛苦疲惫一辈子也不能穷究其中的一门学问；盲目地信从口头传说，背离文字记载，相信肤浅的学者而非议古人的真实记录；碰到国家要举行封禅、辟雍、巡狩这些大事的时候，就昏昏然一头雾水，完全不知道这些仪式的渊源，当然也不知道该如何操作。

王莽掌政后，要改变制度，刘歆等人从古文经中找到了不少依据，古文经学地位因此大大提高。平帝时，立五个古文博士，以便与今文经学对抗。这个时候，今文经学与古文经学不仅仅是学术趋向上的差异，更是反映出政治立场了。

那么，扬雄在这场争执中持什么立场呢？史书并没有明确的记载。从《法言》的片言只语分析，扬雄在家乡时所接受的经学教育主要是今文经学，使用的教材主要是今文经。具体来说，《诗》所受为鲁诗，《易》所受为京氏易，《春秋》所受为公羊学，《礼》所受为《仪礼》，《尚书》所受为《今文尚书》。实际上这很好理解，因为当时的古文经流传并不广，要看到它们并不容易。当时，也尚未形成一个成体系的古文经学。估计来到京师之后，扬雄才开始接触古文经，并对此有所研习。从《法言》中看，他至少对《周官》与《左传》都比较熟悉。但是，扬雄的学术旨趣与当时流行的今文经学是有很大的差异的。比如，他不固守一经，而是博览群经，对众多经典都有学习、研究，甚至模拟创作。其次，扬雄作为一个文字学家，通常是按字义讲解经文，训诂简明，不凭空臆说，与烦琐的今文经学趋向不同。第三，扬雄思想中迷信成分极少，甚至排斥迷信，与阴阳五行化的今文经学趋向不同。所以，从学术旨趣上讲，他与古文经学会有更多的共鸣，思想更接近古文经学家。

两次建言

哀帝时期，扬雄应该是一个很有资历的黄门侍郎了，虽然官位低，权力小，但在政治、外交上，也有了一定的发言权。据史书记载，他有两次建言。这两次事件：一次属内政，那就是朱博事件；另一次属外交，那就是匈奴单于上朝事件。我们先来说朱博事件。

朱博字子元，出身贫穷，年轻时曾经在县里做亭长，喜欢结交少年，敢于冒风险追捕、搏击，善操持属吏，利用豪猾，一路升迁。他是一个酷吏型的官员，为人仁爱少而敢诛杀，而且颇有武人的狡猾，经常设置陷阱，引人入彀，靠苛察和诡谲升至大位，对儒生抱极端轻视的态度。只要他任职的郡县，便将议曹罢免。文学、儒吏在上奏中有称引，他总是极不耐烦，声称："汉朝的太守官吏，执行的是三尺律令，这上面并没有你们称引的圣人之言。你们把这一套拿回去，等尧舜这样的君主出来，你们当面和他说吧！"

这样一个酷吏型的人物，在政治上却特别会投机取巧。朱博原是靠王氏家族成员的举荐而一路迁升的，王凤举荐他为博阳令，后来又与红阳侯王立相善。朱博无子，王莽买了一个婢女，据说此女特别能生孩子，于是王莽把这个婢女送给了朱博。但在哀帝年间王氏家族短暂失势的那段时间内，朱博很快投靠了丁、傅集团，与孔乡侯傅晏交结，肆意打击共持正议的傅喜、孔光、师丹等人。

当时，为了给傅太后、丁姬上尊号一事，王莽、师丹、傅喜与丁、傅集团有着极为剧烈的冲突。哀帝在重臣的阻力与祖母的压力下依违连岁，久不能决，但最终还是依顺了傅太后。首先将王莽清退，再免师丹以警告傅喜，然而傅喜终不顺从。于是朱博与傅晏勾结，共谋上尊号，为此事数次晋见皇帝，并潜毁傅喜及孔光，最终，哀帝策免了傅喜与孔光，准备让朱博担任丞相。正当朱博被请入登殿时，突然响起像洪钟一样巨大的声音，在场的所有官员都清楚地听到了。

哀帝因此询问扬雄和李寻。李寻和扬雄一样，是王根所推荐，也担任黄门侍郎。李寻回答说："这是鼓妖，是听狱有过失的征象。朱博为人强毅多权谋，宜将不宜相。现在让他做丞相，上天将会有凶恶、急剧、猛烈之怒。"扬雄当即表示同意。

朱博后来很快就失势了，经众大臣讨论后，被勒令自杀，封国也废除了。

我们上文说过，汉宣帝甘露元年，匈奴分裂为南北二部，争相与汉朝结好，汉朝与匈奴的关系缓和下来。但是，这种关系的保持与发展并不是一帆风顺的，由于汉朝朝廷内普遍存在的大汉族主义思想，以及历年兵戎相见造成的互不信任的态度，汉朝朝廷常常不能从大局出发，对来之不易的和平安定局面不够珍惜，所以偶尔就会发生一些或大或小的麻烦。

建平四年（前3年）匈奴单于上书汉朝，请求来年到长安朝见天子。到了第二年，哀帝正患病在身，有人说："匈奴从黄河上游的方向来，气势压人，不利。自黄龙、竟宁年间起，单于每到中原朝见，中原就会发生大变故。"哀帝因而感到为难，询问公卿，公卿也认为朝见一次要白白花费国库很多钱，可以暂且拒绝。就在单于使者将要辞去之时，扬雄敏感地意识到这种做法将会影响到汉朝与匈奴的长远关系，双方很可能因为此事而再生嫌隙。北狄、匈奴原本是五帝不能使其臣服、三皇无法控制的强国，如果汉匈之间产生嫌隙猜忌，是非常麻烦的。于是上书进谏。在书中，他首先追述了秦汉以来中国与匈奴的关系，指出现在这一局面来之不易，现如今匈奴单于归心仁义，怀着诚恳之心，准备离开王庭，来长安朝见陛下，这乃是前代遗留下的和平之策，神灵所盼望出现的太平盛景。国家虽然为此要有所破费，也是不得不如此，怎么能用"匈奴从黄河上游来，气势压人"这样的话加以拒绝？推说以后再来，又不约定确切日期，将会使匈奴与朝廷疏远，勾销往昔的恩德，造成将来的裂痕！如果单于由猜疑而生嫌隙，怀恨在心，仗恃以前有和好之言，借着上述那些话，把怨恨归于汉朝，趁势断绝与汉朝的关系，最终放弃臣服之心，那时，威慑不住他，劝谕不了他，怎能不成为大患呢？眼明的人能看到无形的东西，耳聪的人能听到无声的音响，假如真能事先防患于未然，即使不动兵革，忧患也不会产生。否则，一旦产生嫌隙，就算智者辛苦策划于内，善辩者出使奔忙于外，还是不如嫌隙不生。况且从前开拓西域，制服车师，设置西域都护，管理西域三十六个城邦国家，难道是为了防备康居、乌孙这样的弱国越过白龙堆沙漠、进犯我西部边境？这是为了扼制匈奴！一百年艰苦奋斗获得的和平安定局面，却要在一天之内破坏掉；花费十分费用取得的胜利成果，却因爱惜一分而令其全部付之东流。扬雄说："我私下里为国家感到不安。望陛下在尚未发生变乱和尚未爆发战争时稍加留意，以遏止边疆战祸的萌生！"

奏章呈上，哀帝醒悟，于是召回匈奴使者，更换致单于的国书，表示允许单于朝见。随后赏赐扬雄丝帛五十匹，黄金十斤。单于还未动身，就赶上生病，于是又派使节到汉朝，希望将朝见推迟一年，哀帝同意了。

《解嘲》与《解难》

哀帝的时候，丁氏家族、傅氏家族等外戚以及董贤这样的佞幸掌握重权，趋附他们的，有的竟然从二千石的高官开始起家。当时扬雄正起草《太玄》，以此自守，对高官利禄表现得很淡泊。有人嘲笑扬雄用玄来求白，无怪乎功名无所成就。扬雄为此写了一篇名文《解嘲》。这篇文章模拟前辈东方朔的《答客难》，开首也是记录客人的嘲难：

> 我听说以前的士人，是众人行为的准则，这样的士人，不生则已，生则上尊人君，下荣父母。能获得君主授予的玉珪，获得爵位，怀揣符节，享受俸禄，佩戴显贵的印绶，乘坐朱红的车子。如今你有幸生逢明盛之世，处在可以直言不讳的朝廷，与众多贤者同在，进入宫廷也很久了，却不能出一奇策；不能向上游说人君，对下谈论公卿；不能目光如炬，巧舌如簧，纵横论说。只能回过头来作《太玄》五千言，此文枝叶弥漫，你为其解说达数十万言。尽管此书深者入黄泉，高者出苍天，大者含元气，细者入无间，然而你的官职仅为给事黄门侍郎。想来玄（黑色）是不能尚白的吧？不然为什么为官如此失意呢？

扬雄笑着回应说：

你想染红我的车子，然而不知道一旦失足将血染我的家族。以前周室瓦解，群雄逐鹿，天下四分五裂。贤士没有固定的君主，人君没有固定的臣子，得士者富，失士者贫，士人如鸟，矫翼厉翮，或翔或息。有的如范雎，自盛其橐，忍辱求仕；有的如颜阖，凿垣而逃，不愿为官。邹衍以迂怪之说为凭借，成了燕昭王的先生；孟轲虽僵寒坎坷，各国诸侯照样拜他为师。

如今大汉朝东至东海，西至渠搜，南至番禺，北至陶涂，东南设一都尉，西北建一关隘。用绳索捆绑，用刀斧制裁，宣扬礼乐，用《诗》《书》教化，经过长期的教育，实行居表三年的礼教。天下的士人，如雷动云合，如鱼鳞杂袭，从四面八方营求官位，家家自以为是稷、契，人人自以为是皋陶，士大夫一开口就把自己比作伊尹，五尺童子也羞于与晏婴、管仲相提并论。当权的青云直上，落魄的委弃沟渠。早上掌权能成为卿相，晚上失势就变成匹夫。比如江湖之雀，渤澥之鸟，四雁集不算多，双兔飞不为少。从前三位仁人离开，殷朝就灭亡了；两位老人回来，周朝就兴盛了；子胥一死而吴亡；文种、范蠡存在，越国就称霸；百里奚来到秦国就高兴；乐毅出走燕国就胆怯；范雎折断了肋骨、牙齿依然能够驱逐穰侯；蔡泽面颊歪斜却被唐举所看重。天下有事之时，没有萧何、曹参、张良、陈平、周勃、樊哙、霍去病则不能安宁；当国家安宁之时，章句之徒坐而守之也可无忧。世乱，圣哲们四处奔走也不够；世治，庸夫俗子高枕而有余。

前代的士人，有的解掉捆绑而被任用为相，有的脱去粗麻衣服而成为傅；有的是看管夷门的小卒却能为国家设谋，有的横渡江潭而隐居垂钓；有的年过七十游说而不遇，有的立谈之间而封侯；有的能使诸侯屈就到陋巷去拜见他，有的能让诸侯拿着扫帚在前边清道。因此士人能掉其舌、奋其笔，利用各种机会，无往不利。如今县令不请士，郡守不迎师，众卿不揖客，将相不低眉。言论奇特的被猜疑，行为特别的被治罪。因此想说的收起了舌头不出声，想走的只能跟着前人亦步亦趋。假如让前代的士人处在今天，那么考试不能进甲科，行为不能称孝廉，举止不能属端正，只能上书直言，相机陈说是非，好的得一个待诏的头衔，差的一闻声便遭免职，又怎能得到高官厚禄？

况且我听说，熊熊的火焰易熄灭，隆隆的雷声易消逝。听雷观火，为盈为实，天收雷声，地藏火热。显贵之家，会家败人亡。妄取的人会亡，恬淡的人能生；官位太高的宗族危险，保守自身的才能安全。玄默，是守道的根本；清净，是精神的极致；寂寞，是守德的宅舍。世异事变，为人的道理却没有变化，彼我易时，未知如何。如今您却用鸱枭讥笑凤凰，拿蜥蜴讥笑龟龙，不是大错特错了么！您光知道笑我用玄尚白，我也笑您病入膏肓，却没有遇上良医史趼、扁鹊，太可悲了！

客人说：

难道没有《太玄》就无法成名了吗？像范雎、蔡泽，其成功又何必需要《太玄》呢？

扬雄回答说：

范雎，是魏国的流亡之徒，被打断肋骨，才免遭刑罚，他收肩塌背，爬入口袋，后来用激怒秦国君主的措施，离间泾阳，攻击穰侯，并取而代之，这是碰上了合适的境遇。蔡泽是山东的一个匹夫，下巴下垂，鼻子塌陷，涕唾满面，到西方拜会强秦的宰相范雎，扼住他的咽喉，阻断他的呼吸，然后抚着他的后背，软硬兼施，篡夺了他的职位，这是遇上了好机遇。天下已经安宁，兵革已经平息，高祖考虑建都洛阳，娄敬放下拉车的绳索，鼓弄三寸不烂之舌，献出不可动摇的计谋，提出将国都定在长安，这是适应了当时的形势。五帝留下经典，三皇传下礼节，百世不易，叔孙通兴起于战争年代刚刚结束，在和平年代制定君臣之间的礼节，可谓得其所哉！《吕刑》败坏，秦法酷烈，汉朝用权宜之制，于是萧何制定法律，这就是合宜。所以假如有人在尧舜的时代制定萧何的法律就太荒诞了，假如有人在夏殷的时期拟订叔孙通的仪礼就太糊涂了，如果有人在西周的社会提出娄敬的计谋就太谬误了，如果有人在汉代的金、张、许、史之间论说范雎、蔡泽的主意，那就是发疯了。萧规曹随，张良出谋划策，陈平出奇制胜，他们功若泰山，响若崖崩，不仅是因为这些人富于智慧，也正好是当时的环境可以让他们有所作为啊。所以，为可为于可为之时，就顺利；为不可为于不可为之时，就危险。蔺相如在章台立下大功，四皓在南山隐居而获取美名，公孙弘在金马门对策而建功立业，霍去病在祁连征战而发迹，司马相如从卓王孙处暗取资财，东方朔为妻子细君割取赐肉，我的确不能和以上诸君相比，只能默然独守着我的《太玄》。

《太玄》写成之后，观之者难以理解，学之者很难有成。门客中有人非难《太玄》，认为其过于深奥，众人不喜欢，有客人责怪扬雄说："但凡写书之人，是为了符合大众的喜好而作。佳肴希望它能合口，音乐希望它能悦耳。如今你语词高深，说理婉转，广意微指，独自驰骋于有无之间，陶冶万物，包容群生。我看这本书也有几年了，还是不能明白。白白耗费精力，让学的人因此而烦恼，就如同画家画无形之作，乐者弹无音之声，这大概不可以吧？"扬雄又特意写了《解难》加以解释。扬雄说：

宏言高议，幽微之道，大概难与读者产生共鸣。以前有人观天象，察地度，观察人世的法度，天附着日月且广，地大而深。前人的话如金玉般可贵，他难道是喜欢艰难吗？势不得已也。您难道没见青虹绛螮将要登天之时，必耸身于苍梧的深渊；不借浮云，凭疾风，空举而上升，便不能接触轻清上浮的云气，飞升至九天之门。日月不经行千里，则不能烛照六合，照耀八方；泰山不高耸入云，则不能使云气聚集而散发。因此，伏羲氏作《易》，网罗天地，以八卦为经，文王增广了六爻，孔子为此写了《象》《彖》等传加以解释，然后发天地之善，定下万物的根基。《典》《谟》等篇，《雅》《颂》之声，不温润淳厚，则不足以发扬大业，彰显光明。以空无为主宰，以寂寞为准则；最好的味道一定是平淡的，最好的声音一定是寂静的；最大的声音一定听上去很遥远，至高的道理一定很迂回。因此美妙的声音不会被众人之耳所认可，美好的形象不会进入世俗人的目光，优美的言辞不会让庸人觉得好听。如今弹琴之人，琴声高亢急切，追求迎合众人，听众不期而至；若试图弹奏《咸池》《六茎》《萧韶》《九成》，那么便不会有人附和。因此，钟期亡，伯牙毁琴不肯再为众人演奏；獿人死，石匠扔掉斧子而不敢轻易砍东西；师旷调钟，要等知音在才肯进行；孔子作《春秋》，希望君子能够先读。老聃有遗言：重视并了解我的人很少。但这不正是他的操守吗？

类似《解嘲》《解难》这种文体，是由东方朔《答客难》开端的。《文选》将这类文章归于"设论"，是因为作者虚构了一个论难之"客"，并由作者自己解答驳难，由此抒写抑郁与不平。《答客难》假设有客讯难东方朔，说战国时期的纵横家轻取卿相、得逞其志，而东方朔虽务修圣人之道却官微位卑、依附他人，志不得伸、才不得展。东方朔进行答辩，先说武帝时与战国时士人处境不同，遭遇自然而异；进而说修身是士人本分，不能因时而异；最后说士人的境遇因时而异，自古而然。全篇抒发了他怀才不遇的牢骚情绪。扬雄《解嘲》采用了《答客难》中主客问答的形式，抒写怀才不遇的不平，纾解不得重用的抑郁之情，蔡邕将此种写法称为"设疑以自通"。《解嘲》之后，此类文体基本定型，它成为后世文人士子、低级官僚或仕途坎坷者写作同类题材的模仿对象。东汉蔡邕的《释诲》、崔骃的《达旨》、西晋束晳的《玄居释》，一直到韩愈的名篇《进学解》，都是模拟《答客难》和《解嘲》的产物，可见东方朔和扬雄是此类文体的开创者。

现在署名扬雄的还有一篇《太玄赋》，其创作时间疑不能明，我们将它放在这儿讨论。

《太玄赋》全篇仅24句，有形式短小、内涵丰富的特点。分析这篇赋的结构，第一段是纯言自然、人事中吉凶相倚、祸福转化的哲理。作者通过两个方面来加以论证：首先是从经典文献中寻找理论根据。他从《易》之损益、《老》之倚伏省悟到忧喜共门、吉凶同域。其次则是从"飘风不终朝""骤雨不终日""雷隐隐而辄息""火犹炽而速灭"的自然现象中揭示出强盛者衰败必速的规律，由此指出如果一味贪婪于富贵，就会有丧躬危族的可能。然后再次从"熏以芳而致烧""膏含肥而见焫""翠羽嫩而殃身""蚌含珠而擘裂"这些自然现象论证"丰盈祸所栖，名誉怨所集"这一人生哲理。从这种感悟出发，作者在第二段中对世俗行为进行了反思与批判。俗世所认为的圣人作典济时，舒张仁义，"怀忠贞以矫俗""指尊选以诱世"，汲汲于声名的追求，"岂若师由、聃兮，执玄静于中谷"。然后在第三段中通过听声观曲、茹芝饮醴的游仙场面营造了一种令人神往的出世境界：

> 纳僑禄于江淮兮，揖松乔于华岳。升昆仑以散发兮，踞弱水而濯足。朝发轫于流沙兮，夕翱翔乎碣石。忽万里而一顿兮，过列仙以托宿。役青要以承戈兮，舞冯夷以作乐。听素女之清声兮，观宓妃之妙曲。茹芝英以御饥兮，饮玉醴以解渴。排阊阖以窥天庭兮，骑骓騩以踟蹰。载羡门与俪游兮，永览周乎八极。

这里的"僑""禄"应该和"松""乔"一样是两个神仙之名。"青要"也是传说中的女仙，加上冯夷、素女与宓妃，都是仙人之名。最后在"乱"中表明其不追随传统意义上的圣人，而要"执太玄兮，荡然肆志"的愿望。

这篇作品有很多疑点。与《蜀都赋》曾被类书及注释大量引用不同，《太玄赋》从未被诸类书引用过，整文最早见于《古文苑》，我们曾经论及《古文苑》不可尽信。《太玄赋》中的另外一些问题也使我们怀疑此赋的真伪。《太玄赋》虽以"太玄"为题，但实际上与《太玄》几乎没有什么关系，其思想倾向更接近于《解嘲》，却比《解嘲》又大大地推进了一步，在《解嘲》中，扬雄只是表示要"爱清爱静，游神之廷；惟寂惟默，守德之宅"，到此赋中竟有了大量的游仙内容。

尽管西汉赋中的游仙内容已经成为习用套辞，但扬雄反对长生成仙之说的态度是很明确的。

> 或问："赵世多神，何也？"曰："神怪茫茫，若存若亡，圣人曼云。"（《法言·重黎》）

或问："人言仙者有诸乎？""吁，吾闻虑羲神农殁，黄帝尧舜殂落而死，文王毕，孔子鲁城之北。独子爱其死乎？非人之所及也。"或曰："圣人不师仙，厥术异也。圣人之于天下，耻一物之不知；仙人之于天下，耻一日之不生。"曰："生乎生乎！名生而实死也。"或曰："世无仙，则焉得斯语？"曰："语乎者，非嚣嚣也与？惟嚣嚣能使无为有。"或问仙之实。曰："无以为也。有与无，非问也，忠孝之间也。忠臣孝子，偟乎不偟？"（《法言·君子》）

扬雄将神仙之说看作是多言之人的嚣嚣妄说，谎言重复一千遍便成了真理。"无以为也"，意思即不用做这些事，成仙之事是学者所不当问的，应该问的是忠孝之道。别人问问都不称许，自己又怎么会在此大谈特谈对神仙生活的向往呢？更何况，他刚刚讽谏成帝应该"屏玉女而却虑妃"，让"玉女无所眺其清庐兮，虑妃曾不得施其蛾眉"，而自己却要"听素女之清声，观虑妃之妙曲"，前后如此相悖让人无法相信这是扬雄的言论。

在《法言》中，扬雄对儒家经典与圣人的推崇达到了极致，对仁义礼乐之重要性的论述比比皆是，但在此赋中却说："圣作典以济时兮，驱蒸民而入甲。张仁义以为纲兮，怀忠贞以矫俗，指尊选以诱世兮，疾身殁而名灭。岂若师由、聃兮，执玄静于中谷。"意思是圣人写作经典以济世救时，驱使众民入他之壳。他们将施行仁义作为纲要，怀抱忠贞之道想改变习俗，通过美好的声誉来诱惑世人，害怕死后没有名声。这哪里是学习许由、老子，隐居山野保持玄静呢？这完全是老庄之徒攻击儒家的常用语言。而扬雄认为圣人治天下，成之于仁义礼乐，不然则与禽兽无异："圣人之治天下也，碍（读为"凝"，咸也）诸以礼乐。无则禽，异则貉。吾见诸子之小礼乐也，不见圣人之小礼乐也。"（《法言·问道》）而老庄之学的最大弊端就是搥提仁义，绝灭礼学，他说："老子之言道德，吾有取焉耳。及搥提仁义，绝灭礼学，吾无取焉耳。"（《法言·问道》）又说："庄杨荡而不法，墨晏俭而无礼，申韩险而无化，邹衍迂而不信。"（《法言·五百》）我们无法想象"窃自比于孟子"的扬雄也会步道家之后尘，攻击经典，指斥圣人，搥提仁义，刚刚还在指责"庄杨荡而不法"，转眼自己也要"荡然肆志"，这似乎不像是扬雄口吻。

扬雄尽管也主张保命全身，但他采取的方式基本上是儒家式的，那就是有道则进，无道则退。他并不是不要名誉，通过自己的道德学问赢得声名也是他的追求之一。

> 或曰："君子病没世而无名，盍势诸名卿，可几也。"曰："君子德名为几。"（《法言·问神》）

也就是说通过积德然后近名。扬雄并不主张遁世，他只是主张在天下无道、君主不可劝谏时应该保持静默，他说："圣人乐陶成天下之化，使人有士君子之器者也，故不遁于世，不离于群。遁离者，是圣人乎？"（《法言·先知》）而在此赋中，"疾身殁而名灭"这句出自《论语》的话成了攻击的靶子，并津津乐道于出世远游，显然与扬雄一贯的思想不合。

由于与扬雄的基本思想存在如此多的矛盾，所以，尽管北宋人已经引用此赋，但我们仍然倾向于认为《太玄赋》是伪作。伪作者既没有认真读过《太玄》，也没有认真读过《法言》，甚至没有好好读一读《汉书》本传，而他据以作伪的原作佚文又极少，因此才出现了如此多的问题。

第五章

大者含元气，纤者入无伦

　　《太玄》模仿《周易》而作。扬雄力图使《太玄》成为囊括天道、地道、人道的宇宙间架，构成一个包罗万象的世界图式，来模拟宇宙的构成，并反映宇宙的条理与秩序。他在谈到这个图式时说："阴质北斗，日月畛营，阴阳沈交，四时潜处，五行伏行，六合既混，七宿轸转，驯幽历微，六甲内驯，九九实有，律吕孔幽，历数匿纪，图象玄形，赞载成功。"（《玄图》）总之，《太玄》要能涵盖和说明日月星辰运行、四时变化、万物盛衰等一切变化和规律。

《太玄》的结构

哀帝时期，是扬雄创作上的高产期，他的重要著作《太玄》就是创作于这一时期。尽管在此书的首辞中，有很多对当时现实政治的影射，但总体来说，这是一本体大思精的哲学著作，充分反映出扬雄的思维方式与哲学观念。在本章中，我们拟对此书作较为详细的分析。

《太玄》是模仿《周易》的产物。扬雄认为经书中最重要的莫过于《易》，因此，模仿《周易》写作了《太玄》。

首先，《太玄》的结构体例就完全是仿照《周易》建立的。《太玄》的"玄"相当于《周易》中的"易"。照《易传》的解释，"易"是按二分法发展的，"易有太极，是生两仪，两仪生四象，四象生八卦。"（《系辞上》）而《太玄》中的"玄"则是按三分法发展：

> 一玄都覆三方，方同九州，枝载庶部，分正群家。（《玄图》）
>
> 玄有二道，一以三起，一以三生。以三起者，方、州、部、家也。以三生者，参分阳气，以为三重，极为九营。是为同本离末，天地之经也。旁通上下，万物并也。九营周流，始终贞也。始于十一月，终于十月，罗重九行，行四十日。（《玄图》）

这是说，一玄而分为三，名之为方，有一方、二方、三方，共为3方，这就是所谓"一玄都覆三方"。一方为天玄，二方为地玄，三方为人玄。所谓"夫玄者，天道也，地道也，人道也。兼三道而天名之"（《玄图》），三方又各分为三，名之为州，每方有一州、二州、三州，共为9州，这就是"方同九州"。每州又各分为三，名之为部，每州有一部、二部、三部，共为27部，这就是"枝载庶部"。每部又各分为三，名之为家，每部有一家、二家、三家，共为81家，这就是"分正群家"。其中家为独立单位，一家（又称首）有九赞，各有一条赞辞、一条测辞。九赞从下而上，依次称初一、次二、次三、次四、次五、次六、次七、次八、上九。每三赞为一表，一家九赞为三表，故729赞共243表。一表表示一种状态，如初一至次三为思、下、始，次四至次六为福、中、中，次七至上九为祸、上、终。各家皆然。不同状态与赞辞之义有关系，如思为思考谋虑阶段，福为顺利成功阶段，祸为困难灾祸阶段。此即三分法之应用。各家皆然。测辞是对赞辞的解说，原本单独为一篇，前人分散系于各条赞辞之下，以便读解，今仍之。81家（首）各有一条首辞，解说一首大义。首辞原亦单独成篇，重点为阴阳二气、一年周期之变化及其对万物之影响，前人亦分系各首首名之下，以见其义。81首各有其名，如中、周、礥、闲等，以一字概括一首大义。部以上皆虚设，只是为了表示各首的顺序，如一方一州一部一家为第一首（中首），以下按三进制依次进位，如一、二、三家之后，一部进为二部，再经一、二、三家，进为三部。一、二、三部满则一州进为二州，以后三州满则进至二方、三方。于是从一方一州一部一家直到三方三州三部三家，为第1到第81首（家）。

　　《周易》的爻画有阳爻（—）和阴爻（--）两种，《太玄》仿造了奇（—）、偶（--）、和（---）三种。第一方、第一州、第一部、第一家都用"—"表示，第二方、第二州、第二部、第二家都用"--"表示，第三方、第三州、第三部、第三家都用"---"表示，以此组成一首。一首相当于《周易》中的一卦。例如，第一方、第一州、第一部的第一家是所谓"中首"，第一方、第一州、第一部的第二家是所谓"周首"。这样配合，共成81首。每首有9赞，相当于《周易》的爻辞，因此，《太玄》共有729赞。

　　需要注意的是，《太玄》中的首辞并不相当于《周易》中的卦辞，而是相当于《易传》中的象辞，相当于《易传》中卦辞的部分在《太玄》中并不存在。其中的测，相当于《易传》中的象辞。《周易》有经有传，《太玄》也模仿之，一共有传11篇，除上文所说的首辞以拟《彖》，测辞以拟《象》之外，另有《文》模拟《文言》，有《摛》《莹》《掜》《图》《告》以拟《系辞》，有《数》拟《说卦》，有《冲》拟《序卦》，有《错》拟《杂卦》。

《周易》是用于占筮的，有一定的筮法。揲蓍求卦之法记载于《系辞》当中，大致步骤如下：

第一变：取五十根蓍草，拿出一根不用，用剩下的四十九根；将四十九根蓍草随意分成两份，执于左右手中；从右手中取出一根不用；先数左手蓍草，以四根为一组，最后余下的四根或四根以下不用；再数右手蓍草，以四根为一组，数至最后，余下的四根或四根以下不用；经过以上取舍，将剩余四十根或四十四根，至此为第一变。

第二变：将第一变余下的四十或四十四根再分两组，从左组取一根不用，以四根为一组取数，左边最后四根或四根以下不用；右组也以四根为一组取数，数至最后的四根或四根以下也不用；至此余下三十二根或三十六根，为第二变。

第三变：再将第二变最后余下的三十二根或三十六根也同上做分组取舍，操作完毕，余数是二十四、二十八、三十二或三十六，此为第三变。

将第三变后的余数除以四，必定是六、七、八、九中的一个。把六画成"--×"，为老阴；把七画成"—"，为少阳；把八画成"--"，为少阴；把九画成"—○"，为老阳。这是初爻，画在卦的最下面。

重复六次，共十八变，成就一卦。

《太玄》也有揲蓍索首的方法，与《周易》类似。《玄数》说：

> 三十有六而策视焉。天以三分，终于六成，故十有八策。天不施地不成，因而倍之，地则虚三以扮天十八也。别一以挂于左手之小指，中分其余，以三搜之，并余于艻。一艻之后，而数其余，七为一，八为二，九为三。六算而策道穷也。

天地之策各有18，合为36，地则虚三而实用33策。筮时，从33策蓍草中取出一策，挂于左手小指之间，是谓"别一"。然后，将其余蓍草随意分为两部分，是谓"中分其余"。"中分"之后，将其中一部分按每3策一组数之，是谓"以三搜之"。搜过之策，仍置原处。在"三搜"之后，将其余蓍草（或1策，或2策，或3策）置于所挂蓍草之旁，是谓"并余于芳"。"一芳之后"，再数另一部分蓍草，"以三搜之"。搜过之策，仍置原处。数至10以下，所余蓍草必为7、8、9策。所余7策为奇（—），8策为偶（--），9策为和（---），是谓"定画"。经过这样"别一""中分""三搜""并余""再数''定画"6次策算，可以确定"首"之一位。至此，一次揲蓍过程完成，故言"六算而策道穷"。经过四度求画，确定方、州、部、家四位，《玄》之一首定。这就是《太玄》揲蓍的具体方法。

《太玄》的占断方法与《周易》有很大差别。我们知道《周易》的占断方法很丰富，所依据有辞、象、数，等等，所以占断也就非常灵活。象有两种：一曰卦象，包括卦位，即八卦与六十四卦所象之事物及其位置关系；二曰爻象，即阴阳两爻所象之事物。数有两种：一曰阴阳数，如奇数为阳数，偶数为阴数，等等；二曰爻数，即爻位，以爻之位次表明事物之位置关系。首先，一卦既成，可以根据卦辞和卦象占断，另外可以通过变卦之法确定爻位，确定爻位后，即可以参照爻位、爻辞、爻象加以判断。然而，在《太玄》的占筮体系中，首象、爻象的意义仅在于区分各首，它并不包含象征意义，所以首象和爻象不能帮助断决。其次，《太玄》每首无断辞，而首象与赞辞是完全分开的，赞辞与方州部家之间不像《周易》的爻位与爻辞之间存在对应关系，确定赞辞完全靠人为的规定。所以，《太玄》之断占完全是依靠阴阳数来确定，其具体方法是：

《太玄》中的赞辞分为经与纬两种，一、二、五、六、七赞为经，三、四、八、九赞为纬。旦筮用经，夜筮用纬，日中夜中杂用二经赞一纬赞。也就是说，如果占筮的时间是在早晨，决定吉凶是看一、五、七的赞辞；占筮的时间是在晚上，那就看三、四、八之赞辞；如果是在日中或夜中，那就看二、六、九之赞辞。而《太玄》中赞辞的吉凶是有一定之规的。大体来说，阳首（奇数之首）的

一、三、五、七、九赞为休，二、四、六、八赞为咎，阴首则二、四、六、八赞为休，一、三、五、七、九赞为咎。实际上，首象一出来，吉凶立可判定，甚至无须看赞辞。如果旦筮逢阳首，那么就一从二从三从，始、中、终皆吉；遇阴首则是一违二违三违，始、中、终皆凶。凡夕筮逢阳首，那么就是始吉，中、终凶；遇阴首，始凶，中、终吉。若日中、夜中筮，当阳首，那就是始、中凶，终吉；当阴首，那就是始、中吉，终凶。虽然要看一表之中始、中、终3个赞辞，但最后决断占筮是吉是凶，主要是依据终赞之辞而定。范望曾记例说明从终之意：

> 王莽将有事，以《周易》筮之，遇"羝羊触藩"；以《太玄》筮之，逢干首。干者，阴家，其位一五七也，而以七决之，其辞云："何戟解解。"此"从终"之义也。（《太玄经》卷八《玄数》范望注语）

如此一来，以《太玄》占吉凶就更加简单了，旦筮逢阳首，必吉，逢阴首，凶；夜筮逢阳首，凶，逢阴首，吉；日中夜中筮逢阳首，吉，逢阴首，凶。与《周易》那种灵活多变的断占方法比起来，《太玄》的断占显得极为幼稚刻板。由此看来，《太玄》并不是以断占为长的筮书，它的价值在于它以一个完整的体系试图揭示宇宙、社会的规律。

《太玄》每首的赞辞，都是围绕着首名而展开的。据《玄捝》说：

> 《玄》之赞辞，或以气，或以类，或以事之觥卒。谨问其性，而审其家；观其所遭遇，之于事，详之于数，逢神而天之，触地而田之，则玄之情也得矣。

意思是说，《太玄》九赞之辞皆有所依据。或以阴阳之气的消长运行、五行之气的生克，或以同类事物的相从相应，或以人之行事的委曲终始立论，阐述其道理。这样，一首的九赞就成为围绕一个专题的一篇小论文。《周易》之筮辞，有记事之辞，如"入于穴，有不速之客三人来，敬之，终吉"之类；有取象之辞，如"见龙在田"之类；有说事之辞，如"君子终日干干，夕惕若"之类；有断占之辞，如"利贞""无咎"之类。而《太玄》中的赞辞有取象之辞与说事之辞两类，断占之辞隐含于说事与取象中，较为隐晦，必须由测辞加以进一步的说明。如同《易经》爻辞一样，每一赞的赞辞都可以作出不止一种解释，说明不止一种现象；各种事情都可以从中连类而推之，作出相应的结论。赞辞内容的排列有一定的规律，这一规律如《玄数》中说的："逢有下中上，下思也，中福也，上祸也，思、福、祸各有下中上。"也就是说，九赞之位又分下、中、上，初一、次二、次三在下，为思；次四、次五、次六居中，为福；次七、次八、上九在上，为祸。思、福、祸又分别分下、中、上，初一为思之始，次二为思之中，次三为思之外；次四为福之小，次五为福之中，次六为福之隆；次七为祸之始，次八为祸之中，上九为祸之极。这是由《太玄》所揭示的自然人事规律决定的。

实际上，这一原则往往与阳首阳赞为吉、阳首阴赞为凶、阴首阴赞为吉、阴首阳赞为凶这一原则相冲突。但凡冲突时，首先遵从后一原则。九赞内容分配的规律，那就是前三赞为"思"，中三赞论"福"，后三赞论"祸"，它与阳首阳数为吉这一规律是如何配合的？我们可以"中"首为例来说明：

（一方一州一部一家）中 阳气潜萌于黄宫，信无不在乎中。

初一，昆仑旁薄，幽。测曰：昆仑旁薄，思之贞也。

次二，神战于玄，其陈阴阳。测曰：神战于玄，善恶并也。

次三，龙出于中，首尾信，可以为庸。测曰：龙出于中，见其造也。

次四，痹虚无因，大受性命，否。测曰：痹虚之否，不能大受也。

次五，日正于天，利用其辰作主。测曰：日正于天，贵当位也。

次六，月阙其抟，不如开明于西。测曰：月阙其抟，贱始退也。

次七，酋酋火魁，颐水包，贞。测曰：酋酋之包，任臣则也。

次八，黄不黄，覆秋常。测曰：黄不黄，失中德也。

上九，颠灵，气形反。测曰：颠灵之反，时不克也。

其中"阳气潜萌于黄宫,信无不在乎中"是首辞。初一之赞辞意思为:天形浑圆,地体广大,其理深奥难知。天地之理虽深奥难知,人也要加以思考。天无不覆,地无不载,包育万象,大公无私,其道最正。人思考天地之道,应当效法天地,以出于正。思考天地的起源,这就是所谓"思之始"。阳首之初赞为吉赞,所以测云:"思之贞也。""贞"在《周易》中是吉祥之占。

次二之赞辞意为人的思想斗争于内心,不现形于外,斗争两方面的阵营,是善与恶、是与非、正确与错误。思想斗争在于内心,是善念与恶念同时存在,这是所谓"思之中"。阳首的二赞是咎赞,但思是好事,所以测云:"善恶并也。"

次三之赞辞意为龙出现于适当的时间与环境,得其正,则首尾伸展,任意活动,所为可以成功。有才德的人以适当的时间与环境出仕,是正确思虑的结果,这是所谓"思之外"。阳首之三赞为吉赞,所以测曰:"龙出于中,见其造也。"龙出于中,可以看到它将有所作为。

次四之赞辞意为人的地位本来卑下,腹内本来空虚,又没有什么依靠,而忽然接受大的官职,他的德性和命运都好不了。总之,得官职必出于正。得官职是有福之始,阳首四赞是咎赞,所以论述的是地位卑下、无能力之辈的意外得官,所以测曰:"痹虚之否,不能大受也。"

次五之赞辞意为日在天的正中,比如贵人居于最高地位或处于最盛的形势,其利在于在最合适的时期做臣民之主,尽主的责任。日正于天,比喻贵人处于正当的地位。贵人当位,是"福之中",次五之赞为吉赞,所以测曰:"日正于天,贵当位也。"

次六之赞辞意为月在望日后亏缺其圆体,不如在朔日后生光明于西。因为前者光虽大而逐渐下减,后者光虽小而逐渐上增,比喻人事、家国事业盛满而走向衰亡,不如萌芽而走向兴旺。月之团圆、事业盛满是"福之隆",但阳首次六为咎赞,所以论述的是从圆满走向衰落,测曰:"月阙其抟,贱始退也。"

次七之赞辞意为酋酋然有火燃烧于小土丘上,但有水围之,火不能延烧别处。火灾为小祸,但阳首之次七为吉赞,所以论述祸中之幸,所以用"贞"作断语。

次八之赞辞意为木宜黄落而不黄落，那不是秋天的常态。树叶黄落是衰飒之象，与上条火灾相比为"祸之中"。阳首之次八为咎赞，所以测曰："黄不黄，失中德也。"秋之德在于杀，今宜黄而不黄，是失去了正德。扬雄以天道的当杀而不杀比喻君道的当刑而不刑。

上九之赞辞意为阴气极上必返乎下，阳气潜萌必升于上。喻人之死，形成其精神的阳气极上，归于天；形成其形体的阴气极下，归于地。死亡灭绝为祸之极，但阳首上九为吉赞，所以测曰："颠灵之反，时不克也。"认为颠灵则气形反，此条法则是无法战胜的，可以顺其自然。

这就是赞辞内容分布的大致规律。

《太玄》中的宇宙构成论

    汉代哲学基本上是一种宇宙论，它分为宇宙发生和宇宙构成两个部分。前者主要是推究宇宙的发生发展过程，这种推究常常会推出一个最早的起源；后者则考察、推算、模拟宇宙的结构，并研究宇宙的条理、秩序和规律。扬雄对于"玄"的很多论述显然是属于宇宙构成论的范畴。

    "玄"的观念来源于《老子》和《易传》。《老子》第一章说："道可道，非常道；名可名，非常名。无名天地之始，有名万物之母。故常无，欲以观其妙；常有，欲以观其徼。此两者同出而异名，同谓之玄。玄之又玄，众妙之门。"

    意思是道可以说，但不是通常所说的道。名可以起，但不是通常所起的名。可以说它是无，因为它在天地创始之前；也可以说它是有，因为它是万物的母亲。所以，从虚无的角度，可以揣摩它的奥妙；从实有的角度，可以看到它的踪迹。实有与虚无只是说法不同，两者实际上同出一源。这种同一，就叫作玄秘。玄秘而又玄秘啊！宇宙间万般奥妙的源头。

    "玄"是就有与无而言，其他尚见于"玄牝"（六章）、"玄览"（十章）、"玄德"（十章、五十一章）、"玄通"（十五章）、"玄同"（五十六章），都是用来形容一种幽暗深远、不可捉摸的性质。《周易》的《文言》说："夫玄黄者，天地之杂也，天玄而地黄。""玄"是天的颜色，故称天为"玄"。

    扬雄关于"玄"最周详的描述是在《玄摛》一篇当中。这一篇很显然是模仿《易·系辞上》的。《系辞上》论述《易》的根本规律，说："日月运行，一寒一暑。乾道成男，坤道成女。乾知大始，坤作成物，乾以易知，坤以简能……易简而天下之理得矣。天下之理得，而成位乎其中矣。圣人设卦观象系辞焉，而明吉凶……故神无方而易无休，一阴一阳之谓道。"意思是乾构成男性的象征，坤构成女性的象征。乾（为天代表时间）知天地之创始，坤（为地代表空间）能养育万物。乾为天昭然运行于上而昼夜收分，是容易让人了解的；坤（代表物理世界的功能）为地浑然化为万物，是以简易为其功能的。《易经》最高深的地方非常简单，因而容易了解，容易遵从。容易了解则有人亲附，容易遵从便会有成就；有人亲附则可以长久，能成功则可以创造伟大的事业；可以长久的是贤人的德泽，可以成就伟大事业的是贤人的事业。《易经》的道理是如此简易且能包含天下的道理，能知晓天下的道理，则能与天地同参，而成就不朽的名位了。《玄摘》就说：

> 日月往来，一寒一暑。律则成物，历则编时。律历交道，圣人以谋。昼以好之，夜以丑之。一昼一夜，阴阳分索。夜道极阴，昼道极阳。牝牡群贞，以摘吉凶。而君臣父子夫妇之道辨矣。是故日动而东，天动而西，天日错行，阴阳更巡，死生相樛，万物乃缠，故玄聘取天下之合而连之者也。

《易·系辞上》夸耀《易》涵盖一切的功能，说："《易》与天地准，故能弥纶天地之道……精气为物，游魂为变，是故知鬼神情状……范围天地之化而不过，曲成万物而不遗，通乎昼夜之道而知……夫《易》之广矣大矣，以言乎远则不御，以言乎迩则静而正，以言乎天地之间则备矣。"《玄摘》就说："缀之以其类，占之以其觚。晓天下之瞆瞆，莹天下之晦晦者，其唯玄乎！夫玄晦其位而冥其畛，深其卓而眇其根，攘其功而幽其所以然也。故玄卓然示人远矣，旷然廓人大矣，渊然引人深矣，渺然绝人眇矣。"《系辞上》指出，从《易》中可以看出天道、地道、人道的一切准则："仰以观于天文，俯以察于地理，是故知幽明之故。原始反终，故知死生之说。"《玄摘》就说："仰以观乎象，俯以视乎情，察性知命，原始见终。"

在这些论述中，"玄"均可以理解为"太玄"这个图式，是自然、社会排列、构造的原则，是事物发生、发展的规律。而这个原则、规律是广大悉备、无所不包的，扬雄的另一句话也可以为这种理解提供证据："夫玄也者，天道也，地道也，人道也。兼三道而天名之，君臣父子夫妇之道。"（《玄图》）可见"玄"是一种"道"，而在这里，道显然是一种规律、理则，而非起源，也就是说，这些对"玄"的论述属于宇宙构成论的范畴。

正因为对"玄"有如此的要求，所以，扬雄力图使《太玄》成为囊括天道、地道、人道的宇宙间架，构成一个包罗万象的世界图式，来模拟宇宙的构成，并反映宇宙的条理与秩序。他在谈到这个图式时说："阴质北斗，日月畛营，阴阳沈交，四时潜处，五行伏行，六合既混，七宿轸转，驯幽历微，六甲内驯，九九实有，律吕孔幽，历数匿纪，图象玄形，赞载成功。"（《玄图》）总之，《太玄》要能涵盖和说明日月星辰运行、四时变化、万物盛衰等一切变化和规律。更具体地说，《太玄》应该能够说明以下13个问题：

> 凡十有二始，群伦抽绪，故有一、二、三，以絓以罗，玄术莹之。鸿本五行，九位重施，上下相因，丑在其中，玄术莹之。天圜地方，极殖中央，动以历静，时乘十二，以建七政，玄术莹之。斗振天而进，日违天而退；或振或违，以立五纪，玄术莹之。植表施景，榆漏率刻，昏明考中，作者以戒，玄术莹之。泠竹为管，室灰为候，以挨百度；百度既设，济民不误，玄术莹之。东西为纬，南北为经；经纬交错，邪正以分，吉凶以形，玄术莹之。凿井澹水，钻火燃木，流金陶土，以和五美；五美之资，以资百体，玄术莹之。奇以数阳，耦以数阴，奇耦推演，以计天下，玄术莹之。六始为律，六间为吕，律吕既协，十二以调，日辰以数，玄术莹之。方州部家，八十一所，画下中上，以表四海，玄术莹之。一辟、三公、九卿、二十七大夫、八十一元士，少则制众，无则治有，玄术莹之。古者不霆不虞，慢其思虑，匪筮匪卜，吉凶交渎；于是圣人乃作蓍龟，钻精倚神，箭知休咎，玄术莹之。（《玄莹》）

综观这13个问题，主要包括律历、天文、五行、人事、地理、卜筮等几个方面。《太玄》的卜筮方法我们在前文已有论述，下面我们来看一下扬雄是如何运用《太玄》来阐明天文、律历、地理与五行的。

一、《太玄》与天文

扬雄用"玄"来模拟、说明天体的结构和运动，其中有十二个时辰的规定，有日月、五星的运动规律。这里我们首先面临一个问题，那就是扬雄拟构的宇宙图式是以盖天说为依据，还是以浑天说为依据？这似乎不成为一个问题，几乎所有的人都认为《太玄》的宇宙图式是主浑天说的。《汉书》本传中扬雄自序就说"大潭思浑天"而作《太玄》。《玄首都序》开篇说："驯乎！玄，浑行无穷正象天。"《中首·初一》说："昆仑旁薄，幽。"范宁注云："天浑沦而包于地，地彭魄而在其中。天之昼夜过周一度，日或隐或见，见照四方，隐故称幽。言日在地下幽隐不见也。"所以学者郑万耕说："《太玄》开宗明义，盛言浑沦磅礴，明其取象浑天之说而作。"（《太玄校释》第7页）

但事情并不如此简单。扬雄在《玄莹》中说："天圜地方，极殖中央，动以历静，时乘十二，以建七政，玄术莹之。"天圆地方，北极居天之中，这似乎是盖天说的理论。盖天说同样是主张天是像磨盘一样旋转的，所以，"玄，浑行无穷正象天"并不能证明一定是浑天说。浑天说与盖天说最重要的区别应该是是否主张地也是圆的。浑天说的代表作《浑天仪注》说：

> 天如鸡子，地如鸡中黄，孤居于天内，天大而地小。天表里有水。天地各乘气而立，载水而行。（《晋书》卷十一《天文志上》引）

那么《太玄》中有没有类似的言论呢？《中首·初一》中的赞辞据扬雄自己的解释是："昆仑旁薄，大容也。""昆仑旁薄，资怀无方。"（《玄文》）这是最权威的解释。昆仑有浑圆的意思；旁薄，是广博之义，喻指地载物之广，旁薄并没有浑圆的意思。仅从《太玄》本身来看，我们无法得到范宁注解中的引申。

不过，早期浑天说是不是也如后期浑天说一样认为地是圆的，在学术界尚有争论。首先，《浑天仪注》是否是张衡所作尚有疑问；其次，地如鸡子中黄，有人认为这只是说明天大地小，地为天所包，不一定具有地圆思想；第三，张衡在《灵宪》中曾经说："天体于阳，故圆以动；地体以阴，故平以静。"（《后汉书·天文志》引）力主浑天说的张衡同样是主张地是平的。所以，光凭"天圜地方"一句话尚不能决定扬雄依据的是盖天说。

但是，在扬雄的天文理论中，日月的运行是与天体运行的轨道相反的："是故日动而东，天动而西，天日错行，阴阳更巡。"（《玄摛》）"斗振天而进，日违天而退；或振或违，以立五纪。"（《玄莹》）这是典型的"右旋说"。右旋说是从西汉以后兴起的一种理论。最初，人们认为天体运动速度最快，一昼夜从东到西又从西到东旋转了一周；日稍慢一点，一昼夜旋转差一点一周；月就更慢了，每天都要落后很远。总之，日月五星和天体都是从东向西运行的，只有快慢的不同。经过长期研究后，古代天文学家认为，天是从东向西旋转的，日月五星是从西向东旋转的。天旋转速度最快，一天向西旋转一周，日月五星向东旋转速度比较慢，因此都被天体带着向西旋转。日月向东运动，日一天运行一度，月一天运行13度多。这跟传统说法不一样了，于是引起了争论。对于天体从东向西运行的问题没有争议，问题在于日月是怎么运行的。认为日月也是从东向西运行的，只是速度稍微慢一些，这是所谓"左旋说"；认为日月从西向东迎天运行，这是"右旋说"。右旋说是在盖天说基础上产生的天文理论，系统阐述右旋说的有王充《论衡·说日》篇，文中说："（日月）系于天，随天四时转行也。其喻若蚁行于 上，日月行迟，天行疾，天持日月转，故日月实东行，而反西旋也。"《晋书》卷十一《天文志上》引"周髀家说"："又周髀家云……天旁转如推磨而左行，日月右行，随天左转，故日月实东行，而天牵之以西没。譬之于蚁行磨石之上，磨左旋而蚁右去，磨疾而蚁迟，故不得不随磨以左回焉。"王充和周髀家都是力主盖天说之人物。

总括扬雄的天文理论，他认为天是旋转的，地是方的，日月的运行是自西向东，与天体运行的轨道相反。这究竟是浑天说还是盖天说呢？出于扬雄在天是否能没入地下这一关键问题上没有阐述，所以我们尚疑不能定。但从《太玄》创作的时间上看，我认为，扬雄此时信盖天说的可能性更大一些。

我们知道，扬雄开始是笃信盖天说的，后来受到桓谭的影响，才转而相信浑天说。《太玄》创作于哀帝在位的5年间，桓谭绥和二年（前7年）刚任郎官，才17岁，到平帝时也不过二十二三岁，这么小的年龄似乎还不能影响扬雄，所以写作《太玄》的时候，扬雄信从的还是盖天说。到了晚期，扬雄改信了浑天说，他在自序中便说是"大潭思浑天"而作《太玄》。

二、《太玄》与历法

除了模拟天象以外，《太玄》还要说明时间变化的规律，也就是能起到历法的作用，成为别具一格的月令。《汉书》本传载扬雄自述说："（《太玄》）其用自天元推一昼一夜阴阳数度律历之纪，九九大运，与天终始。故《玄》三方、九州、二十七部、八十一家、二百四十三表、七百二十九赞，分为三卷，曰一二三，与太初历相应，亦有颛顼之历焉。"《太玄》以赞拟历的工作显然受到了孟喜、京房以《易》配历的影响。

孟喜、京房的卦气说是"汉易"的主流，其理论大致如下，孟喜从64卦中选出由复卦到坤卦一共12卦，配于一年12月之中，它们分别是：

复	临	泰	大壮	夬	干	姤	遯	否	观	剥	坤
子	丑	寅	卯	辰	巳	午	未	申	酉	戌	亥
十一月	十二月	正月	二月	三月	四月	五月	六月	七月	八月	九月	十月

这12卦称为消息卦。京房进一步将易爻与日相配。按照四分历，一年为365天，《周易》64卦共有384爻，如何相配呢？京房将坎、离、震、兑定为4正卦，以配四时及四方。又以坎当冬至，离当夏至，震当春分，兑当秋分。此4卦有24爻，以当一年的二十四节气。剩下的60卦，每月配5卦，每卦6爻，主六日七分。四分历以80分为一日，所谓六日七分，是说每卦主管6日，每爻主管一日多一

点。60卦，360爻，主管365日。卦气，是指阳气而言，阳气始于冬至子时，京氏以中孚卦当之，当时卦气起于中孚。京房依然保持了孟喜的12消息卦，不过，12消息卦既各主一月，同时又兼主六日七分，而此12卦的72爻，又主一年的72候。京房认为这样便使卦与历合，亦即是卦与天道合，由此以言人事的吉凶与休咎。

扬雄为了使《太玄》反映历法，模仿了京房易学的配卦次序。《太玄》起于仿中孚卦的中首，终于仿颐卦的养首，但他撇开了坎、离、震、兑4正卦。81首共729赞，每2赞主一昼夜，共364日半，与四分历365日的一年天数还差一天左右，于是又加踦、嬴两赞，与四分历基本吻合。

孟喜、京房易学的特点，就是可以从卦象上看出一年四季的阴阳消长模式，如复卦，卦象为☷☳，五阴一阳，代表阳气始萌。而《太玄》的象没有这种用处，所以每首所代表的季节气候和阴阳消长过程只能通过首辞用语言来描述。如众首相当于师卦，"阳气信高怀齐，万物宣明，嫭大众多"，此时阳气升高，遍及万物。法首相当于井卦，首辞云"阳气高悬厥法，物仰其墨，莫不被则"，此时阳气上在九天。晦首相当于明夷卦，此时"阴登于阳，阳降于阴，物咸丧明"，阴盛阳衰。

据《汉书》本传，《太玄》中反映的历法主要是三统历，也有颛顼历的影响。三统历与颛顼历的不同反映在历元的确定、置闰的方法、朔望月的数值各个方面，但我们无法从《太玄》本身看出哪些方面扬雄是承三统历之说，哪些方面又是受颛顼历的影响。

中国历法的一个关键是确定二十四节气，三统历也不例外。确定节气有两种办法，第一种是以初昏时斗柄所指的方向来说明节气的更替。这种方法的典型代表是《淮南子·天文》篇，其云："斗日行一度，十五日为一节，以生二十四时之变。"以下列举了二十四节气的名称："斗指子（北方），则冬至""（斗）指报德之维（东北方）……距日冬至四十六日而立春"。

斗柄指向与季节

第二种方法乃是以一年之中太阳所在十二次、二十八宿中的位置，来说明节气的变换。古人把黄道附近一周天按照由西向东的方向分为星纪、玄枵等十二等分，叫作十二次，每次都有二十八宿中某星宿作为标志，例如星纪有斗、牛两宿，玄枵有女、虚、危三宿，等等。

十二次的代表星宿（此表引自王力《中国古代文化常识》）

十二次	二十八宿
1.星纪	斗牛女
2.玄枵	女虚危
3.诹訾（zōu zī）	危室壁奎
4.降娄	奎娄胃
5.大梁	胃昴毕
6.实沈	毕觜参井

（续表）

7.鹑（chún）首	井鬼柳
8.鹑火	柳星张
9.鹑尾	张翼轸
10.寿星	轸角亢氐
11.大火	氐房心尾
12.析木	尾箕斗

三统历就是据此确定节气的，其云：

> 星纪，初斗十二度，大雪。中牵牛初，冬至。终于婺女七度。玄枵，初婺女八度，小寒。中危初，大寒。终于危十五度。（《汉书·律历志》）

《太玄》力图建立一个包含时间和空间、囊括自然与人事一切事物的基本模式，所以，在《太玄》中也必须有二十四节气的位置。在二十四节气的确定方面，《太玄》既采用斗柄定位法，也采用太阳定位法。

《太玄》以第一首（中首）初一赞对应的节气为冬至，日在牵牛初度。这与三统历完全一致。根据三统历的法则，可以求出第一节气所对应的玄首及赞次，以及每首所在星宿度数，即《玄数》所说："求星，从牵牛始，除算尽则是其日也。"《太玄》虽然没有明确标明二十四节气，其中却暗含着一年二十四节气及其交节时的日躔宿度。《玄摛》又说："察龙虎之文，观鸟龟之理，运诸柰政，系之太始极焉，以通璇玑之统，正玉衡之平。"龙、虎、鸟、龟，指东方苍龙、西方白虎、南方朱雀、北方玄武等二十八宿；柰政，即七政，指日月五星；太始，指北极星；极，指天极，亦即北极，天之中；璇玑、玉衡都是指北斗星。这段话的意思是，只有观测昏、旦所处天中的星宿，确定日月星辰在天球上的位置，才能把握《太玄》各首所处一年的季节。

又说："日一南而万物死，日一北而万物生；斗一北而万物虚，斗一南而万物盈。"这就是说，夏至日在南方东井宿，万物向死；冬至日在北方牵牛宿，万物向生。斗指亥子（北方），寒气伤物，故言虚；斗指巳午（南方），温气长物，故言盈。在这里，扬雄使用的是斗柄定时法。

三、《太玄》与地理及其他

扬雄将《太玄》与历法相配，试图让它能圆满地反映时间的变化过程。然而扬雄并不满足，他还要让《太玄》反映空间的配置。从他对一首中四位的定名——方、州、部、家中，我们可以看出，他是希望《太玄》除了历法之外，还能起到地图的作用。

三方、九州、二十七部、八十一家的宇宙构成论对当时的地理学说有所吸取。战国时的邹衍提出过大九州的说法，中国称为赤县神州，世界范围内如同赤县神州的地方共计9个，即大九州，每个州有小海环绕，各州之间的人民、禽兽不能互相交通，大九州之外有更大的海环绕。《淮南子·地形》篇也曾提到过九州，可见邹衍的地理学说对汉代有一定的影响。扬雄虽然没有明确表示出他继承邹衍的思想，但是从他的地玄图式可以看到邹衍学说的痕迹。扬雄说："方、州、部、家，八十一所画，下中上以表四海，玄术莹之。"（《玄莹》）这里所说的即地玄。扬雄还把地具体分为九类，一为泥沙，二为泽地，三为沚崖，四为下田，五为中田，六为上田，七为下山，八为中山，九为上山。（《玄数》）从泥沙到上山，地势由低而高，由下而上。可见扬雄紧紧围绕着"九"来展开他的地玄图式。王夫之曾经这样评论扬雄的《太玄》图式："其所仰观，四分历粗率之天文也；其所俯察，王莽所置方、州、部、家之地理。"（《周易外传》卷五）

除此之外，扬雄在《玄文》中，将罔、直、蒙、酋、冥与四方及四季相配，罔、直、蒙、酋、冥也用于指事物发展变化中的几个阶段，《玄文》说：

言出乎罔，行出乎罔，祸福出乎罔。罔之时玄矣哉！行则有踪，言则有声，福则有脾，祸则有形之谓直。有直则可蒙也，有蒙则可酋也，可酋则反乎冥矣。

四方与四季传统上具有相互配合的关系，即以东方配春，南方配夏，西方配秋，北方配冬，扬雄利用这一传统的配合，再辅之以罔、直、蒙、酋、冥这五个事物的发展阶段，就形成了一个时间、空间和事物发展过程的总配合。

> 罔、直、蒙、酋、冥。罔，北方也，冬也，未有形也。直，东方也，春也，质而未有文也。蒙，南方也，夏也，物之修长也，皆可得而戴也。酋，西方也，秋也，物皆成象而就也。有形则复于无形，故曰冥。故万物罔乎北，直乎东，蒙乎南，酋乎西，冥乎北。（《玄文》）

有了这样一个配合，事物的发展过程既可以在时间上体现，也可以在空间上体现。除了四季与四方原有的传统配合关系之外，干支体系在扬雄时代也已完成了与四方的配合，扬雄也利用干支系统与四方的配合，以说明阴阳二气在四方的消长过程：

> 子则阳生于十一月，阴终十月可见也。午则阴生于五月，阳终于四月可见也。生阳莫如子，生阴莫如午。西北则子美尽矣，东南则午美极矣。（《玄图》）

阳生于子，极盛于巳，至亥完全不发生作用，让位于阴。在阳气开始衰微时，它的对立面——阴气就开始发生作用。阴生于午，极盛于亥，至巳完全不发生作用，又让位于阳。阴气开始衰微时，其对立面——阳气又开始发挥作用，阳又生于子。这样，《太玄》论述的阴阳消长变化过程，既可以反映在时间上，也可以反映在空间上。

除了时间和空间之外，《太玄》还要将反映事物性质的五行也纳入其中。《玄莹》说：

鸿本五行，九位重施，上下相因，丑在其中。

《玄告》说：

五行迭王，四时不俱壮……南北定位，东西通气，万物错离乎其中。

这也就是说，《太玄》81首的次序不仅表示阴阳的消长，也表示五行的生克。世界事物的变化，既是阴阳消长的结果，也是按照五行的机械性能进行的。

最后，扬雄以数为中介，将五行、四时、天干、地支、声、色、味、臭、志、情、事、用、天帝、神灵、星辰以及其他各种物事一一相配：

三八为木，为东方，为春，日甲乙，辰寅卯，声角，色青，味酸，臭膻，形诎信，生火，胜土，时生，藏脾，侟志，性仁，情喜，事貌，用恭，执肃，征旱，帝太昊，神句芒，星从其位，类为鳞，为雷，为鼓，为恢声，为新，为躁，为户，为膈，为嗣，为承，为叶，为绪，为赦，为解，为多子，为出，为予，为竹，为草，为果，为实，为鱼，为疏器，为田，为规，为木工，为矛，为青怪，为瓠，为狂。（《玄数》）

其他四九、二七、一六、五五，则分别与金、火、水、土，西、南、北，秋、夏、冬四维相配，并组入与之相应的一系列物事。

将世界万事万物纳入一个统一的模式，以一个统一的标准加以分类，《易传》《月令》《吕氏春秋》《淮南子》都在做这一工作，其中可以分为以八卦分类和以五行分类两大体系。《易传》是以八卦分类，《月令》《吕氏春秋》《淮南子》将事物归类的原则都是五行。在扬雄的这一分类体系中，以数为基干，但分类的原则仍然是五行。虽然比起《吕氏春秋》和《淮南子》来，他又增加了许多事例，但从理论上来说，毫无创造性，只不过反映了以《太玄》涵盖一切的努力罢了。与西汉流行的宇宙构成论尤其是与《淮南子》比较，扬雄的宇宙构成论特点乃是重结构、重规律，但对结构中心并不重视。

《太玄》中的宇宙发生论

《太玄》中除了具有丰富的宇宙构成论思想之外，对宇宙的发生发展也有一定的论述，《玄攡》中说：

> 玄者，幽攡万类而不见形者也，资陶虚无而生乎规，攔神明而定摹，通同古今以开类，攡措阴阳而发气。

这段话非常重要。这既是从时间上也是从逻辑上推究宇宙的发生发展过程。当今的学者们似乎更重视在宇宙发生论中"玄"的性质，所以我们必须对此有比较明确的认识，怎么解释这段话乃是理解扬雄思想的关键之一。

郭店楚简的出土，使得我们对战国中后期的思想资料有了更为丰富的了解。郭店楚简中有一篇《太一生水》，其云：

> 太一生水，水反辅太一，是以成天。天反辅太一，是以成地。天地□□□也，是以成神明。神明复相辅也，是以成阴阳。阴阳复相辅也，是以成四时。四时复相辅也，是以成沧热。沧热复相辅也，是以成湿燥。湿燥复相辅也，成岁而止。（《郭店楚墓竹简》，文物出版社1998年，第125页）

由此可见，宇宙的发生经历了太一、水、天、地、神明、阴阳、四时、沧热、湿燥、年岁几个阶段，这是先秦时期对宇宙发生诸阶段最具体明确的论述。在此之前，尽管《吕氏春秋·仲夏记·大乐》有云："万物所出，造于太一，化为阴阳。"《淮南子·本经》篇有云："帝者礼太一，王者法阴阳，霸者则四时，君者用六律。"《礼记·礼运》篇云："是故夫礼，必本于太一，分而为天地，转而为阴阳，变而为四时，列而为鬼神。其降曰命，其官于天也。"但这些叙述都不足以使我们明确地意识到在宇宙的生成中，"神明"的产生乃是和天、地、阴阳、四时的产生是同样重要的一个阶段。

有了这样的认识，我们再来看扬雄《玄摛》中的这一段话，就会有和以往完全不同的理解。这里"摛"是舒张展开的意思，"资陶"是培育之意可能没有什么疑问。而"摹"，据《说文解字》"手部"云："摹，规也。"段玉裁注曰："规者，有法度也……摹与模略同。""攡"，《说文》不见，但根据其造字法分析，右边的"巂"既有形声又有会意之作用，此字既有关键又有贯通之意。在这段话中，显然涉及宇宙发生的几个阶段，即虚无（始有规律）、神明（始有法度）、阴阳（以气为载体）、万物（始有形状）。

显然，扬雄的这段话是为显示"玄"超乎一切的重要性与本源性："玄"超越时间与空间，应该是比"虚无""神明""阴阳""万类""气"更为本源的存在，它创造了并制约着"规"（规律）、"摹"（法度）、"气"、"形"与"古今"（时间）。关于这些阶段，扬雄之前的不同思想家都各有侧重，由此形成了"元气"说、"虚无"说等种种不同的学说。

先秦乃至西汉有关宇宙发生的理论是讨论较为充分的话题，这给扬雄借鉴前代的思想成果提供了丰富的资料。先秦有关宇宙生成的理论至少有元气说（认为世界起源于一种物质性的"气"），有《周易》的太极说，也有《老子》的"有生于无"说，等等，自然也有上文刚刚提到的太一说。

到了西汉，首先《淮南子》中有很丰富的宇宙生成论的思想，《天文》篇云："天墬未形，冯冯翼翼，洞洞灟灟，故曰太始。道始于虚霩，虚霩生宇宙，宇宙生气，气有涯垠。清阳者薄靡而为天，重浊者凝滞而为地。清妙之合专易，重浊之凝竭难，故天先成而地后定。天地之袭精为阴阳，阴阳之专精为四时，四时之散精为万物。"意思是说，在天地未形成之前的混沌状态叫作太始。从道来说，开始于虚廓，然后有宇宙，有气。清阳的气，聚合快，先成为天；重浊的气，凝聚慢，后成为地。在与扬雄同时的《易纬》中，也有有关宇宙形成的论述，它发展了《淮南子》的有关理论。《易纬·乾凿度》说："夫有形生于无形，乾坤安从生？故曰，有太易，有太初，有太始，有太素也。太易者，未见气也；太初者，气之始也；太始者，形之始也；太素者，质之始也。气形质具而未离，故曰浑沦。浑沦者，言万物相混成而未相离。视之不见，听之不闻，循之不得，故曰易也。"《易纬·乾坤凿度》则说："易起无，从无入有，有理若形，形及于变而象，象随后数。"也就是说，世界万物是从无到有，此"有"乃是有"理"，"理"发展出"形"，"形"而后有"象"，"象"而后有"数"。这种顺序应该是从逻辑上来说的。值得注意的是，《乾坤凿度》认为，"理"乃是从"无"发展出来的，"无"比"理"更为根本，有了规律、理则之后才有形状。

另外，还有董仲舒的"一元论"。董仲舒在谈到大地万物的本源问题时说："谓一元者，大始也。"（《春秋繁露·玉英》）"唯圣人能属万物于一，而系之元也……元犹原也，其义以随天始也……故元者为万物之本，而人之元在焉。安在乎？乃在乎天地之前。"（《重政》）董仲舒的一元论，认为万物都渊源于"元"，"元"在世界之前就存在，而又始终伴随着天地万物和人类。另外，董仲舒又从"元"出发来考察宇宙的构造。他说："《春秋》之道，以元之深，正天之端；以天之端，正王之政。"（《二端》）"何谓天之端？曰：天有十端，十端而止已。天为一端，地为一端，阴为一端，阳为一端，火为一端，金为一端，木为一端，水为一端，土为一端，人为一端。"（《官制象天》）

扬雄的"玄"与以上这些思想都有关系。桓谭《新论》就说："扬雄作《玄》书，以为玄者，天也，道也，言圣贤制法作事，皆引天道以为本统，而因附属万类：王政、人事、法度，故宓羲氏谓之易，老子谓之道，孔子谓之元，而扬雄谓之玄。"（《玉海》卷三十六引）但应该说又有所不同。为了说明这一点，我们必须了解一下西汉学术发展趋势和扬雄本人的思维特点。

学者王葆玹指出，汉代宇宙论存在着一种烦琐化的趋势，都想超越前人，但又不能有根本性的改变，只能在烦琐方面下功夫。在时间领域内推求宇宙起源，越推越远；在空间领域神化宇宙中心，越说越神秘。在宇宙发生论中，《淮南子》和《易纬》就明显存在着这种倾向。《周易·系辞传》只提到"易有太极，是生两仪"。《老子》只提到"有物混成，先天地生"。两书对宇宙起源只用一个词来概括，对天地以前的情况只是稍提一笔，不予细分。《淮南子》的作者将宇宙发生的过程分为虚霩生宇宙、宇宙生气、气生天地，较先秦的说法复杂多了。纬书中，已有太易、太初、太始、太素的系统出现。到张衡，光是先天阶段便有溟涬、庞鸿、太元等种种阶段。实际上，不光是宇宙发生论，这是汉朝学术普遍的发展趋势，本来经学从训诂之学到章句之学就是一个烦琐化的过程。如易学，从孟喜到京房，倾向是越来越烦琐。如礼学，从武帝时期的无缘郊祀封禅之礼到大小戴礼学的形成，倾向同样是烦琐化。而这种倾向，在扬雄这样一位喜比拼而好胜的学者身上，就更为明显。有《离骚》，就要有《反离骚》；《周易》堪称艰难，但《太玄》比其更难；相如之赋靡丽，四大赋就要更胜一筹。这种心理和思维方式同样反映在扬雄的宇宙发生论上。既然先秦有元气说，那么"玄"就应该比元气更早，"摛措阴阳而发气"；《淮南子》中有"虚霩"，"玄'应该比"虚霩"更为根本，"资陶虚无而生规"；既然董仲舒的"元"是至大无外的，那么，"玄"就应该是"大者含元气"（《解嘲》），比"元"更大从而包含了"元"；"神明"是变化莫测的，"玄"应该是创造、贯穿神明之物，"攡神明而定摹"。总之，凡是以前提出过的所有的起源、本体，我都要比你更早、更根本、更广泛、更神秘，这就是"玄"。在这种心理下产生的种种玄虚的说法原本很难说在哲学上真正有什么意义，扬雄"玄"学的价值不在于这种比拼，而是在于它以"玄"贯穿了宇宙发生论和宇宙构成论。

上文我们说过，《玄摛》是模仿《系辞》的。但除了模仿之外，扬雄对《系辞》还有改变与发展。在《系辞》中，"易"和太极是两个不同的概念，其云："是故易有太极，是生两仪，两仪生四象，四象生八卦，八卦定吉凶，吉凶生大业。"这样，《系辞》就把宇宙发生论和宇宙构成论严格区分开来。在宇宙发生论中，起源是太极；在宇宙构成论中，原则是"易"。也就是说，"易"是一种理则，一种规律，是形式因；而"太极"则是宇宙发生发展过程中最早的材质，是质料因。这其中并没有什么概念把两者统一起来。在《淮南子》中，宇宙发生论和宇宙构成论的中心概念同样是不同的，宇宙发生的起源是"无"，宇宙构成的中心是"太一"，它试图用"道"这一概念来调和。但这一调和使"道"成为大全，可包容时间和空间上的一切事物。从"道"的内涵上说，它不是无，不是有，不是虚霩，不是太一；从外延上说，它既是无，又是有，既是虚霩，又是太一。它是一种最大的类名，由于类中包括"有"与"无"，故不可称"有"，只能称"道"。

宇宙起源和宇宙中心的矛盾一直贯穿在两汉哲学中。董仲舒的"一元说"以"元"来统一宇宙发生论和宇宙构成论。但"元"显然是一个宇宙发生论中产生的概念，初始、根源的意义远较理则、规律的意义要强烈。也就是说，董仲舒是用宇宙发生论来统一宇宙构成论。与此不同，扬雄的"玄"的意义更侧重在宇宙构成论中，无论他用"玄"去模拟天地的运动、阴阳之气的变换，还是用"玄"叙述事物发生发展一直到衰亡的规律，还是描述"玄"那无远弗届、无微不至的功能，这都属于一种宇宙构成论。所以，扬雄所说的"玄"，在大部分时间内都是指规律、原则。也就是说，扬雄是以宇宙构成论统一宇宙发生论。

如果我们撇开《太玄》，从扬雄的其他著作中去探寻扬雄的宇宙发生论，那么我们可以明显地看出，扬雄的宇宙发生论是比较接近元气说的。他说："自今推古，至于元气始化。"（《覈灵赋》）将元气始化视作是宇宙最古老的阶段，那么元气应该是宇宙的起源。又说："权舆天地未袪，睢睢盱盱，或玄而萌，或黄而牙，玄黄剖判，上下相呕。"（《剧秦美新》）那种"睢睢盱盱，或玄而萌，或黄而牙"的状态，似乎也应该是一种元气充塞的混沌状态。元气说中的初始根源，显然是一种质料因，这与宇宙构成论中的形式因应该是两个概念。

那么，扬雄的这种统一贯通，是否也会如《淮南子》一样，使得"玄"失去了自身的质的规定性，从而成为一个大的类名呢？我们再来仔细分析一下《玄摘》中的论述：

> 玄者，幽攡万类而不见形者也，资陶虚无而生乎规，攡神明而定摹，通同古今以开类，攡措阴阳而发气。

这里的"玄"与扬雄在宇宙构成论中论述的"玄"有没有冲突？它是物质性的还是精神性的存在？究竟是质料因还是形式因？我们认为，首先，"资陶虚无"说明它本身不是虚无，但比"虚无"更初始、更本质；其次，"摛措阴阳而发气"，就说明它本身不是"气"，而是发气的动力；第三，"通同古今以开类"，说明它超越时间的限制；第四，"玄""生乎规"，这个规，乃是分殊之理，即具体规律，既非元气，亦非虚无，而且超越时间的限制，能够统一分殊之理，这除了理则不可能是别的东西。实际上，在宇宙发生论中，扬雄的"玄"类似于亚里士多德所说的"载体"（又译作"基质""主体"等），在整个运动变化过程中，"载体"保持不变，而把变化传递到运动的过程中。这样，无论是在宇宙发生论还是在宇宙构成论中，"玄"的性质是统一的，这就避免了《淮南子》中"道"概念内涵的虚化。可以说，扬雄用"玄"较好地完成了宇宙发生论与宇宙构成论的统一。

　　由此我们可以看出，扬雄对于"玄"的论述，已经较为接近于本体论了。但这种本体化的倾向并非是扬雄有意识的创造，也不是理论发展的必然性造成的，而是理论的烦琐化倾向造成的一种无意识的偶然的结果，这与魏晋玄学的本体化倾向有着根本的不同。所以，东汉的宇宙论依旧是沿着西汉开启的方向，朝着更为烦琐的方向发展。

《太玄》中的朴素辩证法思想

　　《太玄》旨在揭示宇宙人事的规律。扬雄认为宇宙人事的基本规律首先是变化与发展。宇宙是动态的,一切都在变化之中。变化发展的动力是阴阳两个对立面的相互作用。玄措张开阴阳两气,阴阳两气相互作用形成天地。由于玄本身就具有阴阳两个方面,所以,宇宙间的一切事物都可以归结为两个对立面,"立天之经曰阴与阳,形地之纬曰纵与横,表人之行曰晦与明"(《玄莹》)。对立面的相互作用使得一切事物形成,"一昼一夜然后作一日,一阴一阳然后生万物。"(《玄图》)"日不南不北则无冬无夏,月不往不来则晦望不成。"(《玄告》)"一判一合,天地备矣;天日回行,刚柔接矣;还复其所,终始定矣;一生一死,性命莹矣。"(《玄摘》)而阴阳两个对立面的消长使得事物产生变化。

　　在81首的首辞中,扬雄用阴阳二气的消长来说明季候的变化、万物的盛衰。冬至以后阳盛阴衰,万物向生;夏至以后阴盛阳衰,万物就死。阴阳二气在一年四时当中,消长运行,各有盛衰,相互交替,《太玄》将这称为"万物更巡"。

　　对立面之间可以互相转化。对立的一方,如果发展到极点,就要向反面转化。"阳不极则阴不萌,阴不极则阳不牙。极寒生热,极热生寒。""盛则入衰,穷则更生。"(《玄摘》)

　　中国的辩证法体系在扬雄以前有两个系统,那就是道家与《易传》。道家的辩证法在矛盾双方中更重视阴柔、静止的一方,而《易传》系统的辩证法则更重视阳刚与运动的一面。扬雄哲学中的辩证观点，更多地来自《易传》，《易传》对他的影响超过了老子。在阴阳这一组对立物当中，他认为阳是占主导地位的，"阴阳毗参，以一阳乘一统，万物资形。"（《玄首都序》）这是说阴阳相比相参，万物由此而生；万物盛衰，视阳而定，故言"以一阳乘一统"。

在谈到事物的发展与变化时，扬雄更重视运动所带来的新的变化，他说："亲故更代，阴阳迭循，清浊相废，将来者进，成功者退；已用则贱，当时则贵。"（《玄文》）扬雄又说："其动也日造其所无而好其所新，其静也日减其所有而损其所成。"（《玄摛》）这里所讲的是运动和静止的关系。他认为，事物的运动可以每天创造出过去未曾有过的新的东西，而静止却使事物每天丧失自己原有的东西而走向衰亡。这个观点是《易传》的"日新之谓盛德""生生之谓易"思想的一个发展。《老子》讲运动和变化，最后归结到静止，所谓"归根曰静"。扬雄所注意的是事物的不断更新，这就大大超越了《老子》。

扬雄还认为事物在变化的过程中有继承（因），也有变革（革）。他说："夫道有因有循，有革有化。因而循之，与道神之；革而化之，与时宜之。故因而能革，天道乃得；革而能因，天道乃驯。夫物不因不生，不革不成。故知因而不知革，物失其则；知革而不知因，物失其均。"（《玄莹》）"因"和"革"是对立的，在事物变化的过程中，都是不可缺少的。就一年四季的变化来说，春天是承继冬天而来的，不是凭空出现的，这是"因"；但春天和冬天毕竟是两个不同的季节，春天又是对冬天的否定，这就是"革"：有"革"而无"因"，事物不能发生；有"因"而无"革"，事物没有发展：这就是所谓"不因不生，不革不成"。扬雄看到"因"和"革"的辩证关系，认为这是事物发展的一个规律，这是对先秦辩证法思想的一个发展。

在《易传》系统的辩证法中，事物的变化与发展是需要一定的条件的。以前易学家谈《易传》指出三个重要概念，即"位""时""中"。冯友兰说："所谓'位''时''中'有这样的意义，就是说，若果一事物有所成就，它的发展必须合乎它的空间上的条件（'位'）及时间上的条件（'时'），其发展也必须合乎其应有的限度（'中'）。《易传》认为事物的发展是和时间、地点、限度联系在一起的。"（《中国哲学史新编》第3册231页、第2册第355页）

扬雄继承了《易传》的这一思想，指出事物发展变化应该具备一定的条件，在这些条件中，他首先强调"时"。他说："革之匪时，物失其基；因之匪理，物丧其纪。"（《玄莹》）这是对《易传》"革之时大矣哉"的继承和发展。他又说：

君子修德以俟时，不先时而起，不后时而缩。（《玄文》）

耎其哇，三岁不嚼。测曰：耎哇不嚼，时数失也。（《耎·次四》）

缩失时，或承之蕾。测曰：缩失时，坐遄后也。（《耎·次六》）

时往时来，间不容虮。测曰：时往时来，不失趣也。（《事·次三》）

这些论述，充分表现扬雄对时间条件的重视。除了时间之外，扬雄对事物的限度更为强调，他指出，事物成就的一个最重要的条件就是"循中"，事物失败的一个重要原因就是"失中"。这在《法言》中有过明确的阐述，《先知》篇云："龙之潜亢，不获其中矣。是以过中则惕，不及中则跃，其近于中乎！圣人之道，譬犹日之中矣，不及则未，过则昃。"而在《太玄》中，就有更丰富的发挥：

黄不黄，覆秋常。测曰：黄不黄，失中德也。（《中·次八》）

黄不纯，屈于根。测曰：黄不纯，失中适也。（《礥·次二》）

杀生相午，中和其道。测曰：杀生相午，中为界也。（《戾·次八》）

鸣鹤升自深泽，阶天不怹。测曰：鸣鹤不怹，有诸中也。（《上·次五》）

狂章章，不得中行。测曰：狂章章，进不中也。（《进·次三》）

柱不中，梁不隆，大厦微。测曰：柱不中，不能正基也。（《强·次三》）

不中不督，腐蠹之害。测曰：不中不督，其啥非也。（《啥·次五》）

守中以和，要俟贞。测曰：守中以和，侯之素也。（《守·次五》）

中成独督，大。测曰：中成独督，能处中也。（《成·次五》）

时成不成，天降亡贞。测曰：时成不成，独失中也。（《成·次八》）

由于《太玄》的形式无法用卦爻位来发挥义理，所以《太玄》中有关"位"的论述远没有《易传》那么多，但扬雄也看到了"位"对事物发展变化的影响：

> 日正于天，利以其辰作主。测曰：日正于天，贵当位也。（《中·次五》）
>
> 婩有足，托坚谷。测曰：婩有足，位正当也。（《婩·次五》）

由于事物发展到极点必然向其反面转化，因此这种变化是有一定的规律的，变中有常。这个规律便是反复与循环，"九营周流，终始贞也"（《玄图》）。事物两个对立面的作用与转化导致事物的发展、变化与循环这一观念，无论在道家哲学还是《易传》中都存在。

天道循环的观点最先出现于《老子》。老子有一个重要的哲学命题："反者道之动。"道的行动是朝对立的方面反复周行的进展，亦即老子所言："周行而不殆。"（《老子》二十五章）老子说："万物并作，吾以观复。"（《老子》十六章）所谓"观复"，即观察世界万物的反复运行。《易传》继承了老子的这一思想，同样认为天道运行的规律乃是循环。《蛊卦·象传》说："终则有始，天行也。"《复卦·象传》也说：

> 复，亨，动而以顺行，"是以出入无疾，朋来无咎"，"反复其道，七日来复"，天行也。"利有攸往"，刚，长也。复，其见天地之心乎？

可见，"复"是天地的本性。有往必有复，往复循环，乃天地之中心规律。所以扬雄的天道循环乃是对老子和《易传》思想的继承，也是中国自然哲学中的传统观点。然后在扬雄这里，这一思想得到了进一步的发展。扬雄将天道变化、发展以及循环的规律数字化了。

据扬雄看来，"三"与"九"是事物运动变化的周期。《玄图》说："一以三起，一以三生"，"极为九营"是"天地之经"，一分为三是事物发展的规则；三三为九，九是一个过程的极点；过九必反。九的循环和扩展是事物发展的规律。

《太玄》的结构与安排正是反映这一规律的。"方州部家，三位疏成。曰：陈其九九，以为数生。赞上群纲，乃综乎名。八十一首，岁事咸贞。"（《玄首都序》）一玄三方，一方三州，一州三部，一部三家，共九九81首。81首统领729赞，似网之于纲。这81首729赞（再加上踦、嬴两赞）就能够反映一年间阴阳消长的全部过程了。

　　扬雄将一年分为九段，即"罗重九行"。每一段以每州第一部第一家的首名命名，合称"九天"："一为中天，二为羡天，三为从天，四为更天，五为晬天，六为廓天，七为减天，八为沈天，九为成天。"（《玄数》）九天的特点如《玄图》中所说：

　　　　诚有内者存乎"中"，宣而出者存乎"羡"，云行雨施存乎"从"，变节易度存乎"更"，珍光淳全存乎"晬"，虚中弘外存乎"廓"，削退消部存乎"减"，降队幽藏存乎"沈"，考终性命存乎"成"。是故一至九者，阴阳消息之计邪。

　　从"一天"到"九天"，就是阴阳二气消长的过程，随着气候的变化，万物表现出潜藏、萌生、发育、壮大、衰落、灭亡的过程。在中天，阳气潜藏于内；在羡天，植物开始萌生；在从天，云雨滋润万物；在更天，植物变化繁多；在晬天，植物繁盛结实；在廓天，植物变得外强中干；在减天，植物逐渐衰退；在沈天，植物降落潜藏；在成天，万物完成结果。然后又开始新一轮的循环。在"一"至"九"的循环中，自始至终都是阴阳二气的消长对事物的变化起作用。

　　扬雄认为，九段循环的运动规律具有普遍意义。《玄告》说：

　　　　玄生神象二，神象二生规，规生三摹，三摹生九据。玄一摹而得乎天，故谓之九天；再摹而得乎地，故谓之九地；三摹而得乎人，故谓之九人。天三据而乃成，故谓之始、中、终。地三据而乃形，故谓之下、中、上。人三据而乃著，故谓之思、福、祸；上欲下欲，出入九虚；小索大索，周行九度。

玄先产生阴阳，进而分化出天、地、人。天道有始、中、终，地道有下、中、上，人事有思、福、祸，合而为"九据"。"出入九虚"是说玄道在空间上有九种方位的运动；"周行九度"是说玄道在时间上按九段循环运行。不仅有"九天"，还有"九地""九人""九体""九属""九窍""九寂""九序""九事""九年"，等等。（《玄数》）

这一规律也可以推至人事，玄道体现在人间福祸的变化上也是九段循环，《玄图》说：

> 故思心乎一，反复乎二，成意乎三，条畅乎四，著明乎五，极大乎六，败损乎七，剥落乎八，殄绝乎九。生神莫先乎一，中和莫盛乎五，倨剧莫困乎九。夫一也者，思之微者也；四也者，福之资者也；七也者，祸之阶者也；三也者，思之崇者也；六也者，福之隆者也；九也者，祸之穷者也。二、五、八，三者之中也，福则往而祸则丞也。九虚设辟，君子小人所为宫也。

一至三为第一小节，是思虑谋划阶段；四至六为第二小节，是福至而隆阶段；七至九为第三小节，是祸至而穷阶段。这是扬雄所揭示的福祸转化的规律。扬雄又说：

> 自一至三者，贫贱而心劳；四至六者，富贵而尊高；七至九者，离咎而犯萏。五以下作息，五以上作消。数多者见贵而实索，数少者见贱而实饶。息与消纠，贵与贱交。福至而祸逝，祸至而福逃。幽潜道卑，亢极道高。（《玄图》）

在事物发展的九个阶段中，第五段是一个分水岭。五以前是生长（"作息"），五以后开始转向消灭（"作消"）。从五至九是"数多"，表面上看起来好像占有利的地位，但其实是个空架子。这是事物在走下坡路阶段的情况。从一至五是"数少"，表面上看起来好像占不利的地位，但其实很充实。这是事物上升阶段的情况。"息"和"消"，"贵"和"贱'，是经常纠缠在一起的。"福至而祸逝"是说祸转化为福，到福至的时候，原来的祸也就没有了。"祸至福逃"是说福转化为祸，到祸至的时候，原来的福也就没有了。"幽潜"和"亢极"、"高"与"卑"的互相转化也是如此。这是将《老子》"祸兮福之所倚，福兮祸之所伏"这一观念用数字化的形式表现出来了。

从整个《太玄》来说，81首的"九天"体现了一年的周期，是大的循环圈；每首的"九赞"则体现了小范围内的波动，是小的循环圈。如"中首"，其首辞是"阳气潜萌于黄宫，信无不在乎中"。整个"中首"表示一年之始，阳气潜生于地下，万物生长的种子已包含在里面。但"中首"本身又是一个小的发展过程："初一"为混沌初始，"次二"为阴阳分立，"次三"始见造物之功，"次四"物性不能大受，"次五"像日正于天，"次六"像月盈而亏，"次七"像秋而物成，"次八"像秋而将败，"上九"像生之终。由此完成一个小的循环。

从《易传》开始，古人对数字便有一种神秘主义的观念，他们似乎认为数字能够反映事物内部的根本规律，数的统一与和谐乃是事物内部根本规律的反映，也是事物相互联系的反映，甚至是事物发生变化的原因与根据。《易传·系辞上》说："天一，地二；天三，地四；天五，地六；天七，地八；天九，地十。"一、三、五、七、九5个奇数为天数，二、四、六、八、十5个偶数为地数。根据筮数中的奇偶变化可以把天下所有的道理都推演出来。又说："天数五，地数五，五位相得而各有合。天数二十有五，地数三十，凡天地之数五十有五，此所以成变化而行鬼神也。"还说："参伍以变，错综其数，通其变，遂成天地之文，极其数，遂定天下之象。"认为"天下之象"都是由"错综其数"而得出的。

时至汉朝，数的神秘主义观念得到了发展。在董仲舒著作中，"人副天数"是天人同类的根据。董仲舒说："天以终岁之数，成人之身，故小节三百六十六，副日数也，大节十二分，副月数也。内有五藏，副五行数也；外有四肢，副四时数也。"（《春秋繁露·人副天数》）董仲舒认为"十是天之大数"，这个大数不仅支配天道的运行，也支配人的生活和生命。"阳气以正月始出于地……而积十月，人亦十月而生，合于天数也。是故天道十月而成，人亦十月而成，合于天道也。"（《春秋繁露·阳尊阴卑》）因此，数被认为是宇宙和谐和天人合一的表征与根据。

汉朝人对于数的神秘性是如此的入迷，他们甚至可以牺牲观察的精确来迁就迎合一些神秘的数字。如太初历规定一个朔望月为 $29\frac{43}{81}$ 日，按19年7闰的规律，回归年的日数为 $365\frac{385}{1539}$ 日。这两个数值都比四分历的误差大。其所以这样定，是因为81这个数字是所谓"黄钟自乘"。黄钟是十二音律之首，"黄钟自乘"就是以其长9寸自乘得81。《汉书》卷二一上《律历志上》说："故，八十一为日法，所以生权、衡、度、量，礼乐所由出也。"把历法的数据和神秘的乐律联系在一起，也就使自己的数据显得神圣、秘奥。这以后，刘歆把太初历改造成三统历，他利用和天文学毫无关系的《易·系辞》中的神秘数字来解释太初历的基本数据，使三统历变得更加神乎其神。一个朔望月是 $29\frac{43}{81}$ 日，即 $\frac{2392}{81}$ 天，刘歆如此论述2392的来历：

> 是故元始有象一也，春秋二也，三统三也，四时四也，合而为十，成五体。以五乘十，大衍之数也，而道据其一，其余四十九，所当用也。故著以为数，以象两两之，又以象三三之，又以象四四之，又归奇象闰十九，及所据一加之，因以再扐两之，是为月法之实。如日法得一，则一月之日数也。（《汉书·律历志上》）

把这番话用公式写下来，就是：

$$月 = \frac{\{[(1+2+3+4)\times5-1]\times2\times3\times4+19+1\}\times2}{81} = \frac{2392}{81} = 29\frac{43}{81}$$

一个简单的观测数据成了魔术般先验的结果。刘歆以此来论证三统历的数据是先验的，是天意巧妙的安排。也正是出于这样的目的，刘歆用了大量的计算来推算在科学上毫无用处的积年，以证明三统循环的历史观。

扬雄的老师严君平也用数的神秘性来为《老子》的结构寻找形而上的依据，

他说：

> 上经配天，下经配地。阴道八，阳道九，以阴行阳，故七十有二首。
> 以阳行阴，故分为上下。以五行八，故上经四十而更始。以四行八，故下经
> 三十有二而终矣。阳道奇，阴道偶，故上经先而下经后；阳道大，阴道小，
> 故上经众而下经寡。（《老子指归·君平说二经目》）

对"三"以及倍数的重视，我们可以溯源至《老子》。老子说："道生一，一生二，二生三，三生万物。"所以"三"在世界万物的形成过程中有特殊意义。这以后，似乎一直存在着两个系统，就是以"二"为基数的二分法和以"三"为基数的三分法。通常讲对立转化之辩证法的重视"二"的重要性。《周易》讲到"易"的发展，用的是二分法。试图以天道明人事的则重视"三"这一数字，因为这一思维方式需要包含天道、地道、人道这三个系列。《周礼·王制》所定的官制分别是三公、九卿、二十七大夫、八十一元士，显然即由"三"的倍数神化而来。

将"三"以及倍数视为自然规律的阶段性基数，至西汉晚期已经成为一种普遍的观念。这似乎与董仲舒尊阳卑阴观念有关。谶纬《春秋元命包》说：

> 阳气数成于三，故时别三月。阳数极于九，故三月一时九十日。
> 阳成于三，列于七，三七二十一，故每州二百一十国也。
> 阳数起于一，成于三，故日中有三足乌。
> 阳立于三，故人脐三寸而结。阴极于八，故人旁八，干长八寸。

"三"是阳数中的成数，其倍数"九"则是阳数中的极数，所以具有特别重要的意义。所以刘歆说："太极元气涵三为一。"他用三分法将这个主题发展成为三统历，而扬雄则用三分法阐述"玄"的发展，乃是同一思想背景下的产物。

以数字表现事物运动、发展、变化、循环的规律是扬雄的一个发明。这个发明有一个缺陷，它无法揭示每一个循环之间有发展、有进化，它无法表现事物螺旋式上升的趋势，因此，它就成了一种周而复始的机械图式。但实际上，正如我们在上文所论述过的，扬雄的思想是重视革新的，但追求数字化的表述方式使得他的世界模式变成了形而上学的机械论。

以天道明人事的思维方式

扬雄创作《太玄》的一个基本出发点是推天道以明人事，以类比的方式从自然的规律中揭示并证明社会人类的基本准则，这也是《周易》、道家的基本思维方式。《四库全书总目提要》说："夫《易》者，推天道以明人事者也。"我们仅在《象传》中就可以找出好多以天道证人理的典型例子：

> 天地交而万物通也；上下交而其志同也。（《泰卦·象传》）
> 天地不交而万物不通也；上下不交而天下无邦也。（《否卦·象传》）
> 天地以顺动，故日月不过，而四时不忒。圣人以顺动，则刑罚清而民服。（《豫卦·象传》）
> 天地养万物，圣人养贤以及万民。（《颐卦·象传》）

在《老子》一书中，我们同样处处可以看到以天道证人事的思维方式：

> 天地不仁，以万物为刍狗；圣人不仁，以百姓为刍狗。（五章）
> 天长地久。天地所以能长且久者，以其不自生……是以圣人后其生。（七章）
> 道常无为而无不为，侯王若能守之，万物将自化。（三十七章）
> 江海之所以能为百谷王者，以其善下之，故能为百谷王。是以圣人欲上

民，必以言下之……是以圣人处上而民不重。（六十六章）

天之道，利而不害；圣人之道，为而不争。（八十一章）

扬雄继承了这一传统的思维模式，试图通过对自然规律的把握，为社会人事服务。他说："观象于天，视度于地，察法以人。"（《解难》）"上拟诸天，下拟诸地，中拟诸人。"（《玄掜》）在《玄莹》中，他更提出了"贵其有循而体自然"的观点：

夫作者贵其有循而体自然也。其所循也大，则其体也壮；其所循也小，则其体也瘠；其所循也直，则其体也浑；其所循也曲，则其体也散。故不攫所有，不强所无。譬诸身，增则赘，而割则亏。故质干在乎自然，华藻在乎人事也。其可损益欤？

在这里，扬雄进一步指出了观察自然现象、把握自然规律中的一个基本原则，那就是主观认识要符合客观实际，要体现自然的原貌，而不能歪曲它。事物有大小曲直之分，则述作有壮瘠浑散之别。"上索下索，遵天之度；往述来述，遵天之术；无或改造，遵天之丑。"（《玄掜》）不夺其所有，不强其所无。事物的性质是客观的存在，人的作用是把它表现出来。

扬雄对自然规律的揭示基本上反映了当时对自然的认识水平。由于将世界的本质属性区分为阴阳两大类别，所以，有对立统一辩证法的发现；从一年四季周而复始的流转和日月星辰的运行中，便有对事物发展中循环性规律的认识。然而，对社会人事准则的准确把握光靠对天道的客观认识是不够的，如他所说的："天地设故贵贱序，四时行故父子继，律历陈故君臣理。"（《玄摛》）"昼夜相承，夫妇系也；终始相生，父子继也；日月离合，君臣义也；孟季有序，长幼际也；两两相阖，朋友会也。"（《玄图》）从天地设、四时行、律历陈，推衍出贵贱、父子、君臣间关系的准则，从昼夜相承、孟季有序、两两相阖中推衍出夫妇、长幼、朋友的关系准则，这里我们不能说他对自然规律的把握不客观、不准确，但是用类比的方式而非逻辑的方式，依然无法得到准确的认识。

实际上，所谓"以天道明人事'，大部分不是从天道推衍人道，而是以天道证明人道，所以扬雄并不能自始至终坚持其客观主义的立场。当事关封建社会的纲常伦理时，他往往是让天道顺从人道了。比如扬雄反复论述："尊尊为君，卑卑为臣；君臣之制，上下以际。"（《玄挍》）"夜道极阴，昼道极阳，牝牡群贞，以摛吉凶，则君臣父子夫妇之道辨矣。"（《玄摛》）"阳动吐，阴静翕；阳道常饶，阴道常乏：阴阳之道也。"（《玄告》）"阴以知臣，阳以知辟；君臣之道，万世不易。"（《常首》）"君子养吉，小人养凶。"（《玄冲》）"君子得位则昌，失位则良；小人得位则横，失位则丧。"（《玄文》）按照扬雄的客观认识和一贯表述，阴和阳是可以互相转化的，但事关上下贵贱的礼教时，他就否定了等级地位相互转化的可能性，从而把这种不平等关系凝固起来。君子永远是君子，小人永远是小人。

又比如，道家认为天道自然，因此自然而然地得出应该无为而治的观点。扬雄尽管也认为天道是自然无为的，他说：

> 或问"天"。曰："吾于天见无为之为矣。"或问："雕刻众形者匪天欤？"曰："以其不雕刻也。如物刻而雕之，焉得力而给诸？"（《法言·问道》）

但推衍到人事时，却否定了自然无为的统治方式：

> 允治天下，不待礼文与五教，则吾以黄帝、尧、舜为疣赘。
>
> 或问"无为"。曰："奚为哉？在昔虞、夏，袭尧之爵，行尧之道，法度彰，礼乐著，垂拱而视天下民之阜也，无为矣。绍桀之后，篡纣之余，法度废，礼乐亏，安坐而视天下民之死，无为乎？"（《法言·问道》）

可见，扬雄"以天道明人事"的立场并不彻底。在很多场合，扬雄认为天道与人道是互为因果的，所以《玄告》说："故善言天地者以人事，善言人事者以天地。"《玄莹》说："一辟、三公、九卿、二十七大夫、八十一元士，少则制众，无则治有，玄术莹之。"扬雄关于朝廷官位等级的这一设想，正是他构思一玄三方九州二十七部八十一家的原型。由于存在一个"人道"的先设立场，所以，很多的"天道"——自然规律，乃是扬雄根据封建社会的宗法秩序倒推而得到的，也就是说，有一些自然的法则，皆非出于客观的研究，而是出于主观的比附。在此处，"人是宇宙的立法者"。

比如关于五行的关系，在扬雄以前的自然论当中，五行是可以相生相克的，它们之间有着互相制约、互相生成的关系。扬雄虽然也承认五行相生相克，但认为它们只能按一种固定方向进行，不可逆转，这是由父子、君臣关系不可倒逆而倒推得出的"天道"。《玄告》说：

> 玄一德而作五生，一刑而作五克；五生不相殄，五克不相逆；不相殄乃能相继也，不相逆乃能相治也；相继则父子之道也，相治则君臣之宝也。

这样转化就不是事物运动的普遍现象，形而上学占了上风。

综上所述，尽管《太玄》的基本思维方式与出发点是"以天道明人事"，但这一"明"并非是"推明"，而是"证明"，即借用自然现象来证明封建社会宗法秩序的合理性与正确性。在证明之前，扬雄心中业已存在一个先设的立场，所以，他无法自始至终坚持他所推崇的客观主义立场，他往往将人道（封建之道）外化为天地之道，反过来论证人适合于天道。《玄文》说：

> 天地之所贵曰生，物之所尊曰人，人之大伦曰治，治之所因曰辟。崇天普地，分群偶物，使不失其统者，莫若乎辟。夫天辟乎上，地辟乎下，君辟乎中。

这种循环论证方式乃是古代思想界常见的通病，在科学认识体系尚未建立以前，这似乎是无法避免的。以天地之道作为儒家纲常伦理的终极依据，这种做法同样渊源于《易传》：

有天地然后有万物，有万物然后有男女，有男女然后有夫妇，有夫妇然后有父子，有父子然后有君臣，有君臣然后有上下，有上下然后礼义有所错。（《序卦》）

女正位乎内，男正位乎外。男女正，天地之大义也。家人有严君焉，父母之谓也。父父，子子，兄兄，弟弟，夫夫，妇妇，而家道正。正家，而天下定矣。（《家人卦·象传》）

在这些论证中，天一直是以自然之天的身份出现的，而抛弃了神灵之天的原始面目。但后来董仲舒为了给三纲五常的儒家宗法伦理道德寻找终极的根据，却继承了部分原始宗教思想，将天视作有意志、有目的的天。因此，我们认为扬雄《太玄》中的思想在董仲舒神学思想占据统治地位的背景下有其特殊意义，他继承的是当时思想界最先进的思想传统。尽管同样是为儒家宗法伦理道德寻找终极根据，这一依据是天的意志还是自然规律，这在思想上是有明显的高下之别的。

扬雄的《太玄》，试图以一个基本的模型和图式来反映最基本的规律，整合一切事物，这种宏大的设想与尝试开始于《易传》与《吕氏春秋》。汉儒利用不同的方法，采用不同的体系，一直在孜孜不倦地尝试，这反映了战国晚期以来思想界对世界万物统一性的坚定信念。

我们在上文说过，在扬雄以前，对世界万物的整合基本上可以区分为两个体系，即阴阳八卦系统和阴阳五行系统。扬雄的最大贡献就在于他既不用八卦系统，也不用五行系统，而是自成一体，自己创立一套新的符号，这套符号表面上看是由方、州、部、家所组成的八十一首系统，但实际用于整合和揭示世界万物及其规律的，乃是阴阳和数字。无论是对自然社会基本规律的反映，还是对各类事物的包容整合，都是由阴阳和数字来完成的。这其中，扬雄利用了传统及当时自然科学的一系列成果。这些成果包括道家的宇宙生成论、儒家的伦理纲常理论，当时流行的天文历法学说以及孟京易学等。这个周密的系统，用现代人的眼光来看，乃是地道的伪知识，但他求知的精神及其运思的方式，在思想史上却占有重要的地位。尤其是在董仲舒以人格化的神灵之天来为儒家伦理纲常进行形而上的论证，该理论享有崇高地位并弥漫一时的时代条件下，扬雄却以自然规律来论证人事准则，这无疑是一个巨大的进步。所以，东汉的唯物主义思想家们对《太玄》极为推崇，桓谭、王充、张衡都将扬雄视作度越诸子而与圣人并列的人物，将《太玄》视为可与五经并列的经典，可见《太玄》那种既精且密的运思和深奥玄妙的表述在东汉知识界中起到了令人惊叹的效果，并产生了深刻的影响。桓谭说："今扬子云文义至深，而论不诡于圣人，若使遭遇时君更阅贤知，为所称善，则必度越诸子矣。"（《汉书·扬雄传下》）王充说："阳成子长作《乐经》，扬子云作《太玄经》，造于眇思，极窅冥之深，非庶几之才，不能成也。"（《论衡·超奇》）在《论衡·对作》篇中再次说："阳成子长作《乐》，扬子云造《玄》，二经发于台下，读于阙掖，卓绝惊耳，不述而作，材拟圣人。"扬雄的《太玄》给予张衡的影响就更大了。张衡说："吾观《太玄》，方知子云妙极道数，乃与五经相拟，非徒传记之属，使人难论阴阳之事，汉家得天下二百岁之书也。复二百岁，殆将终乎？所以作者之数，必显一世，常然之符也。汉四百岁，《玄》其兴矣。"（《后汉书·张衡列传》）在《太玄》的影响下，张衡在《灵宪》一书中，提出了与《太玄》相仿佛的宇宙演化论，认为宇宙初始"厥中惟灵，厥外惟无，如是者永久焉，斯谓溟涬，盖乃道之根也。道根既建，自无生有，太素始萌"。然后才有"混沌不分"之气，"如是者又永久焉，斯谓庞鸿，盖乃道之干也。道干既育，有物成体，于是元气剖判，刚柔始分，清浊异位，天成于外，地定于内"；然后阴阳斯化，"时育庶类，斯谓太元，盖乃道之实也"。又说："天有九位，地有九域；天有三辰，地有三形。"（《后汉书·天文上》注引）张衡还明确提出"自无生有"的命题，其宇宙演化三阶段论，与扬雄《玄摛》的说法类似，其"天元"以及"九""三"为常数的概念，皆受之于《太玄》。

与张衡的预料符合如契，就从汉兴四百年之后的建安开始，有关《太玄》的注解开始兴盛起来。三国时期为《太玄》作注或指归的分别有宋衷、陆绩、虞翻、王肃、李譔、陆凯等人，晋朝则有范望。这其中，宋衷、李譔、王肃偏重于发挥义理，陆绩、虞翻、陆凯、范望等偏重象数揲蓍。由于王弼家族与宋衷家族有着相当直接的关系，所以，以王弼为代表的魏晋玄学学派间接地继承了以宋衷为代表的荆州学派，王葆玹认为《太玄》乃是魏晋玄学的源头之一。确实，《太玄》仿《易》的做法，可能与魏晋玄学重《易》的特点有某种联系；魏晋玄学中的某些概念、词句渊源于《太玄》。尽管我们不能将《太玄》对魏晋玄学的影响估计太高，但我们仍可将《太玄》视作继《老子指归》之后，两汉哲学向魏晋玄学发展的中间环节之一。

第六章

剧秦美新

——易代之际的扬雄

西汉时期一直流传着"三七之厄"的谶言。在王莽主政的那几年里,制定了一系列重教、劝学、兴礼的政策,王莽拉拢知识分子,不断鼓励地方官员上报各种祥瑞。当时的中国,似乎市无二价,官无狱讼,邑无盗贼,野无饥民,道不拾遗,莺歌燕舞,祥瑞迭出。知识分子和一般平民欢欣鼓舞,深感改朝换代是出自天意。就在这种气氛下,扬雄创作了为后人诟病的《剧秦美新》,表现出书斋型知识分子在政治上的天真。

王莽专权

元寿二年六月初三日（前1年8月15日），哀帝驾崩，年仅二十五岁，没有留下儿子。太皇太后任用王莽为大司马，与王莽一起召请中山王为哀帝的继承人，他就是平帝。平帝这年九岁，染病在身，太后上朝摄政，将政务委托给王莽，王莽开始独断朝纲。

王莽字巨君，是孝元皇后弟弟王曼的儿子，王曼很早就去世了。王莽早年的行为非常受人称道，他的叔伯兄弟都是将军五侯之子，奢侈淫靡，唯独王莽孤苦贫困，因而屈节事人，恭敬节俭。他拜沛郡陈参为师，学习《礼经》，勤奋博学，穿着如同普通儒生。他侍奉母亲及寡嫂，抚养哥哥的儿子，行为检束而端正。

阳朔年间，他的伯父大将军王凤患病，王莽侍奉他，亲尝汤药，蓬首垢面，几个月未曾脱衣睡觉。王凤临死时托请太后和皇帝拜王莽为黄门郎，所以，王莽曾和扬雄做了一段时间的同僚，彼此都很了解。不久，王莽升为射声校尉。过了很久，王莽的叔父成都侯王商上书说，愿分出自己的食邑封给王莽，当时的名士们也都为王莽说话，皇上因此认为王莽是贤才。从此以后，王莽在王氏家族及朝廷的地位快速上升。

永始元年（前16年），王莽被封为新都侯，封地在南阳新野的都乡，食邑一千五百户，又升任骑都尉光禄大夫侍中。王莽在宫中值宿警卫，谨慎认真，而且他地位越是尊贵，为人越是谦恭。他还布施车马衣裘，赈济门下宾客，家无余财。他收留赡养名士，结交了很多将相卿大夫。身居高位的人都推荐他，游士也为他到处宣扬，他的声名开始超过叔伯们。

王莽的哥哥王永为一般属吏，死得很早，他有个儿子叫王光，王莽让他在博士门下学习。王莽还奉献羊肉、美酒慰劳王光的老师，而且恩惠还遍及王光所有的同学。

王光年纪比王莽的儿子王宇小，王莽让他们同一天娶妻，当天宾客满堂。这时，有个人前来告知王莽，太夫人苦于病痛，应服饮某种药，王莽便数次起身去探望太夫人，直到宾客散去。王莽曾暗地买下一个婢女，兄弟中有人知道了这件事，王莽便说："后将军朱子元无子，我听说这个婢女善生育，特地为他买来的。"当天就把这个婢女赠给朱子元。王莽以此获得仁孝的名声。

绥和元年（前8年），王根请求退休，推荐王莽代替自己，皇上提升王莽为大司马。这一年，王莽三十八岁。

经历了哀帝年间的被请退，现在王莽重新执掌朝政。他不断鼓励地方官员上报各种祥瑞。平帝时期，全国各地每年都传来各种好消息。

元始元年（1年）正月，王莽暗示益州地方官，让塞外蛮族自称越裳氏部落，向天子进献一只白野鸡、两只黑野鸡。

元始二年（2年）春季，黄支国贡献犀牛。黄支国在南海，距京师三万里。王莽想要炫耀他的威望和盛德，所以先向黄支国王赠送厚重的礼物，再让国王派遣使节到长安上贡。

王莽的笼络涉及社会各个阶层。他首先褒奖赏赐宗室和群臣。大量宗室被封为王侯；又赐太仆王恽等二十五位大臣以爵位，均为关内侯；又命诸侯王公、列侯、关内侯，凡无儿子，但有孙辈或有同母兄弟的儿子的，都可作为继承人；皇族近亲支系的后裔，因犯罪而被开除宗室谱籍的，恢复原来的身份；全国官秩为比二千石以上的官员，年老退休的，以原俸禄的三分之一作为退休金，直到死亡。

然后对平民百姓、鳏夫寡妇甚至罪犯，都使用恩惠照顾政策，无所不施。让天下凡已判定徒刑的女犯人，缴一部分钱，准予释放回家；每乡核定一名贞节女子，免除她家的徭役；派遣十三名大司农部丞，一人一州，劝导农民从事耕田植桑；赦免天下囚犯；派遣执金吾侯陈茂，劝说江湖盗匪成重等二百余人投降，并把他们送回各自的家乡，为当地官府服劳役。

当时郡国发生大旱灾、蝗灾，青州尤其严重，人民逃荒流亡，但王莽却非常好地利用这次灾异，将坏事办成了好事。他建议太皇太后改穿没有花纹的丝帛服装，减省御用膳食，以向天下表示克己奉俭，自己则拿出百万钱和三十顷的田地，交付大司农以救助贫民。于是公卿大臣都敬仰而仿效，共有二百三十人捐献田宅，把这些田宅按人口数分配给贫民。为了救助无家可归的贫民，在长安城中兴建五个里，盖民宅二百所，用来安置贫民。

在外交上，平帝时期的中国也极其强势。王莽想显示太皇太后的威望和恩德已达至盛，超过了前代，以此来取悦王政君，就用丰厚的赏赐暗示单于，让单于派遣王昭君的女儿须卜居次云到长安侍奉太后。

在汉朝的强大压力下，匈奴送回了逃亡到他们那里的叛臣车师后王姑句和去胡来王唐兜。王莽下诏召集西域各国国王到长安，陈列军队，当众斩杀姑句、唐兜。又规定：凡逃亡到匈奴的中国人，凡逃亡到匈奴的乌孙国人，凡投降匈奴的西域诸国佩戴中国印信绶带者，凡投降匈奴的乌桓人，匈奴一律不准接纳。让使者暗示单于应该上书表示仰慕中国文化风俗，要改成一个字的名字。单于听从了，上书说："我有幸能充当中国的藩国臣属，对太平圣制十分喜欢，我原名囊知牙斯，现在谨改名叫'知'。"总之，平帝时期，西汉有了一种万国臣服的气象。

而王莽竭力拉拢的，是知识分子，为此，他制定了一系列重教劝学兴礼的政策。他在各郡、各封国、各县、各城、各乡、各村，都设置学官。按照刘歆等人的建议，兴建明堂、辟雍和灵台，给学者建筑宿舍一万间，规模十分宏伟。在太学设立《乐经》课程，并增加博士名额，每一经各五人。征求全国精通一经、教授弟子十一人以上的经师，以及藏有散失的《礼经》、古文《尚书》、天文、图谶、音乐、《月令》、《兵法》、《史籀》文字，通晓它们意义的人，让他们都前往公车衙门。收罗全国具有卓越才能的士人，让他们都到朝廷上记录自己的学说，打算让他们订正流传的错误，统一各种有分歧的说法。

夏季，安汉公王莽奏报关于车马和穿着的制度，针对全国官吏平民的日常生活、丧葬送终、男婚女嫁，以及奴婢的买卖和待遇、田地房产的转移、各种用具，等等，分别订立等级，又设置祭祀五谷的神庙。王莽征召深明古礼的少府宗伯凤，到宫廷讲解充任继承人的大义，并建议由太皇太后下令，公卿、将军、侍中及文武百官，都要听讲，目的在于对内训诫天子，对外消除百姓的议论。

总之，当时官方的描绘是，全国市无二贾，官无狱讼，邑无盗贼，野无饥民，道不拾遗，男女行道异路，对罪犯也不采用肉刑，而是用象刑。所以，平帝时期的中国，莺歌燕舞，祥瑞迭出，知识分子和一般平民欢欣鼓舞，深感他们理想中的时代马上就要到来了。

就在这种气氛下，扬雄开始了他最重要的作品《法言》的创作。他在《法言》中赞扬说："汉德其可谓允怀矣。黄支之南，大夏之西，东鞮、北女，来贡其珍。汉德其可谓允怀矣，世鲜焉。"所谓"允怀"就是使人归顺，汉朝的德行能够招来这么多远方边民的归顺。又说："汉兴二百一十载而中天，其庶矣乎！辟廱以本之，校学以教之，礼乐以容之，舆服以表之。复其井、刑，勉人役，唐矣夫。"并对王莽给予高度评价："周公以来，未有汉公之懿也，勤劳则过于阿衡。"这大概可以代表当时知识分子对于朝政、对于王莽的一般态度。

文化建设

　　随着王莽掌权之后对礼乐文化的重视，学识渊博的扬雄较多地承担了一些事务性的文化建设工作。这一时期他从事的工作之一是《训纂》的编写。

　　秦始皇统一六国之后，开始着手"书同文字"的工作，对汉字进行了一次大规模的整理，规定以小篆作为标准文字，从而结束了战国时代"文字异形"的混乱局面。为了配合这项工作，当时的大臣如李斯、赵高、胡毋敬等均写了识字课本，它们分别是《仓颉》《爰历》《博学》。至汉朝时，人们将三书合为一本，总名《仓颉》。

　　西汉时期，国家对文字的教育十分重视，识字的多少，直接关系到能否得官。学童17岁考试，要能背诵讲解九千字才能做郡县掌文书的"史"；又要考六种字体，合格的才能做中央掌管文书的尚书御史史书令史。吏民上书，字写得不工整，要处罚，赏与罚都很重。此时，文字又经历了一次省易的变革，隶书兴起，社会上文字的混乱局面又开始形成，因此需要新的字书来替代秦篆书写的课本。这时期，出现了司马相如的《凡将篇》、史游的《急就篇》和李长的《元尚篇》，这些字书中的字都取自《仓颉》中的正字。随着时代的推移，《仓颉》中的3300字已经不敷应用。元始五年（5年），朝廷"征天下通小学者以百数，各令记字于庭中"。而写作大赋，认识奇字僻字乃是最基本的功夫，所以，扬雄对当时的字书以及各体文字均有相当的研究，他将这数百名学者所记之字，挑选出有用者，作成《训纂》，以接续《仓颉》，并将《仓颉》中的重复之字改易，共

89章，成为当时包容最富的文字读本。

扬雄从事的另一项工作是《州箴》《官箴》的写作。元始五年，王莽上奏，以汉家廓地辽远，州牧行部远者3万余里，原定的九州之设不足以表明汉地之广，宜依《尧典》划分为12州。并以经义正12州名与分界，以应正始。在王莽划定12州之后，扬雄创作了《州箴》12篇及《官箴》25篇共37篇。

第三项工作是续写《史记》。平帝以后，扬雄开始了续写《史记》的工作，虽然没有完成，但对班彪、班固以后写作《汉书》提供了相当多的方便，产生了深刻的影响。

第四项工作就是《琴清英》的写作。桓谭曾说："扬子云大才而不晓音。"以桓谭对扬雄的推服，此话应是实情。然而，我们也必须看到，桓谭是一个音乐素养极高的专家级人物，善鼓琴，担任过王莽时期的典乐大夫，并著有《琴操》。他是以一个较高的标准要求扬雄的。以扬雄追求知识时那种求深求博的热诚，他不可能对在当时意识形态领域中占据重要地位的音乐一无所知。扬雄曾撰有《琴清英》一书，此书已佚，但各种类书尚保留了几条，我们据此可以了解此书的大致面目：

> 昔者神农造琴，以定神禁淫辟去邪，欲反其真者也。舜弹五弦之琴而天下治，尧加二弦，以合君臣之恩也。（《太平御览》卷五百七十七引）
>
> 尹吉甫子伯奇至孝，后母谮之，自投江中，衣苔带藻。忽梦见水仙，赐其美药。思惟养亲，扬声悲歌，船人闻而学之。吉甫闻船人之声，疑似伯奇，援琴作《子安之操》。（《太平御览》卷五百七十八引）
>
> 《雉朝飞操》者，卫女傅母之所作也。卫侯女嫁于齐太子，中道闻太子死，问傅母曰："何如？"傅母曰："且往当丧。"丧毕，不肯归，终之以死。傅母悔之，取女所自操琴于冢上鼓之，忽有二雉俱出墓中。傅母抚雌雉曰："女果为雉邪？"言未毕，俱飞而起，忽然不见。傅母悲痛，援琴作操，故曰《雉朝飞》。（《艺文类聚》卷九十、《太平御览》卷五百七十八引）
>
> 晋王谓孙息曰："子鼓琴，能令寡人悲乎？"息曰："今处高台邃宇，

连屋重户，藿肉浆酒，倡乐在前，难可使悲者。乃谓少失父母，长无兄嫂，当道独坐，暮无所止，于此者，乃可悲耳。"乃援琴而鼓之。晋王酸心哀涕，曰："何子来迟也。"（《太平御览》卷五百七十七引）

祝牧与妻偕隐，作琴歌云："天下有道，我黼子佩，天下无道，我负子戴。"（马骕《驿史》引）

从上引数条我们可以看出，《琴清英》所记载的大多是与音乐有关的历史故事与传说，至少我们可以说，扬雄具有十分丰富的音乐史知识。据说，王莽将《琴清英》当作乐经立于学宫。

《逐贫赋》

尽管全国喜讯不断，但扬雄的个人生活却连遭不幸。大概就在平帝即位前后，扬雄的两个儿子相继死去。

扬雄的次子扬乌是当时有名的神童，9岁时就帮助扬雄创作以艰深著称的《太玄》，很多史料都提及过他。扬雄在《法言·问神》中说："育而不苗者，吾家之童乌乎！九龄而与我《玄》文。"《华阳国志》卷十二《序志·益梁宁三州先汉以来士女目录》中记载："文学神童扬乌，雄子，七岁预父《玄》文，九岁卒。"这说法不准确，应该以扬雄的自述为准。《太平御览》卷三八五引刘向《别传》说：

> 扬信字子乌，雄第二子，幼而明慧。雄笔《玄经》，不会，子乌令作九数而得之。雄又疑《易》"羝羊触藩"，弥日不就。子乌曰："大人何不曰'荷戟入榛'？"

聪慧儿子的早逝给已入晚年的扬雄的打击是可想而知的。《太平御览》卷五五六引桓谭《新论》云："扬子云为郎，居长安，素贫，比岁亡其两男，哀痛之，皆持归葬于蜀，以此困乏！"

汉朝本来就有厚葬的习俗，归葬蜀地，费用更是浩大，所以原本贫困的扬雄一下子陷于破产，这应该是扬雄生活最贫困的时期。我们并不知道《逐贫赋》写作于什么时候，姑且就在这儿介绍一下这篇赋作。

在赋中，作者将"贫"拟人化，作者自己——"扬子"与之对话，其中颇多讽世之语，从而使得此赋富有思想意义。此赋开篇说：

> 扬子遁居，离俗独处。左邻崇山，右接旷野，邻垣乞儿，终贫且窭。礼薄义弊，相与群聚。惆怅失志，呼贫与语："汝在六极，投弃荒遐。好为庸卒，刑戮相加。匪惟幼稚，嬉戏土砂。居非近邻，接屋连家。恩轻毛羽，义薄轻罗。进不由德，退不受呵。久为滞客，其意谓何？"

扬雄在崇山旷野离群独处，邻居是一个乞儿——"贫"，不但穷而且不懂礼义。对此，作者感到非常失意，把"贫"喊来说："你是六种极讨人厌的事物之一，应该被投弃在边远荒僻之地，如同罪犯一样，刑戮相加。你又不是玩泥沙的小孩，我和你并不是屋宇相接的近邻，毫无恩义可言，进退都可随意，为什么长期在我这儿不走了呢？"

> 人皆文绣，余祸不完。人皆稻粮，我独黎飧。贫无宝玩，何以接欢？宗室之燕，为乐不槃。徒行负笈，出处易衣。身服百役，手足胼胝。或耘或籽，沾体露肌。朋友道绝，进官凌迟。厥咎安在？职汝为之。

别人穿着绣着花纹的锦衣，而我连粗麻织就的衣服都不完整；人人都吃精米，我却只能吃粗劣的饭菜。因为贫穷，没有珍宝与玩物，无法享乐；在宗族的宴席上也不快乐。每天徒行负重，平日衣衫太褴褛，出门需要专门更换衣裳。什么活都干，手脚都磨出了老茧。整日在田地里赤着膊，不是耕种就是培土。朋友断交，仕途蹭蹬，都是你干的好事！

> 舍汝远窜，昆仑之颠；尔复我随，翰飞戾天。舍尔登山，岩穴隐藏；尔复我随，陟彼高岗。舍尔入海，泛彼柏舟；尔复我随，载沉载浮。我行尔动，我静尔休。岂无他人，从我何求？今汝去矣，勿复久留。

我曾经试图抛下你远窜昆仑之巅，你跟着我飞到高处；扔下你躲藏岩穴，你依然将我跟随。把你扔在大海中，你却坐着船，跟着我载沉载浮。我行你也动，我静你也休。难道没有他人了吗？跟着我想得到什么呢？希望你今天离开我，不要再久留了。

贫曰："唯唯。主人见逐，多言益嗤；心有所怀，愿得尽辞。昔我乃祖，宣其明德。克佐帝尧，誓为典则。土阶茅茨，匪雕匪饰。爰及季世，纵其昏惑。饕餮之群，贪富苟得。鄙我先人，乃傲乃骄。瑶台琼榭，室屋崇高。流酒为池，积肉为崤，是用鹄逝，不践其朝。

"贫"说："好的。被主人驱逐，说多了更令人讨厌。但我希望把自己心里想的都说出来。我的祖先有着美好品德，帮助过帝尧，他把我祖奉为典则。那个时候，他们住的是没有雕饰的茅草土坯房。直到末世，后人才放纵他们的昏聩，那群饕餮之徒，贪图富贵不从正道而得，鄙弃我的先祖，骄纵傲慢。住进了琼台玉宇、高楼大厦。酒流为池，肉积为山。因此我如鸿鹄高飞远辞，不再踏足朝廷。

"三省吾身，谓予无愆。处君之家，福禄如山。忘我大德，思我小怨。堪寒能暑，少而习焉；寒暑不忒，等寿神仙。桀跖不顾，贪类不干。人皆重蔽，予独露居；人皆怵惕，予独无虞！"言辞既磬，色厉目张，摄齐而兴，降阶下堂。"誓将去汝，适彼首阳。孤竹二子，与我连行。"

"我多次反省，觉得自己并无过错。待在您家里，使您福禄如山。您忘记了我的恩德，却记着我的小怨。您怎么会既能耐寒又能忍暑？就是因为打小就习惯了；冷热对您都没有影响，您就能够像神仙一样长寿。由于我的存在，暴君和盗贼都不会光顾。别人都要重门高锁，您可以露天独居；别人都会提心吊胆，只有您从不担忧。"说完后，"贫"色厉目张，一撩衣襟，走下台阶，离开室堂：

"我发誓要离开您，到首阳山和伯夷、叔齐相伴。"

> 余乃避席，辞谢不直："请不贰过，闻义则服。长与汝居，终无厌极。"贫遂不去，与我游息。

我离开座席，一再表示歉意："请允许我不再犯同样的错误，听到了正确的道理就一定遵守。今后就长期与你相伴，再也不会厌恶你。"于是"贫"再没有离开，一直和我游息相处。

此赋表面上是"贫"在教育"扬子"，实质上是作者借"贫"的答辞以讽世，批判不合理的社会现实。在作者看来，富贵常和罪恶联系在一起，他赞美以清贫为美德的治世之君"帝尧"，谴责荒淫奢侈的黑暗"季世"，把经济上的贫富与政治上的治乱联系起来观察问题。它既是作者"不汲汲于富贵，不戚戚于贫贱"的生活态度的表白，同时也讥刺了当世奢侈之风，这使得作品获得了非常深广的批判意义。钱钟书认为此赋为诸赋之"巨擘"，"创题造境，意不犹人"，其风格"诙诡"。此赋首先运用拟人化的手法和轻松诙谐笔调来抒发作者的无奈。篇制虽短，却一波三折，富于跌宕起伏的美感。短短五百字左右的小赋，极尽周折回旋之能事，体现出作者驾驭文章的高超技巧。

扬雄的这篇赋对后世产生了极大的影响，明人张溥说："《逐贫赋》长于《解嘲》《释愁》《送穷》，文士调脱多原于此。"（《汉魏六朝百三家集题辞》）六朝以降，写这类拟人调脱文章的人很多，鲁褒的《钱神论》、韩愈的《送穷文》都是此中的名篇。扬雄对这类文章的开创之功是不言而喻的。

不过，《逐贫赋》是否为扬雄所作我们还应该存疑。此文《初学记》《艺文类聚》《太平御览》各引一次。全文最早出于《古文苑》。尽管《逐贫赋》在内容上没有如《太玄赋》那样的矛盾，但此赋从押韵情况来看，似乎不像是西汉的韵部。如"家"，在西汉读如（古代注音、释义专用语）"姑"，"曹大家"（即班昭）至今还读如"曹大姑"，但在《逐贫赋》中，却是"遇""加""砂""家"通押，这更接近唐朝的用韵习惯。另外，扬雄所用的几乎所有的文体（如像赞、连珠、箴铭、颂诔等），在东汉魏晋南北朝之间不断有人模仿，而像《逐贫赋》这样风格十分独特、手法十分新奇的作品数百年间无一人效仿，一直要到唐朝后才有人使用这种奇特的拟人手法，这也是较为可疑的。不过，尽管有这些疑问，要认定它是伪作，证据还是不够充分的，我们只能说"真伪皆无显据"，在此我们仍将它视作是扬雄的作品。

新朝代汉

从汉昭帝时开始，汉朝的知识分子私下里流传一个预言：汉朝的气运就要转移。更有人预测，这个气运的转移将会发生在汉朝建立二百一十年的时候。

这是"五德终始"学说和天人感应、阴阳灾异学说流行后的必然结果。

战国末期，有个齐国方士叫邹衍。他曾提出过一套理论，世界万物都可归类为土、木、金、火、水五种德性，每个朝代都有自己所主的德性。五行之间，有着相生相克的关系。从相生来说，是金生水，水生木，木生火，火生土，土生金；从相克来看，是金克木，木克土，土克水，水克火，火克金。下一个王朝灭掉上一个王朝，遵循着相克的规律。历史就是"五德"之间的相继更替，周而复始，完成一个又一个的循环。

拿汉以前的朝代来讲，黄帝时期曾经出现过一条巨大的蚯蚓，所以黄帝属于土德，尚黄色。后来夏朝建立，有青龙盘旋，表明夏朝属于木德，尚青色，这属于木克土。后来是商朝，金德，尚白色，金克木，灭了夏。周朝火德，尚赤色，火克金，灭商。因为秦朝灭了周，所以大家（包括秦人自己）都认为秦朝属于水德。水德在颜色中为黑，因此秦的官服是黑色的，老百姓叫"黔首"，"黔"就是黑色的意思。汉初的时候，对汉朝的德性有过争议，到了武帝时，确定汉朝属于土德，色尚黄。

这就是所谓"五德终始说"。相信"五德终始说"就意味着没有永远的王朝，现存的王朝一定会被别的王朝所替代。那什么时候能够看出天运转移了呢？

从武帝开始，研究春秋公羊学的经师董仲舒创立了一套天人感应的神学体系。这套理论体系主要有两个方面的内容。第一叫作灾异谴告说，认为灾异实际上就是天意的显现。天子违背了天意，不行仁义，天就通过灾异进行谴责。若"谴之而不知，乃畏之以威"。第二叫天人同类说，认为"天有阴阳，人亦有阴阳，天地之阴气起，而人之阴气应之而起；人之阴气起，而天之阴气亦宜应之而起"。人的道德行为也可以引起气的变化而相互感应，君主、大臣、百姓志平而气正，那么天地万物都会表现得和谐清明；君主、大臣、百姓志僻气逆，那么天地万物就会产生各种灾害。"天命靡常"，天任命圣君亦惩罚暴君，天可以给你国家，也可以夺走它。天命予夺通过祥瑞或灾异为其预兆，如果逆天而行暴政，而且不知警惧改变，那么天命就要转移，政权就会难保。

董仲舒在当时提出这套理论，深层的目的显然是为汉朝政权的建立提供天命依据，进行合法性证明。但董仲舒毕竟属于儒家，他的天人感应思想不仅仅是为现任统治者的各项活动寻找理论依据，同时也利用天命约束人君，借天以限制人君的独裁。

很显然，"五德终始说"是一种历史循环论，它认为每一个朝代都有自己的符应，每一个朝代也都有自己的终结，当其终结之时，必然会有另一个受天之命的朝代来代替它。按照这种学说，即便是始终实行仁政，也有天命改变的一天。这种理论配合灾异学说，那么，必然会得出这么一个结论，当各种灾异征兆来临之时，那就意味着天命更改，需要改朝换代了。这种意识乃是汉代儒生的普遍观念，所以，汉朝儒生不像后世拘儒，将忠于一家一姓视作是知识分子最优秀也是最基本的道德品行，在他们看来，顺从天意、忠于天命才是知识分子的根本使命，为此，他们不惜冒杀身之祸，抗疏直言，多次论述汉朝气数已尽这类在后世拘儒看来不可思议的观点。这类例子比比皆是：

昭帝元凤三年（前78年）正月，在泰山郡莱芜山南，数千名百姓看到有大石自己立了起来，这块石头高一丈五尺，大四十八围，入地深八尺，三石为足。石立后，有白鸟数千聚集在石头旁边。同一时期，昌邑有一枝枯萎了的社木又复活了。上林苑中的一棵大柳树本来断枯卧地，也自立起来复活了，而且有虫啃咬树叶，其痕迹形成了一行文字："公孙病已立。"鲁国人眭孟按《春秋》之意推测，认为："石、柳都是阴类，是下民的象征。泰山是岱宗中最高的山，是王者易姓向天祭祀祷告的地方。现在大石自立，僵柳复活，不是人力所为，这是有匹夫做天子的预兆。"眭孟就游说："先师董仲舒有言，即使继文王之体守文王之法度的国君，也不妨碍圣人的受命。汉家是尧的后人，有传国的命运。汉帝应寻找天下贤人，把帝位禅让给他，让他像殷、周二王那样来顺承天命。"眭孟虽然被判了死刑，但这种观念却影响深远。

从汉武帝时代起，在汉朝的士大夫中间，一直相信汉朝将会有一个"三七之厄"，也就是说汉朝的气运只有210年。路温舒是宣帝时人，跟其祖父学过历数天文，曾断言汉朝只有二百一十年，并秘密上奏预为戒备。成帝时，谷永也曾说过同样的话。元延元年（前12年），因为发生灾害和变异，成帝广泛地征求群臣的意见。北地太守谷永回答说："陛下继承西汉八位皇帝的功业，正当阳数中的末季，接近二百一十年的劫数，遭逢《易经》上'无妄'卦的命运，正当'百六'之灾难，三种灾难性质都不一样，但却掺杂会合在一起。"成帝为汉朝第九世第八帝（吕后为一世，但不能算帝），而九世当阳数标季，是一难；汉朝建国快210年了，适合三七，七亦阳数，其运三终，为二难；自汉武帝改历纪元也快106年了，为三难。如果三难异科同会，说明历数已终，大命莫续矣。

哀帝时甘忠可的弟子渤海人夏贺良等多次被哀帝召见，他向哀帝述说："汉朝的历运中衰，应当重新受命。孝成皇帝没有应合天命，因此断绝了后嗣。如今陛下患病已久，天象变异屡屡发生，这是上天在谴责和警告人们。应该赶快改换年号，才能延年益寿，诞生皇子，平息灾害变异。明白了这个道理，却不实行，灾祸就会无所不有：洪水将会涌出，大火将会燃起，冲淹和焚毁人民。"哀帝久病在床，希望更改年号能带来改变，就听从夏贺良等人的建议，下诏大赦天下，并改建平二年为太初元年，自称"陈圣刘太平皇帝"，还把计时漏器的刻度改为一百二十度。

采取的措施没有应验，夏贺良等人处死的处死、流放的流放。但此事值得我们注意的是，哀帝一开始完全接受了汉历中衰的观点，而且也确实采取了大赦、改元、改号等政治性、象征性的举措，试图来顺应天命，虽然因为种种原因（主要是复杂的政治关系：成帝年间甘忠可之狱乃刘向所治，所以遭到刘歆反对；而李寻等人最终要取代全部卿相大臣，树敌太多；另外，采取改元等措施后哀帝疾病依旧；等等），最后李寻等人又以诛死、流放告终，但汉祚已衰，新圣将起，已成为人们经常谈论的话题。汉朝面临着前所未有之灾难，只有靠改朝换代来摆脱是当时人们的共识。于天有五德三统，于古有禅位让贤，"新圣"的出现有充分的理论根据，连宗室刘向都有这种议论："王者必通三统，明大命所授者博，非独一姓也广。"

平帝即位时，离汉朝建国203年，离武帝改历纪元105年，大家似乎都在期盼着新圣的出现来代替汉朝。平帝即位五年后，崩于未央宫。王莽立年仅二岁的孺子婴为帝，抱着他举行了即位仪式。

这时候，天意果真显现了。平帝去世的当月，前辉光谢嚣奏报，武功县长孟通疏浚水井挖得了一块白石头，上部是圆形，下部是四方形，有朱红文字写在石头上，文字是"宣告安汉公王莽为皇帝"。自此之后，相关符命接二连三出现。广饶侯刘京奏报齐郡冒出一口新井，车骑将军千人扈云奏报巴郡发现一头石牛，太保属臧鸿奏报扶风雍县发现仙石。王莽都欣然接受。梓潼县人哀章在长安学习，看见王莽居位摄政，就制造了一只铜柜，做了两道标签，一道写作"天帝行玺金匮图"，另一道写作"赤帝行玺某传予黄帝金策书"。所谓某，就是刘邦的名字。那策书说王莽是真天子，皇太后应遵照天意行事。

戊辰日（二十五日），王莽到高帝祭庙拜受天神命令转让统治权的铜柜。他戴上王冠，进见太皇太后，回来便坐在未央宫的前殿，发布文告说："我德行不好，幸赖是皇初祖黄帝的后代，是皇始祖虞帝的子孙，又是太皇太后的微末亲属。皇天上帝予以隆厚的庇佑，令我继承大统。符命、图文、金柜中的策书，都是神明的诏告，把天下千百万人民托付我。赤帝汉朝高皇帝的神灵，秉承上天的命令，传给我转让政权的金策书，我非常敬畏，敢不敬谨接受！根据占卜，戊辰日（二十五日）是吉日，我戴上王冠，登上真天子的座位，建立'新王朝'。决定改变历法，改变车马、服饰的颜色，改变供祭祀用的牲畜的毛色，改变旌旗，改变用器制度。把今年十二月朔癸酉（初一）定为始建国元年正月的初一，把鸡鸣之时作为一天的开始。车马、服饰的颜色配合土德崇尚黄色，祭祀用的牲畜与正月建丑相应而使用白色，使者符节的旄头旗幡都采用纯黄色，写上'新使五威节'，表明我们是秉承皇天上帝的威严命令。"

就这样，王莽建立了新朝。

《剧秦美新》

　　始建国元年，刚建立新朝的王莽为笼络天下，下令封拜卿大夫、侍中、尚书官数百人。62岁的扬雄在黄门侍郎这个官职上待了20年，终于随大流晋升为中散大夫。就在这一年，他仿照司马相如的《封禅文》，给王莽献上了一篇奏书，这就是一直为后世诟病的《剧秦美新》。在文中，扬雄首先对王莽及王氏家族对他的提拔表示了感恩之意："臣雄经术浅薄，行能无异，数蒙渥恩，拔擢伦比，与群贤并。愧无以称职。"然后对王莽进行了极其夸张的歌颂：

　　　　臣伏惟陛下以至圣之德，龙兴登庸，钦明尚古，作民父母，为天下主，执粹清之道，镜照四海，听聆风俗，博览广包，参天贰地，兼并神明，配五帝，冠三王，开辟以来，未之闻也。

　　这种口吻一方面可能出于扬雄对王莽确有好感，但赋家固有的夸饰之风格也是造成这种虚辞溢美的原因。后世批评此文为"谀文"是有道理的。

　　　　臣诚乐昭著新德，光之罔极。往时司马相如作封禅一篇，以彰汉氏之休。臣常有颠眴病，恐一旦先犬马填沟壑，所怀不章，长恨黄泉，敢竭肝胆，写腹心，作《剧秦美新》一篇。虽未究万分之一，亦臣之极思也。

我非常乐意彰显光大新朝的德政，使其无以复加。以前司马相如曾经写作《封禅》一文，以彰明汉朝的美善。我患有癫痫病，深怕有朝一日离开人世，我的感情无法表明，留下永远的遗憾。所以，我竭尽自己的忠心赤胆，写作这篇《剧秦美新》，虽然并不能表达万分之一，但也是我极尽心思、缜密思考的结果。

然后历叙了自天地初始到春秋时期仲尼作《春秋》的历史，开始对秦政进行批判：

> 独秦屈起西戎，邠荒岐雍之疆，因襄文宣灵之僭迹，立基孝公，茂惠文，奋昭庄，至政破纵擅衡，并吞六国，遂称乎始皇。盛从鞅仪韦斯之邪政，驰骛起翦恬贲之用兵。划灭古文，刮语烧书，弛礼崩乐，涂民耳目。遂欲流唐漂虞，涤殷荡周，谯除仲尼之篇籍。自勒功业，改制度轨量，咸稽之于秦纪。是以耆儒硕老，抱其书而远逊；礼官博士，卷其舌而不谈。来仪之鸟，肉角之兽，狙犷而不臻；甘露嘉醴，景曜浸潭之瑞潜；大菑经贯，巨狄鬼信之妖发。神歇灵绎，海水群飞。二世而亡，何其剧与！

在叙述了秦国崛起发展的历史后，对秦国实施的一系列政策，包括焚书坑儒、破坏礼乐、塞民耳目、统一度量衡等等都进行了批评。由于秦朝实行毁灭文化特别是灭绝儒家的政策，年高德劭的儒者抱着书而远逃，礼官博士们只能卷起舌头保持沉默，凤凰与麒麟因受惊而离去，再也没有出现，甘露、醴泉、景星这些祥瑞都潜藏了起来。相反，却出现了彗星孛入北斗、流星坠地、巨人出现、夷狄之患见于临洮、"祖龙死"的预言等不祥之兆。神灵不再保佑，天下动乱。

叙及汉朝历史时，虽然略有赞美，指出其"摘秦政惨酷尤烦者，应时而蠲，如儒林、刑辟、历纪、图典之用稍增焉"，蠲除了秦政中最为惨酷烦琐的部分，增加了儒林、刑辟、历法、图典这样的文治，但也尖锐指出汉政之失："秦余制度，项氏爵号，虽违古而犹袭之。是以帝典阙而不补，王纲弛而未张。道极数殚，暗忽不还。"

赞美新朝时则不遗余力，开始是逐一记写当时出现的各种祥瑞：

逮至大新受命，上帝还资，后土顾怀，玄符灵契，黄瑞涌出，渾淳汹澹，川流海淳。云动风偃，雾集雨散，诞弥八坼，上陈天庭。震声日景，炎光飞响，盈塞天渊之闲，必有不可辞让云尔。于是乃奉若天命，穷宠极崇，与天剖神符。地合灵契，创亿兆，规万世，奇伟倜傥诡谲，天祭地事，其异物殊怪，存乎五威将帅，班乎天下者，四十有八章。登假皇穹，铺衍下土，非新家其畴离之？卓哉煌煌，真天子之表也！

然后逐条赞美王莽的个人品行，罗列王莽新政的各项措施，并给予无条件的赞许：

岂知新室委心积意，储思垂务，旁作穆穆，明旦不寐，勤勤恳恳者，非秦之为与……是以发秘府，览书林，遥集乎文雅之囿，翱翔乎礼乐之场。胤殷周之失业，绍唐虞之绝风。懿律嘉量，金科玉条，神卦灵兆，古文毕发，焕炳照曜，靡不且臻。式轮轩旂旗以示之，扬和鸾肆夏以节之，施黼黻衮冕以昭之，正嫁娶送终以尊之，亲九族淑贤以穆之。夫改定神祇，上仪也；钦修百祀，咸秩也；明堂雍台，壮观也；九庙长寿，极孝也；制成六经，洪业也；北怀单于，广德也。若复五爵，度三壤，经井田，免人役，方甫刑，匡马法，恢崇只庸烁德懿和之风，广彼搢绅讲习言谏箴诵之涂，振鹭之声充庭，鸿鸾之党渐阶，俾前圣之绪，布濩流衍而不韫韣，郁郁乎焕哉，天人之事盛矣！鬼神之望允塞，群公先正，罔不夷仪，奸宄寇贼，罔不振威。绍少典之苗，著黄虞之裔，帝典阙者已补，王纲弛者已张。炳炳麟麟，岂不懿哉！厥被风濡化者，京师沈潜，甸内匝洽，侯卫厉揭，要荒濯沐。而术前典，巡四民，迨四岳，增封泰山，禅梁父：斯受命者之典业也！

这篇文章让王莽更加了解扬雄写颂美之文的造诣，所以，四年之后，也就是始建国五年（13年），元后王政君在84岁的高龄去世。王莽特意下诏让扬雄创作谏文，表现出高度的信任与赞许。

就封建体制下权力承替制度而言，王莽篡位开启了一个恶例，很多史家出自正统观念，视王莽为巨奸，再加上新朝后期朝政日非，引发了全社会的大动乱，因此，后世对王莽的批判史不绝书。扬雄在新朝期间写作的这两篇文章对他的历史评价产生了很大的影响，很多文人学者对他进行了严厉的评判，甚至开始怀疑他淡泊的性格，这一点我们会在第九章中详述。

言论准宣尼

——《法言》及其思想学说

扬雄模仿《论语》所作的《法言》，继承了先秦儒学中有关仁义、礼仪、孝道等核心观念，主张立政重在教化，尤其强调后天的学习在修身中的重要作用。在人性论这一领域，他在孟子"性善"、荀子"性恶"的基础上，提出人性"善恶混"这一观点。扬雄的知识论有着鲜明的唯物主义特点。同时，他又吸收道家的"道德"观念并加以伦理化的改造。扬雄在文学、历史与民族关系等方面都有独到的见解。

扬雄的社会政治思想

　　《法言》一书，作于扬雄晚年。《汉书》本传中说，它是模仿《论语》的。据徐复观分析，《法言》一部分模仿《论语》，另一部分则模仿《春秋》。确实，《重黎》《渊骞》两章侧重于对历史人物的评价，与孔子《春秋》寓褒贬于记事在精神上有着某种程度的一致，但毕竟两者在形式上有着较大的区别，而《论语》中也有对历史人物的评价，所以，说《法言》拟《春秋》，根据不一定充分。

　　在《法言》中，最引人注目的是对孔子不遗余力的推崇：

　　　　圣人存神索至，成天下之大顺，致天下之大利，和同天人之际，使之无间也。（《法言·问神》）

这种辞赋家常用的夸张手法也用于对孔子之学的赞颂上：

　　　　或问："圣人之经，不易使易知与？"曰："不可。天俄尔可度，则其覆物也浅矣；地俄尔可测，则其载物也薄矣。"（《法言·问神》）

他认为仲尼之道是治国兴邦、论学修身的最高真理，是判断是非的最高标准：

或曰："人各是其所是而非其所非，将谁使正之？"曰："万物纷错则悬诸天，众言淆乱则折诸圣。"（《法言·吾子》）

川有渎，山有岳，高而且大者，众人所不能逾也……视日月而知众星之蔑也，仰圣人而知众说之小也。（《法言·学行》）

好书而不要诸仲尼，书肆也；好说而不要诸仲尼，说铃也。（《法言·吾子》）

仲尼之道犹四渎也，经营中国，终入大海；他人之道者西北之流水，纲纪夷貉，或入于沱，或沦于汉。（《法言·君子》）

仲尼之道……关百圣而不惭，蔽天地而不耻。（《法言·五百》）

对孔子不遗余力的推崇是汉朝儒生的普遍风气，但与汉朝经师儒生将孔子神化为素王不同，扬雄对孔子的推崇基本还是在常识可以接受的程度上。儒生对孔子的推崇自有其时代意义，正如扬雄在《法言·吾子》篇中所说的：

震风陵雨，然后知夏屋之为帡幪也。虐政虐世，然后知圣人之为郭郭也。

只有经历了暴秦时的法家酷政和武帝时的外儒内法，人们才能深深地体味到以孔子为代表的先秦儒学中蕴藏的人道主义精神具有抵御暴政、维护生民的巨大力量，更可以给知识分子安顿与归宿。应该说，扬雄的政治主张，与两汉儒生在奏章中表达的主张基本一致，它既体现出一种同情农民、为民请命的人道精神，也具有维护礼制、食古不化的迂腐气息：

或问："为政有几？"曰："思、敨……从政者审其思敨而已矣。"或问："何思？何敨？""老人老，孤人孤，病者养，死者葬，男子亩，妇人桑，之谓思。若污人老，屈人孤，病者独，死者逌，田亩荒，杼柚空，之谓敨。"（《法言·先知》）

几是要的意思，问者问：为政的关键是什么？扬雄的回答是，为政者要记得做让人民想念的事，不要做让人民厌恶的事。像周公东征、召公述职，大家都很想念，希望他们能够治理自己，而齐桓公伐楚后经过陈国，这样的行为就令人厌恶。他强烈反对法家依靠刑罚暴力来作为维护统治的手段，对申、韩之术提出了严厉的批判：

> "申、韩之术，不仁之至矣，若何牛羊之用人也？若牛羊用人，则狐狸蟵螺不腊腊也与？"或曰："刀不利，笔不锈，而独加诸砥，不亦可乎？"曰："人砥，则秦尚矣。"（《法言·问道》）

腊，就是八月初一，河东地区在此日举行祭祀先人的仪式。农历十二月合祭众神叫作腊。扬雄的意思是说，实行申、韩之术，天下死亡的人相枕藉，狐狸、蟵螺厌饱其肉。就像是人碰上了祭祀，有酒食醉饱之乐。有人问："刀钝笔秃，用砥磨，用刀削，有什么不可以吗？"扬雄说："以人为砥，只有秦朝才实行。"秦朝使用申、韩之术，以人为砥，所以才遭覆国的命运。但他同样反对道家无为而治的政治主张，他说：

> 或问"无为"。曰："奚为哉？在昔虞、夏，袭尧之爵，行尧之道，法度彰，礼乐著，垂拱而视天下民之阜也，无为矣。绍桀之后，纂纣之余，法度废，礼乐亏，安坐而视天下民之死，无为乎？"（《法言·问道》）

他主张推行仁义来日新其政，他认为：

> 为政日新。或人敢问"日新"，曰："使之利其仁，乐其义，厉之以名，引之以美，使之陶陶然之谓日新。"（《法言·先知》）

而"思"政的建立首先要建立在统治者个人的修身上：

或问："何以治国？"曰："立政。"曰："何以立政？"曰："政之本，身也。身立则政立矣。"（《法言·先知》）

仁政实现的基础即在于统治者人格的自我完善，给国民树立榜样，然后通过教化推广到全国的普通百姓：

或曰："人君不可不学律令。"曰："君子为国，张其纲纪，谨其教化。导之以仁，则下不相贼；莅之以廉，则下不相盗；临之以正，则下不相诈；修之以礼义，则下多德让，此君子所当学也。"（《法言·先知》）

这段话有着明显的现实针对性。汉朝自武帝之后禁网浸密，律令繁多，"律令凡三百五十九章，大辟四百九条，千八百八十二事，死罪决事比万三千四百七十二事。文书盈于几阁，典者不能遍睹。"（《汉书·刑法志》）这给奸吏用事提供了极大的方便，"奸吏因缘为市，所欲活则傅生议，所欲陷则予死比，议者咸冤伤之。"（《汉书·刑法志》）从宣帝开始就有意对司法制度实行改革，到元帝始开始实行。改革措施中重要的一条便是蠲除轻减烦琐而苛刻的律令。至成帝河平中，复下诏云："今大辟之刑千有余条，律令烦多，百有余万言，奇请它比，日以益滋，自明习者不知所由，欲以晓谕众庶，不亦难乎！于以罗元元之民，夭绝亡辜，岂不哀哉！其与中二千石、二千石、博士及明习律令者议减死刑及可蠲除约省者，令较然易知。"（《汉书·刑法志》）

律令繁多是人君不可不学律令之说所提出的背景，元、成的减省之法在扬雄看来也不是根本性的解决办法，他认为得依靠礼仪教化来代替律令刑罚，这才是为君之道。

扬雄指出当时人民最为担忧的乃是政策的错误和吏治的恶劣，他说：

或问"民所勤"。曰："民有三勤。"曰："何哉所谓三勤？"曰："政善而吏恶，一勤也；吏善而政恶，二勤也；政、吏骈恶，三勤也。禽兽食人之食，土木衣人之帛，谷人不足于昼，丝人不足于夜，谓之恶政。"
（《法言·先知》）

尽管元帝以后儒生开始进入中央政权枢要机构，但汉朝的地方政府，依然是一胥吏世界。这是因为如此烦琐的律令只有法律方面的专家——胥吏才能掌握，即便是依据经义断事，最后依然会演变成胥吏之天下。赵翼《廿二史札记》卷二说："援引古义，固不免于附会，后世有一事即有一例，自亦无庸援古证今。第条例过多，竟成一吏胥之天下，而经义尽为虚设耳。"在缺乏道德自律、没有心性修养的胥吏操纵之下，加上错误的政策，人民的困苦可想而知。

至于如何改革这一类的恶政，扬雄完全赞同西汉中期以后儒生反复提出的主张，即以实现井田制来抑制土地兼并，并希望解决因为土地兼并引起的社会等级制度的崩溃。当时，有人主张政治清明的标志是如尧帝时实行象刑，所谓象刑，就是仅用与众不同的服饰加之犯人以示辱，对此扬雄表示不赞成，他说：

井田之田，田也；肉刑之刑，刑也。田也者与众田之，刑也者与众弃之。（《法言·先知》）

井田制才是真正的土地制度，肉刑才是真正的刑罚。土地是要让大家共同耕种的，刑罚是要被众人厌弃的（众人才不敢犯法去接受刑罚）。扬雄对时人逾越礼制的现象表示了深刻的不满。

法无限，则庶人田侯田，处侯宅，食侯食，服侯服，人亦多不足矣。（《法言·先知》）

如果法律没有限制的话，那普通人就能够拥有跟贵族所拥有的一样多的土地，住贵族住宅，吃贵族食物，穿贵族服饰。可见扬雄矛头针对的乃是非身份性地主的暴富，而对身份性地主占有土地以及享受奢靡生活的特权则予以认可，由此我们可以看出严重的礼制等级观念对扬雄思想认识造成的局限。

在税制上，扬雄主张实行"什一之税"。他说：

> 什一之税天下之正也。多则桀，寡则貉。（《法言·先知》）

"什一之税"是儒家一贯提倡的税制。孟子云："夏后氏五十而贡，殷人七十而助，周人百亩而彻，其实皆什一也。"（《孟子·滕文公上》）又说："欲轻之于尧、舜之道者，大貉、小貉也；欲重之于尧、舜之道者，大桀、小桀也。"（《孟子·告子下》）也就是说，如果少于"什一之税"，那么，国家就无法行礼，成为夷貉这样的野蛮之国，多于"什一之税"就是桀纣一样的暴政。《公羊传》继承了《孟子》的说法，其云："多乎什一，大桀、小桀；寡乎什一，大貉、小貉。"又说："什一者，天下之中正也。"可见扬雄的说法连语言上都本之于《孟子》和《公羊传》。

但是孟子处在战国时期，当时有的诸侯国的税制远远高于十一，所以孟子提倡"什一之税"，有助于减轻农民的负担。但到了西汉，一直实行的是三十税一的田租，这时提倡"什一之税"，显见其目的并不是减轻农民的负担，似乎仅仅就是因为古制、传统如此。由此可见，西汉儒生政治主张的出发点并不真正基于当时农民的哀乐，而是在于古旧传统。当轻徭薄赋与古代礼制发生矛盾时，他们宁愿遵从传统。类似这样不顾时代条件而一味主张复古，充分暴露出西汉经师儒生确有泥古不化的特点。班固指责王莽"动辄慕古，不合时宜"，这在西汉大部分儒生身上都有体现，扬雄也不例外。但我们也必须指出，"什一之税"客观上有助于减轻日益严重的土地兼并之风。我们知道，西汉三十税一的轻田租最大的受益者并非是农民，相反，三十税一与耕豪民之田十分之五的高田租所形成的巨大利润，使得富民争相赎买土地，促使土地兼并之风愈演愈烈。如果实行"什一之税"，将使占地无数的大地主对国家承负较大的责任，从而有助于抑制土地兼并，减缓贫富分化的趋势。当然，这并不是儒生主张"什一之税"的本意。

扬雄的人性论

要理解扬雄有关人性的思想，就必须对先秦以来人性论发展的历史有个简明的了解。

人性本源的道德属性是先秦时期争论十分激烈的一个问题。孔子虽然没有对这一问题发表具体直接的看法，但孔子心性之学中的某些观念启发了后人在这一问题上的思考，了解孔子的心性之学有助于我们了解对后世影响最大的一些人性观点。下面引述杨泽波《孟子性善论研究》中对先秦几位主要思想家的人性论观点的介绍。

孔子心性之学的第一层面是利欲问题。杨泽波将其称为欲性，以区别于西方所说的感性。孔子不认为利欲就是恶，也不反对一定程度的利欲，甚至还表露了求富的思想。他认为，只有贪多无厌，突破了义的限度才是恶。但孔子强调，为了成圣成贤，君子应该时时以义为重，以义为最高目的，而不能仅仅满足于区区之利。利和义是一种价值选择关系，而不是截然对立的关系，关键看你以哪一个为最高的价值选择目标。

孔子心性之学的第二个层面是仁性，即孔子的仁学。孔子关于仁的说法很多且时有矛盾，但经过学者们的反复研究，有一些基本特点是可以把握的。首先，仁是作为生命根源的人性，为民所固有，所以孔子说："我欲仁，斯仁至矣。"徐复观认为，从这一点来看，孔子实际是认为性是善的。其次，仁的境界是无限的，由此境界所发出的要求，所应尽的责任，也是无限的。可以说，仁只有无限的展现，没有界限，因之也没有终结。所以孔子不轻许人以仁，甚至他自己也不敢以仁自居。仁性是孔子心性之学中十分重要且非常特殊的一个层面。人要成就道德，必须要有仁性这一环节。

孔子心性之学还有第三个层面，即智性。在孔子的思想体系中，智性就是在人之为人的过程中，通过学习而成就道德的一种性向，也就是说，人要成就道德，光有仁性不够，还必须不断地向外界学习。

战国时期，有关人性的理论大致有如下几种。第一为老子、文子、庄子的人性自然论，实则为超善恶论，或绝对的性善论。道家崇尚自然，认为人性任自然、法自然，不加工、不造作，才是最好的状态，顺从自然之性，便可达到人生的理想境界。第二种是告子的"性无善无不善"论。告子认为，人的原初本性，既非善亦非恶，本无善恶可言。其三为世硕的"性可以为善，可以为不善"论。据王充《论衡·本性》篇说："周人世硕，以为人性有善有恶，举人之善性，养而致之则善长；恶性，养而致之则恶长。如此，则性各有阴阳，善恶在所养焉。故世子作《养书》一篇。"这一理论表示性可以倾向善，也可以倾向不善，这要取决于社会环境的影响。其四为无名氏的"有性善，有性不善"论。无名氏的理论是说，有些人的性天生是善的，这些人不因社会环境恶劣而不善；有些人的性天生是不善的，这些人不因环境好而为善。第五是孟子的性善论。第六是荀子的性恶论。

孟子创立的性善论在中国人性论史上占有极为重要的地位。孟子性善论的基本进路是：第一，只以良心论性；第二，良心人人固有；第三，良心本心是性善的根据；第四，恶在于不能尽其才；第五，性善是事物的法则。

与孔子的心性之学相比，孟子的心性之学中缺少了智性这一层面。如上所说，智性在孔子心性之学中是指通过学习而成就道德的一种能力和性向，这种能力和性向在孟子身上是没有的。在学习问题上，孔子和孟子是有分歧的。

首先，是对学习的重视程度不同。孔子对学习十分重视。打开《论语》，关于学习重要性的论述处处可见。孔子指出，不注意学习仁、智、信、直、勇、刚这些美德，就会流于弊端。他自己时常为"学之不讲"而忧虑。颜渊以好学著称，但不幸早亡，孔子十分悲痛，感叹从此以后就"未闻有学者也"。孔子不仅重视学习，而且把学习当作一大乐趣，对学习表现了极高的热情。《论语》开篇第一句就是："学而时习之，不亦说乎？"其他如"学而不厌，诲人不倦""三人行，必有我师焉"等，都是流传千古、脍炙人口的佳句。孔子的过人之处，正在于他的好学。《孟子》虽然也谈学习，但对学习的重视程度显然赶不上《论语》。孟子的热情更多表现在鼓吹仁政、强辩性善方面，而不表现在学习方面。

其次，孔孟所提倡的学习内容不同。孔子论学，主要是学诗学礼，其中学礼主要是学习先王礼制。子贡说："文武之道，未堕于地，在人。贤者识其大者，不贤者识其小者。莫不有文武之道焉。夫子焉不学？而亦何常师之有？"（《论语·子张》）这说明，孔子学习的一个主要内容是先王礼制、文武之道。在孔子看来，要完成复礼的重任，首先要知道什么是礼，而礼是先王创制的，保留在古代文献中，散落在民间，无法生而知之，只有不断学习才能掌握。这种情况到孟子有了一个转变。孟子讲学，不再是学礼，而多数是一般的学习。《孟子》中出现了32次"学"字，一般意义的学习共有24次。

第三，也是最重要的，是学习在心性之学中的地位和作用不同。要想成就道德，在孔子那里除要做到仁之外，还要依礼而行，必先要学礼，所以外向性的学习是成就道德必不可少的条件。孟子则不同，他不强调外求，只要切己自反、反归本心就可以了，所以外向性的学习并不是成就道德的必要条件。所谓"人之所不学而能者，其良能也；所不虑而知者，其良知也。"（《尽心上》）"万物皆备于我矣。反身而诚，乐莫大焉。"（《尽心上》）"人有鸡犬放，则知求之；有放心而不知求。学问之道无他，求其放心而已矣。"（《告子上》）人有良知良能，这是人之所以有理义的全部根据，将此发扬光大，就可以成为圣贤。而子夏则说："百工居肆以成其事，君子学以致其道。"（《论语·子张》）由此可见，孟子在高扬孔子仁学的同时，也不自觉地丢掉了孔子心性之学中的智性。

孟子之后，荀子为了实现礼义治国的理想，不满意性善论，首创性恶论。在这个过程中，他特别强调学习礼义的重要性，极大地弘扬了孔子心性之学的智性层面，成为后世重智主义发展的不可缺少的环节。与此同时，他却丢掉了孔子心性之学的仁性层面，终于溺于一偏，后世对此多有批评。

荀子主张性恶论，其逻辑起点是对性的解说。荀子以人生之自然的状况为性。具体而言，性有两个不同的所指。一是指身体器官的欲望。好色、好声、好味、欲食、欲暖、欲息，这些全是人的自然欲望，是生之自然的，也是性的第一个所指。性的第二个所指是身体器官的能力。目的能力是见，耳的能力是听，这些也是生之自然的，所以也必须包括在性的内涵中。

在具体说性恶的时候，荀子一是不以能力论性恶，而以欲望论性恶；二是不以性恶本身论性恶，而以听任欲望发展的结果论性恶。既然听任欲望发展的结果必然是恶，那么就必须制止这种恶，方法就是定礼义、制法度。荀子指出："今人之性恶，必将待师法然后正，得礼义然后治。今人无师法则偏险而不正，无礼义则悖乱而不治。古者圣人以人之性恶，以为偏险而不正，悖乱而不治，是以为之起礼义，制法度，以矫饰人之情性而正之，以扰化人之情性而导之也。始皆出于治，合于道者也。"（《性恶》）有了礼义法度，人的欲望才会得到节制，情性才会得到矫饰，社会才不至于悖乱不治，从而达到善。正是在这个意义上，荀子才讲"人之性恶，其善者伪也"。

由此可见，荀子大大弘扬了孔子心性之学的智性理论。如前所说：孔子心性之学有欲性、仁性、智性三个层面。在孔子看来，人要成就道德，只满足于内心的忠信等等是不够的，还必须学诗学礼，使自己的行为与外在的礼相一致，这样才能恢复周礼；如果不学诗、不学礼，从小处讲，个人无以立，从大处讲，社会无以治。在这方面，荀子也强调必须通过心的知虑工夫而知"道"，学习师法，认识礼义，用礼义节制欲望，节制情性，使社会正理平治，使个人化性起伪。不仅如此，荀子还具体论证了心知"道"的理由，提出了"虚壹而静，以达大清明"的一整套认识理论，把孔子学诗学礼的智性思想大大具体化、理论化了。荀子遏制了孟子单纯发展仁性理论的倾向，成为孔子之智性与宋明理学联系的桥梁。

扬雄关于心性根源的论述，似乎并无多少新意，其云："人之性也善恶混。修其善，则为善人；修其恶，则为恶人。气也者，所以适善恶之马也。"（《法言·修身》）所谓"善恶混"，即善恶同在，其说似乎是综合了孟子性善、荀子性恶之论。在学术上不执其偏、调和折中乃是扬雄的一贯方法。而这种观点与世硕"性有善有恶，举人之善性，养而致之则善长；恶性，养而致之则恶长"

的理论没有太大的区别，汪荣宝认为其说本之于世硕。（《法言义疏》卷三《修身》，第86页）徐复观则认为扬雄这一说法继承董仲舒"人之诚，有贪有仁。仁贪之气，两在于身。天有阴阳之施，身亦有贪仁之性，与天道一也"（《春秋繁露·深察名号》）的说法。这可以说明，在汉朝学术整合的大趋势之下，性善说或性恶说都因趋于一偏而无法获得广泛的认同，新的人性理论在朝着更符合经验理性的方向发展。只不过，在董仲舒的理论中，强调了天道是任阳而抑阴的，阴的作用，远不如阳的作用大，所以究其极，董仲舒实际还是主张性善的。而仔细分析，扬雄的观点具有自身的学理根据，符合扬雄的一贯理论与系统主张，其更接近荀子的观点。

上文我们说过，在孟子那里，性指的只是人的良心本心。在荀子那里，性有两个不同的所指，一是指身体器官的欲望，二是指身体器官的能力，而荀子仅仅只以身体器官的欲望论性。扬雄论性与他们都不一样。《法言·学行》篇说："学者，所以修性也。视、听、言、貌、思，性所有也。学则正，否则邪。"而视是目的能力，听是耳的能力，言是口的能力，貌即表情，应是脸部能力的一种，思是脑的能力，扬雄认为这些都是人生来所具有的。《太玄·玄挹》云："维天肇降生民，使其貌动、口言、目视、耳听、心思，有法则成，无法则不成。"由此可见，扬雄论性，似专指身体器官的能力而言，而这些能力的应用有一定的法则，因而有正邪之分，符合法则的运用为正，不符合法则的则为邪。在此基础上，他自然而然地得出了性有善有恶的结论。

徐复观说，扬雄认为性中的善与恶都处于潜存状态，由潜存状态转而化为一念的动机，再将一念的动机加以实现，便需靠人由生命所发出的力量——气。气的本身是无所谓善恶的，只是像一匹马一样，载着善或恶的念头向前走。

至于如何避恶趋善，扬雄作出的回答显然是扬雄式的，即由学由师。从这一点上来说，扬雄对学的重视超过了儒家历史上任何一人。上文我们说到，孔子虽然对学习异常重视，但外向性的学习只是成就道德的一个必要条件，而不是充分条件。而且孔子所指的学基本上指的是对礼仪的学习。孟子则几乎忽略了这种外向性的学习，反求诸己乃是成就道德的唯一途径。荀子虽然弘扬了孔子心性之学中的智性层面，但在荀子那里，对礼仪的学习也只是避恶趋善的一个手段，另一个与之并列的手段是法度的威慑。在扬雄这里，外在的教育与学习乃是成就道德的唯一手段："人无不学，虽无忧，如禽何？"（《法言·学行》）教育能在很大程度上对人的本性起到陶铸改变之功：

> 螟蛉之子殪，而逢蜾蠃祝之曰："类我，类我。"久则肖之矣。速哉，七十子之肖仲尼也。（《法言·学行》）
>
> 或问："世言铸金，金可铸与？"曰："吾闻觌君子者，问铸人，不问铸金。"或曰："人可铸与？"曰："孔子铸颜渊矣。"（《法言·学行》）
>
> 学者，所以求为君子也。求而不得者有，夫未有不求而得之者也。（《法言·学行》）

然而，如果我们再深一层地追究，怎样才能决定并选择学与师而使自己能成就道德呢？这一问题在孟子那里是相当简约易行的，只要反思本心，让自己得到良心本心的指导即可；在荀子那里，人以"虚壹而静"之心，可以知"道"，以此即可救性恶说之穷；但在扬雄的性论中，这成了一个没有解答也无法解答的问题。

扬雄的伦理思想

在扬雄的心性理论中，仁性这一特殊的层面被忽略了。徐复观指出，扬雄对于仁的论述，是他把握得最浅的部分。在仁的概念上，扬雄与孔子和孟子有着明显的不同。扬雄说：

> 道德仁义礼，譬诸身乎。夫道以导之，德以得之，仁以人之，义以宜之，礼以体之，天也。合则浑，离则散，一人而兼统四体者，其身全乎！（《法言·问道》）
>
> 仁，宅也；义，路也；礼，服也；智，烛也；信，符也。处宅，由路，正服，明烛，执符。君子不动，动斯得矣。（《法言·修身》）

在孔子那儿，仁是一种最高的道德观念和品质，又是一种普遍性的美德，比任何其他基本美德都具有包容性。仁者必定是勇者和智者，而勇者和智者完全可能不是仁者。从某个方面来讲，仁是一种高不可攀的理想，但从另一个方面来讲，仁又是一种现实的存在，为每个人所固有，只要持之以恒，就都能具有仁的品质。而在扬雄那里，仁的地位降低了，只是一种与礼、信、智、义等同的优秀品质："君子不动，动斯得矣。"由于在扬雄那里，仁的地位降低到了与义、礼等道德品质等同的地位，所以他侧重强调的是孔子仁论中的仁作为一种特定现实的一面，而绝口不言仁作为难以达到的理想的另一面。

"仁，宅也；义，路也。"这段话显然源自《孟子·告子》篇中的一段话："仁，人心也；义，人路也。舍其路而弗由，放其心而不知求，哀哉！"但扬雄完全没有体察到孟子这段话的深刻意义。孟子这段话看似普通，但在儒家的心性理论史上地位却十分重要。杨泽波指出：尽管孔子创立了仁学，但他论仁多是随宜而说，针对弟子的实际情况具体指点，始终没有明确讲过仁到底是什么。由于弟子实际情况不同，孔子关于仁的各种说法显得零碎而不成系统。孔子论仁多是从仁的表现上说，如忠、恕、孝、悌等，没有指明仁的根据在哪里。孟子直截简明地指出，仁就是人的良心本心，良心本心就是人的道德基础。人心中天然地具有仁的倾向，反求诸己，就能光大这种倾向，从而成就仁的品质，达到仁的境界。常人的认识未能达此境界，就没有扩充其固有的善端。这样，孟子以自己的方式解答了孔子遗留的问题，建立了本心本体论，儒学发展从此便从孔子由礼入仁的阶段，进入了孟子纳仁入心的阶段，从此开启了心学先河，源源不断，成为儒家心性之学一条重要血脉。因此，"仁，宅也"与"仁，心也"只是一字之差，但相隔不殊万里。正如徐复观所说，凡是从外向可以加以规定的，扬雄往往能说得相当恰当，但是类似仁这样要由生命体验而形成的精神状态，扬雄的把握总是十分空泛和肤浅。

将仁这一具有复杂内涵的品质概念化，将这样一种需要依靠生命体验而形成的精神状态简化为外部所能规定的一种道德素养，这是汉朝儒学庸俗化后的一个普遍倾向。董仲舒曾将仁与义和仁与智分别对举，进行了详细的论述。但总的说来，在仁作为诸德之家的各种品性中，他只把握了"仁者爱人"这一点，将其作为仁的最基本的要素，其云：

> 以仁安人，以义正我，故仁之为言人也，义之为言我也，言名以别矣。……仁之法在爱人，不在爱我；义之法在正我，不在正人……仁者，爱人之名也。（《春秋繁露·仁义法》）

> 何谓仁？仁者憯怛爱人，谨翕不争，好恶敦伦，无伤恶之心，无隐忌之志，无嫉妒之气，无感愁之欲，无险陂之事，无辟违之行，故其心舒，其志平，其气和，其欲节，其事易，其行道，故能平易和理而无争也。（《春秋

繁露·必仁且智》）

达成仁的进路在孟子那里是由内向外的，即从良心本心的发现进而扩充来成就仁性；而在董仲舒这里，则是由外向内的，爱人、行为的不争才能转化为心舒、志平、气和、欲节的心境。同样，扬雄也是将较为玄虚的内心道德体验转化为较易把握的外部道德准则。扬雄论仁，基本上将仁局限于人我关系，基本定义也是仁者爱人。

妄誉，仁之贼也；妄毁，义之贼也。（《法言·渊骞》）

这实际上是从仁者爱人引申出来的一个观念：仁者爱人，仁以褒善，而妄以赞誉加人，乃贼伤仁者也。

或问君子之柔刚，曰："君子于仁也柔，于义也刚。"（《法言·君子》）

李轨注云："仁爱大德，故柔屈其心；节义大业，故刚厉其志。"这并没有说到点子上。司马光说："柔于爱人，刚于去恶。"可谓深得扬雄三昧。

或问"交"。曰："仁。"（《法言·重黎》）

以爱人之心交友，乃是人与人之间交往的根本准则。

汉儒轻视由良心本心的自觉达到仁这一较为玄虚的内向性进路，更重视通过礼来规范这一外在形式。在扬雄的思想中，礼占有极高的地位，他对于礼的论述比比皆是。首先，扬雄认为礼乐是治理国家的基本制度，也是天道的外在体现。

圣人以治天下也，碍诸以礼乐。无则禽，异则貉。吾见诸子之小礼乐也，不见圣人之小礼乐也。孰有书不由笔，言不由舌？吾见天常为帝王之笔、舌也。（《法言·问道》）

圣人治天下，止于礼乐。没有礼乐是禽兽，与中原礼乐制度不同的是夷貉异族。礼乐是天道之笔、舌，也就是说是天道的外在表现。人君应该遵循并实行的是道德教化与礼义制度：

> 或曰："人君不可不学律、令。"曰："君子为国，张其纲纪，谨其教化。导之以仁，则下不相贼；莅之以廉，则下不相盗；临之以正，则下不相诈；修之以礼义，则下多德让，此君子所当学也。如有犯法，则司狱在。"（《法言·先知》）

礼义制度也是区分中国与蛮夷的标志。中国与蛮夷的区分既非族类的不同，也非地域的不同，而是文化上的不同，而文化的具体体现就是礼乐：

> 或问："八荒之礼，礼也，乐也，孰是？"曰："殷之于中国。"或曰："孰为中国？"曰："五政之所加，七赋之所养，中于天地者，为中国。过此而往者，人也哉。"（《法言·问道》）

有人说周边夷狄也都有自己的规矩风俗，他们的礼仪对不对呢？扬雄回答说："符合中国之礼的就是对的。""哪儿才算是中国呢？""实行五常之政，用五谷、桑麻养育，在天地之中的，就是中国。出了这个区域的，那只是野蛮人。"

> 或问："礼难以强世。"曰："难故强世。如夷俟倨肆，羁角之哺果而啖之，奚其强？或性或强，及其名，一也。"（《法言·五百》）

有人说，礼这个东西非常麻烦，难以强迫全社会的人都去学。扬雄认为，正因为难，才要强迫大家去学。随便地张开腿坐着或蹲着，孩子大嚼着果子，这用得着强迫吗？有的人是生而懂礼，有的人是学而懂礼，但懂了礼就都是一样的，无所谓生知与后学。也就是说，圣人作礼以教人，本不是求其容易实行。凡人之纵体自逸，及儿童时期嗜好果食，都是性之自然。礼正是对于人的天性本能的某种限制。它的实行，当然不如放纵本能那样容易，但只要通过后天的学习成为一种习惯，那么，到最后就会像出于天性一样自然。

其次，礼义也是君子立身的准则。个人的行为必须符合礼义规范，行为符合礼义规范是有道德的体现，也是区别大人、小人的依据，放纵情欲还是以礼义节制情欲甚至是区别人与禽兽的标志，对父母是否死生尽礼，乃是作为人是否有孝道的标志。

> 君子动则拟诸事，事则拟诸礼。（《法言·孝至》）
>
> 请问"礼莫知"，曰："行礼于彼，而民得于此，奚其知！"或曰："孰若无礼而德？"曰："礼，体也。人而无礼，焉以为德？"（《法言·问道》）
>
> 或问"大人"。曰："无事于小为大人。"请问"小"，曰："事非礼义为小。"（《法言·五百》）
>
> 天下有二门：由于情欲，入自禽门；由于礼义，入自人门；由于独智，入自圣门。（《法言·修身》）
>
> 或问"子"。曰："死生尽礼，可谓能子乎！"（《法言·孝至》）

第三，扬雄认为，人的内心存在着爱与敬两大感情，光有仁爱还不够，还必须存在敬畏：

> 或问："太古德怀不礼怀，婴儿慕，驹犊从，焉以礼？"曰："婴、犊乎！母怀不父怀。母怀，德爱也；父怀，敬也。独母而不父，未若父母之懿也。"（《法言·问道》）

而礼是内心敬畏的外在体现，只有内心存在敬畏之情，才能发外而为之礼：

目穆穆，足肃肃，乃贯以棘。测曰：穆穆肃肃，敬出心也。（《太玄·礼首·次二测辞》）

出礼不畏，入畏。测曰：出礼不畏，人所弃也。（《太玄·礼首·次七测辞》）

自爱，仁之至也；自敬，礼之至也。未有不自爱敬而人爱敬之者也。（《法言·君子》）

第四，礼的主要内容乃是上下有序的等级制度：

阴在下而阳在上，上下正体，物与有礼。（《太玄·礼首》）

第五，礼由各种礼仪形式所组成。扬雄论文学时，一向重质轻文，但在论礼制时，却十分重视"文"也就是礼的外在形式：

礼多仪。或曰："日昃不食肉，肉必干；日昃不饮酒，酒必酸。宾主百拜而酒三行，不已华乎？"曰："实无华则野，华无实则贾，华实副则礼。"（《法言·修身》）

圣人，文质者也。车服以彰之，藻色以明之，《诗》《书》以光之。笾豆不陈，玉帛不分，琴瑟不铿，钟鼓不拡，则吾无以见圣人矣。（《法言·先知》）

扬雄对于礼的论述，完全继承了先秦儒家对于礼的一些重要思想。他对礼治的重视，也反映出宣、元以后统治者试图以礼治代替刑法的政治转变，乃是西汉中后期时代思潮的折射。

扬雄除了对儒家传统的仁、义、礼、智、信等道德范畴均有所论述之外，还发展了儒家伦理学说中的概念与范畴。他将原本属于道家自然哲学的"道德"一同改造成了从属于儒家哲学的伦理范畴，以此丰富、补充孔孟的学说。他说："老子之言道德，吾有取焉耳。及槌提仁义，绝灭礼学，吾无取焉耳。"（《法

言·问道》）

在扬雄以前，《淮南子》已经将老子的道德之言和儒家的仁义礼学进行融合，但它是站在汉代道家立场上继承老子的，其"道德"的含义是自然规律与事物本性。扬雄批评它"杂"而且摇摆，并非病其多知，而是病其不以儒家为正统。扬雄把老子的"道德"改造成从属于儒家的概念，用以表示宗法思想支配下的治国修身之道。扬雄经常将"道德"与"仁义"连用，都不出宗法伦理的范围，如：

> 道德仁义礼，譬诸身乎。夫道以导之，德以得之，仁以人之，义以宜之，礼以体之，天也。合则浑，离则散，一人而兼统四体者，其身全乎！（《法言·问道》）
>
> 鼓之于道德，征之于仁义，舆尸血刃，皆所不为也。（《法言·渊骞》）

从扬雄起，"道德"逐渐与"伦理"融为同等概念，它的具体内容就是仁、义、礼、智、信，后来韩愈在《原道》中说："仁与义为定名，道与德为虚位。"这个提法大概受了扬雄影响。

扬雄的知识论

扬雄思想中，一个最值得我们重视的现象就是他对智性的重视。在扬雄看来，"智"是成为圣哲的必要条件。

> 天下有三门：由于情欲，入自禽门；由于礼仪，入自人门；由于独智，入自圣门。（《法言·修身》）

在这段论述中，扬雄模仿董仲舒的性三品说，将人分为"禽""人""圣"三品，任由情欲驱使的是如禽兽般的下人，可由礼仪教化的是普通的中人，具有超绝众人的智慧才是圣人。值得注意的是，在扬雄看来，入圣的条件既不是孔子的生而知之，也不是董仲舒的生而有善，而是有高于常人的智慧。所以，要成为圣人，就必须追求智慧和知识，做人的一个基本价值取向即是"尚智"。

由此可见，扬雄将孔子心性之学中的智性层面发挥到了极致，由此建立起其知识论。五常中的智，应该是指智性；知识论中的智，指知识、智慧。如果说五常之智是人必须具备的基本品性之一的话，那么，对于知识和智慧，一直就有截然不同的看法，纵观先秦各家学说，一直存在着重智与反智两条线索，这两条线索不仅存在于儒、道、法等不同的派系之间，也存在于儒家内部。

在道、法诸家中，对智则历来表现出一种轻视乃至反对的态度，法家将道家思想中的愚民政治学说发挥到了极致，黄老与法家的愚民政策一直延续到汉初。

在《淮南子》里，充满了对智能的轻视和对于思辨的抹杀：

> 夫先知远见，达视千里，人才之隆也，而治世不以责于民；博闻强志，口辩辞给，人智之美也，而明主不以求于下；敖世轻物，不污于俗，士之伉行也，而治世不以为民化；神机阴闭，剖判无迹，人巧之妙也，而治世不以为民业。故苌弘、师旷，先知祸福，言无遗策，而不可与众同职也；公孙龙折辩抗辞，别同异，离坚白，不可与众同道也；北人无择非舜，而自投清泠之渊，不可以为世仪；鲁般、墨子以木为鸢而飞之，三日不集，而不可使为工也。故高不可及者，不可以为人量；行不可逮者，不可以为国俗。夫絜轻重不失铢两，圣人弗用，而县之乎铨衡；视高下不差尺寸，明主弗任，而求之乎浣准。何则？人才不可专用，而度量可世传也。故国治可与愚守也，而军制可与权用也。（《齐俗》）

从儒家内部看，孔子虽然将知识即向外的学习看作是成就道德的必要条件，但在仁、智两者之间，他还是有所偏重的。在孔子思想体系中，仁和智往往是成对出现的："仁者乐山，智者乐水。"仁和智代表生活的两种不同风格，但当孔子断言说："不仁者不可以久处约，不可以长处乐。仁者安仁，智者利仁。"（《论语·里仁》）一个人离开了仁，既不能长期经受住贫困，也不能长期经受住安乐，那么他在仁、智之间偏重何者就十分明确了。智必须由仁来维持，而为了达到仁又必须有智："知及之，仁不能守之，虽得之，必失之。"（《论语·卫灵公》）

《论语》中的"知"，有时也专指零碎的或无关紧要的知识，带有贬义。如"君子不可小知，而可大受也；小人不可大受，而可小知也"（《论语·卫灵公》）。有时，无知也可能具有敏于感受或灵活变通的意思："吾有知乎哉？无知也。有鄙夫问于我，空空如也。我叩其两端而竭焉。"（《论语·子罕》）。甚至智的对立面愚，也可在特殊情况下被当作内在力量的确证而博得赞许，"子曰：'宁武子，邦有道，则知；邦无道，则愚。其知可及也，其愚不可及也。'"（《论语·公冶长》）

到了孟子，在其心性之学中，几乎完全忽略了智性层面，因此从总体上看，他对知识采取了一种较为轻视的态度。《孟子·离娄下》说："所恶于智者，为其凿也。"如果仅从传统文献来看，似乎在儒家主要人物中，唯有荀子对知识较为重视。在这样的背景下，扬雄将智视作是成圣的必要甚至是唯一的条件，就不能不令人感到惊讶。但郭店楚简的出土，使得我们清楚地了解到，"独智入圣"这一观念并不是扬雄的独创，它是儒家子思学派的一贯主张。在郭店楚简中，智往往是与圣紧密联系的一对概念。《六德》篇云：

> 何谓六德？圣，智也；仁，义也；忠，信也。圣与智戚矣，仁与义戚矣，忠与信戚矣。

《五行》篇云：

> 闻君子道而不智（知）其君子道也，谓之不圣。见贤人而不智（知）其有德也，谓之不智。见而知之，智也；闻而知之，圣也。明明，智也；虩虩，圣也。

可见在子思学派中，一直存在着将高度的智慧视为成圣的必要条件这种观念，这一派的学说显然在汉朝还有着巨大的影响力。马王堆出土的帛书中有《五行》一篇，与简书《五行》大致相同。又有《四行》篇，其云："圣，天知也。知人道曰知，知天道曰圣。"子思学派的知识论和伦理观，显然也深刻地影响到了扬雄。

扬雄的知识论有以下几个特点。首先，在知识的对象上，不局限于人生论范围，而以自然、宇宙为研究的对象，这表现出他从儒家传统思想中获得了相对的解放。我们知道，孔子在中国学术史上前无古人地创立了学问的体系，知识的界限问题，也由其大致地确立起来。孔子知识论的对象，即他在言语中常提到的"文"，包含了二义，一是礼乐制度，一是道德规范。孔子极少注意自然宇宙方面的知识，所有宇宙观的重要范畴，在孔子思想中几乎全然没出现。《论语》言

"学"言"知"都限于人事范围，而不以自然为认识的对象。《论语》中凡涉及自然界事物时，皆是比喻或象征，而非研究的对象。它不是以自然为知识对象而发现其规律，乃是依古代直观的自然知识为媒介而证明人事范围的道德规范。扬雄接受了道家的影响，十分注意探索自然宇宙的根本规律，其《太玄》便是对于自然宇宙总规律的根本把握。《太玄·玄莹》篇说："夫作者贵其有循而体自然……故不攫所有，不强所无：譬诸身，增则赘，而割则亏。"

在扬雄看来，唯有从客观世界出发，世界观才有根据，才可成为伟大的体系。所谓智，首先是感官接触事物而产生的感觉，有了这种感觉才会有智慧与知识，其云：

> 聪明其至矣乎。不聪，是无耳也。不明，是无目也。（《法言·问明》）

人有耳朵的目的就是为了能灵敏地听取，人有眼睛的目的就是为了清晰地看视，人有感官的目的即是为了求取知识。对知识的求取则是人生的一种极致境界。所谓智还应是对事物的一种广泛全面的认识：

> 或问"明"，曰"微"。或曰："微如何其明也？"曰："微而见之，明其悖乎。"（《法言·问明》）

只有能够看见特别细小的东西才能称得上是"明"。

> 吾寡见人之好假者也。迩文之视，迩言之听，偭则假焉。（《法言·寡见》）

意思是我很少见到有人喜欢离我们遥远的古代圣人的文章和言论，都是喜欢晚近诸子的文章和言论，因为离我们近，离我们遥远的古人言行就不去听、不去看。

为了知幽见微，就必须掌握更多的知识。扬雄个人的知识范围极为广泛，无论是哲学、历史、文学，还是天文、历法、语言文字、音乐等无不旁搜博采。所以他说："多闻见而识乎至道者，至识也。"因为多闻而认识的至道，才是真正的知识。

然而，仅仅是对具体事物的认识还不是智者的最高目标，知识的重要程度是有高下之别的。从认识上来说，扬雄注重事物的根本性规律而非一般规律，认为这是大知与小知的区别。

> 或问："小每知之，可谓师乎？"曰："是何师与？是何师与？天下小事为不少矣，每知之，是谓师乎？师之贵也，知大知也，小知之师，亦贱夫。"（《法言·问明》）
>
> 通天地人曰儒，通天地而不通人曰伎。（《法言·重黎》）
>
> 圣人存神索至，成天下之大顺，致天下之大利，和同天人之际，使之无间也。（《法言·问神》）

意思是圣人注重保养精神，以探寻事物深奥的道理。让天下达成大顺获致大利，使天人和同，完全合一。

> 鹪明冲天，不在六翮乎？拔而傅尸鸠，其累矣乎。（《法言·寡见》）

李轨注曰："拔鹪明之翼以傅尸鸠，不能冲天，适足为累耳。谕授小人以大位而不能成大功也；又言学小说不能成大儒。"

只有贯通天人，才是智的真正体现。这正是《四行》篇所谓的"知天道曰圣"的具体化。也就是在这一目的的驱使下，扬雄才构拟《太玄》，试图为自然、社会与人事寻找一个根本性的规律。

对于道家理论中一个普遍的观念，即知识与智慧反而会害及自身，扬雄进行了旗帜鲜明的驳斥。在扬雄看来，不能保身的智只能称为小慧，真正的大智完全能够做到避害全身：

> 或问："人何尚？"曰："尚智。"曰："多以智杀身者，何其尚？"

曰："昔乎，皋陶以其智为帝谟，杀身者远矣；箕子以其智为武王陈《洪范》，杀身者远矣。"（《法言·问明》）

这种观点当是受到董仲舒的影响，在董仲舒那里，所谓智即有预见性、有判断力，行为得当，语言简约不可更易，而最终的表现是能够保身无患，福及子孙。

就认识论而言，有一个根本问题，即知识的来源问题。孔子说："吾非生而知之者，好古，敏以求之者也。"（《论语·述而》）又说："生而知之者上也，学而知之者次也，困而学之者又其次也，困而不学，民斯为下矣。"（《论语·季氏》）将知识的获取分为生而知之与学而知之两种，由此也就开启了知识论的两条发展线索。不过实际上，那种不待学而能知的"生知"，在孔子那里只是虚悬一格，它给以后孟子先验主义的"良知良能"说预开了门户，但总的说来，在早期儒家的思想中，"生知"并不占重要的位置。

在知识的起源问题上，早期儒家更多的是经验主义的，即知识起源于经验。扬雄也否认有"生而知之者"，即有可以不接触经验生来就有正确知识的天才。扬雄同样仿照孔子把人分为四等："学行之，上也；言之，次也；教人，又其次也；咸无焉，为众人。"（《法言·学行》）在他的四个分类中，完全没有不学而知者的地位。扬雄又说：

"先知其几于神乎！敢问先知。"曰："不知。知其道者其如视，忽、眇、绵作昞。"（《法言·先知》）

先知就接近于神了，请问先知是什么样的呢？我不知道，懂得道的人就像是视力好的人，别人忽视的、眇远的、细小的东西他都能看到。圣人所以能先知如神者，非有异术也，见微知著而已。这就像眼睛视物一样，善于观察的人，能够看到秋毫之末；善于运用智慧的人，能够看到几微之萌。并不存在可以不接触事物而天生知之的先知。

在知识的获取如何实现这一点上，扬雄显然也接受了荀子认识论的影响。荀子的认识论充满了朴素唯物主义的观点，乃是先秦认识论上的最高成就。荀子极其重视"心"的作用："心也者，道之工宰也。"（《荀子·正名》）"心者，形之君也，而神明之主也。出令而无所受令。"（《荀子·解蔽》）知识的获取如何实现，通过什么途径呢？同样是"心"在起作用。荀子说："故治之要在于知道。人何以知道？曰：心。心何以知？曰：虚壹而静。"（《荀子·解蔽》）"心生而有知，知而有异。"（《荀子·解蔽》）在这一点上，扬雄的知识论受荀子的影响最大。知识的获取，尤其是隐微幽奥的、规律性的、有关"天"的知识的获取，是由于心的作用。扬雄认为心灵具有穷神知化、深入事物内部认识其规律和法则的能力：

> 或问"神"。曰："心。"请问之。曰："潜天而天，潜地而地。天地，神明而不可测也。心之潜也，犹将测之，况于人乎！况于事伦乎！"（《法言·问神》）

认识的主体——心具有认识事物的能力，但是知识的获取还必须借助于耳、目等感官普遍地接触客观的对象，"目上于天，耳入于渊"（《太玄·淬首·次三》）。如果耳目塞闭，那就断绝了心的认知能力，"割其耳目，及其心腹"（《割首·初一》），"冥断否，在塞耳"（《断首·次二》），就不会有清晰、正确的认识。

扬雄还特别强调心对于认识的作用，认为内心清明、通达，就可以视无不见，无所不晓，"内其明，目窥深也"（《太玄·视首·次二测辞》），"中冥独达，内晓无方也"（《达首·初一测辞》）。相反，内心昏暗，就会耳目错乱，视而不见。这是对荀子认识论思想的继承。

扬雄认为人的认识应该客观地反映对象的情况。他说："上索下索，遵天之度。往述来述，遵天之术。无或改造，遵天之丑，捖拟之天元。""上拟诸天，下拟诸地，中拟诸人。天地作函，日月固明，五行该丑，五岳宗山，四渎长川，五经括矩。天违、地违、人违，而天下之大事悖矣。"（《玄捖》）这是说，客观世界有天地、日月、五行、山川等存在。天地有自己的规律，日月有其固有的光明。《太玄》只是模拟这些客观的情况，不敢改变。如果一个思想体系或者政治措施与实际情况相违背，那就非碰壁不可。

扬雄认为真正的理论必须对客观世界有所遵循。他说："夫作者贵其有循而体自然也。其所循也大，则其体也壮；其所循也小，则其体也瘠；其所循也直，则其体也浑；其所循也曲，则其体也散。故不攫所有，不强所无。譬诸身，增则赘，而割则亏；故质干在乎自然，藻华在乎人事也，其可损益欤？"（《玄莹》）自然，即事物之本然、本来的样子。循，即遵循，遵循客观的实际情况。体自然，即以自然为体，也即以客观的本来样子为内容，既不能有所增加，也不能有所减少，忠实地反映客观现实。因此冯友兰说，扬雄的认识论有反映论的因素。

获取知识的目的在于运用。在先秦儒家主要是孔子的思想体系中，知识的获取是提高自我修养的重要部分，其最终目的是道德的自我完善。知识的价值在于它对自我实现、帮助人们与天合一有着重要的作用，求取、使用知识的目的绝不在于占有知识以控制自然。扬雄对知识的态度与先秦儒家有着显著不同："智也者，知也。夫智用不用，益不益，则不赘亏矣。"（《法言·问道》）智慧的目的就在于把不为人所知的东西，变为为人所知的东西；而知识的目的即是把本来不为人所用的东西，变成人所用的东西；把本来无益于人的东西，变成于人有益的东西。有所知而不用，则其知若赘；有所不知而不益，则其知必亏；能用人所不用，则知不赘；能益人所不益，则知不亏。圣人存神索知的目的最终是要成天下之大顺、致天下之大利，和同天人，应用于人类社会。

何以知道哪些是正确的知识，哪些是不正确的知识，亦即真理的标准何在？初看起来，扬雄的观点完全是教条主义的观点，即圣人经书之言乃是真理的唯一标准：

> 或曰："人各是其所是，而非其所非，将谁使正之？"曰："万物纷错则悬诸天，众言淆乱则折诸圣。"或曰："恶睹乎圣而折诸？"曰："在则人，亡则书，其统一也。"（《法言·吾子》）

这是胡适所谓的"标准的"知识论。因为知识易有谬误，故不能没有个可以取法的标准模范。孟子说："规矩，方员之至也；圣人，人伦之至也。"（《离娄上》）荀子也说："圣也者，尽伦者也；王也者，尽制者也。两尽者，足以为天下极矣。故学者以圣王为师，案以圣王之制为法；法其法，以求其统，类[其]类，以务象效其人。"（《解蔽》）他们两人都把"法圣王"看作一条教育的捷径。譬如古人用了心思目力，造下规矩准绳，后世的人依着去做，便也可方圆平直，学问知识也是如此。依着好榜样去做，便也可得正确的知识学问，便也可免除许多谬误。但实际上，扬雄心目中的真理必须是经过事实验证的，圣人经书之言之所以是真理，原因就在于它们是得到了验证的：

> 君子之言，幽必有验乎明，远必有验乎近，大必有验乎小，微必有验乎著。无验而言之为妄。君子妄乎？不妄。（《法言·问神》）

综上所述，我们可以看出，扬雄在认识论问题上有着相当健全清醒的理论，从他强调对事物本身的客观反映和重视征验的立场上，我们可以看出他的理性主义态度，这使得他在神学迷信盛行的西汉，对神怪之事和长生成仙之说持有清醒的理智态度：

> 或问："赵世多神，何也？"曰："神怪茫茫，圣人曼云。"（《法言·重黎》）

神怪之事，经验事实不能证其有，也不能证其无，但扬雄还是含蓄地表明了自己的看法："圣人曼云。"

自武帝掀起一股候神求仙以祈长生的热潮之后，方士阶层极为活跃。在他们的把持下，汉朝国家宗教中几乎所有的重要仪典都是在方仙道精神的指导下设计的，各种神仙方术之说也异常丰富。元帝时，尽管儒生进行了一系列的努力，但至成帝年间，朝廷对方术神仙之说又给予高度重视。《汉书·祭祀志》说："成帝晚年颇好鬼神，亦以无继嗣故，多上书言祭祀方术者，皆得待诏，祠祭上林苑中长安城旁，费用甚多。"而当时的一些著名儒生如刘向等，也相信神仙方术之说。在这样的时代风气下，扬雄却清醒地表明了自己的立场，他的观点是：有生者必有死，有始者必有终，自然之道也。

> 或问："人言仙者有诸乎？""吁，吾闻伏羲神农殁，黄帝尧舜殂落而死，文王毕，孔子鲁城之北。独子爱其死乎？非人之所及也。"

说得虽委婉，意思却很明确：圣人都有死，何况常人？所以成仙之说"非人之所及也"，增寿的唯一办法是增德：

> 或问："寿可益乎？"曰："德。"曰："回、牛之行德矣，曷寿之不益也？"曰："德，故尔。如回之残、牛之贼也，焉得尔？"（《法言·君子》）

有人问，颜回、伯牛的行为称得上是有德了，为什么寿命没有延长呢？扬雄说，因为他们有德，所以才活到了现在这个岁数，如果颜回、伯牛是德行的残贼之徒，怎么会有如此年寿？

正是由于这种重视征验的理性主义立场，使扬雄对当时一些夸大不经、假托历史编造神话的文本保持了相当的警觉，和司马迁一样，扬雄自觉地以一种辨伪的眼光加以考察：

> 或问"黄帝终始"。曰："托也。昔者，姒氏治水土而巫步多禹。扁鹊，卢人也，而医多卢。夫欲雠伪真，必假真。禹乎，卢乎，终始乎！"（《法言·重黎》）

当时有黄帝之书，论终始之运。扬雄说，这些都是伪托的。以前禹治水土，病足，行跛，于是俗巫多效仿禹步；扁鹊，是太山卢人，后来的江湖医生都自称是卢人。想要作伪一定假托真。禹步、卢医、黄帝终始，都是一回事。

自孔子开始，从子思及其门徒，到荀子，再到扬雄，尽管门派并不相同，但其重智思想却构成了儒家知识论中一个一脉相承的传统。

扬雄的教育思想

由于扬雄对知识的极端重视，相应地，扬雄对后天的学习也分外看重。《法言》第一篇为《学行》，这与《论语》以"学而时习之"为首章，《荀子》以《劝学篇》为第一篇，用意相同，表示对学习的特别重视。《学行》篇说：

> 学，行之上也；言之，次也；咸无焉，为众人。

在学习的方法上，扬雄与孔子一样强调思考对于学习的重要作用。孔子说："学而不思则罔，思而不学则殆。"（《论语·为政》）而扬雄在此观点上进一步提出："学以治之，思以精之，朋友以磨之，名誉以崇之，不倦以终之，可谓好学也矣。"（《法言·学行》）除了学习要思考之外，还要钻研运用，与朋友切磋琢磨，这样才能使学问长进。

在学习的目的上，扬雄继承并发展了儒家的传统观点。孔子所论的学习不是纯粹知识的研究，而是做人的手段。先秦儒家首先关心的是学做一个完善的人，学做一个完善的人不仅是儒家最关切的问题，而且是终极关切和全面关切的问题，因此自我修养的提高是学的根本目的，所以儒家坚定地主张"学者为己"（《论语·宪问》），其次才是学而知之，对知识的了解与占有只能是学的次要目的，而根本目的还在于自我修养的提高。扬雄同样认为学习的重要目的在于学习做人。

学者，所以修性也。（《法言·学行》）

　　学者，所以求为君子也。求而不得者有，夫未有不求而得之者也。
（《法言·学行》）

扬雄反复强调学习对于人的道德修养与性情的陶铸、提高与改变：

　　或曰："学无益也，如质何？"曰："未之思矣。夫有刀者砥诸，有
玉者错诸，不砥不错，焉攸用？砥而错诸，质在其中矣。否则辍。"（《法
言·学行》）

有人问，学没有什么用处，资质好的人不需要学，资质差的人学不好。扬
雄说，就像是良金所做的刀也需要磨，美玉照样也需要琢，不磨不琢，那就割不
断东西，不雕琢，就不能成器。资质好的人学了增加他的智慧，资质差的人学了
不再愚蠢。学习有益却无伤于人的天分，不学就只能停留在天分上了，不能再有
进步。

　　与孔子将学问仅仅视为自我道德完善的手段并不完全相同，在扬雄的心目
中，学还有掌握自然规律从而更好地治理国家的作用，所以他说：

　　学者为王者事，其已久矣。尧、舜、禹、汤、文、武汲汲，仲尼皇皇，
其已久矣。（《法言·学行》）

据此，他反对以博取长生、追求个人功名为目的的庸俗功利主义的学习观：

　　或曰："人羡久生，将以学也，可谓好学已乎？"曰："未之好也，学
不羡。"（《法言·学行》）

"学不羡"反映出一种超越世俗功利的学习态度。扬雄的非功利主义学习

观在当时有着强烈的针对性。我们在前面曾经论述过，以经学取士的制度建立之后，儒生纷纷将治学作为一种谋取利禄的手段，五经博士系统的建立，使得五经成为发策决科的标准。在《法言》中，最能反映强烈的时代批评性的是扬雄对当时这种学风的批判。首先，扬雄将矛头直指章句之学的功利主义治学目的。《学行》篇说：

> "书与经同，而世不尚，治之可乎？"曰："可。"或人哑尔笑曰："须以发策决科。"曰："大人之学也为道，小人之学也为利。子为道乎？为利乎？"或曰："耕不获，猎不飨，耕猎乎？"曰："耕道而得道，猎德而得德，是获飨已。吾不睹参、辰之相比也。是以君子贵迁善。迁善者圣人之途与！百川学海，而至于海，丘陵学山，而不至于山，是故恶夫画也。"

"画"是停止的意思。学习最忌讳的就是半途而废。经学取士之后的另一大弊端是以繁琐的讲解和标新立异来建立并保持自己的知识权威。经师说两字多达10余万言，儒学的生命活力在这种繁琐的讲经中丧失殆尽。而且，各家都有自己的师法、家法，没有统一的解释，存在着各种意见，一卷之书有无数的异说。对此，扬雄表示了强烈的反对："一閧之市，不胜异意焉；一卷之书，不胜异说焉。一閧之市，必立之平；一卷之书，必立之师。"（《法言·学行》）

> 或曰："诡诡者天下皆说也，奚其存？"曰："曼是为也，天下之亡圣也久矣。呱呱之子，各识其亲；诡诡之学，各习其师。精而精之，是在其中矣。"（《法言·寡见》）

扬雄为学主张多闻博见而后守之以约，他在《吾子》篇中说："多闻则守之以约，多见则守之以卓。寡闻则无约也，寡见则无卓也。"而今文经学绝不如此，他说："今之学也，非独为之华藻也，从而绣其鞶帨，恶在《老》不《老》也。"（《法言·寡见》）而要改变这种治学风气的最关键的办法乃是改变以经学发策决科的取士方式，"或曰：学者之说可约耶？曰：可约，解科。"（《法言·寡见》）学者之说完全可以约省，只需要旨清楚、条理分明。

尤其重要的是，在阴阳灾异学说几乎完全控制了知识分子思想信念的西汉中晚期，扬雄能不受其笼罩，对灾异之说保持一种较为健全的客观理性态度。他反对星象预测吉凶之说，"或问：星有甘石，何如？曰：在德不在星。德隆则晷星，星隆则晷德也。"（《法言·五百》）他虽然没有明确否定灾异学说，但把自然变异看得不甚重要。守德为本，人的行为对于事业的成功具有决定性作用，"或曰：圣人事异乎？曰：圣人德之为事，异亚之。故常修德者，本也；见异而修德者，末也。"（《法言·孝至》）圣人看重的是德行，灾异是次要的东西。经常修德才是根本，看见灾异才修德的，是末流。扬雄之所以能这样的超拔，无疑与他淡泊功利、疏离政治的人生态度有关。当时的儒生，或借灾异以挟持君主，为自己的政治主张寻找天意根据；或借灾异以打击政敌，争夺权力；最主要的目的是干政。而对与政治有意识地保持疏离的扬雄来说，自能对灾异之说保持一种客观清醒的认识。

扬雄最为反对的是博士制度下的章句之学日益固陋，使得儒学失去了本来面目，丧失了生命活力。

> 或曰："有人焉，自云姓孔而字仲尼，入其门，升其堂，伏其几，袭其裳，则可谓仲尼乎？"曰："其文是也，其质非也。""敢问质？"曰："羊质而虎皮，见草而说，见豺而战，忘其皮之虎矣。"（《法言·吾子》）

这段话有力地揭示出西汉时期的儒学已经改变了先秦儒学的精神实质，成为虎皮羊质的假儒学。

从这些论述中，我们可以看出扬雄在很多方面能够坚持自己独立思考的立场，不受当时流行风气影响，坚持信守古典儒学的基本精神，而对章句之学迷信、虚妄、功利、自私的治学风尚表现出强烈的战斗性，这可以说是扬雄思想中最宝贵的内容。

扬雄的文学理论

扬雄的哲学体系是以玄为中心的。玄是宇宙的初始和万物的本体，天地人间的一切事物都是由玄分化产生出来的，都是玄在某一阶段、某一方面的表现。具体到社会人事，那么玄的表现就是"道"。在人类的社会生活中，"道"是最高的范畴。

文章何以能够明道？那是由于心的作用。扬雄认为言和文是源于心的。《法言·问神》篇有一段重要论述：

> 言不能达其心，书不能达其言，难矣哉！……面相之，辞相适，捈中心之所欲，通诸人之嘓嘓者，莫如言。弥纶天下之事，记久明远，着古昔之喈喈，传千里之恣恣者，莫如书。故言，心声也；书，心画也。声画形，君子小人见矣。声画者，君子小人之所以动情乎？

以表情、辞气相交接，抒发心中的感情，交流众人的观点，没有比语言更好的东西。记录久远的事实，了解古代的事情，传达千里之外的不明白的事物，没有比文字更好的东西。李轨注说："声发成言，画纸成书。书有文质，言有史野。二者之来，皆出于心。察言观书，断可识也。" 而心具有探知天地之道的能力：

或问"神"。曰："心。"请问之。曰："潜天而天，潜地而地。天地神明而不测者也，心之潜也，犹将测之，况于人乎？况于事伦乎？"（《法言·问神》）

天地之规律都能测知，社会人事之理当然也不难探知，而言为心声心画，所以作为文章的"言"，也能反映宇宙、社会的根本规律。

在扬雄的心目中，社会人事之"道"的内容主要是儒家伦理思想支配下的治国修身之道。它首先体现在历代圣人的行为当中，"适尧舜文王者为正道，非尧舜文王者为它道，君子正而不它。"（《法言·问道》）"不合乎先王之法者，君子不法也。"其次则体现在圣人的言论主要是经典当中，"圣人之言，天也，天妄乎？……浑浑乎圣人之道，群心之用也。"（《法言·五百》）"舍舟航而济乎渎者，末矣；舍五经而济乎道者，末矣。"（《法言·吾子》）"惟圣人得言之解，得书之体，白日以照之，江河以涤之，灝灝乎其莫之御也。"（《法言·问神》）因此，圣人之言行就成为判断事物正确与否的标准，"众言淆乱则折诸圣。或曰：恶睹乎圣而折诸？曰：在则人，亡则书，其统一也。"（《法言·吾子》）人类明道最简捷也是唯一的途径就是通过圣人的言行，如果圣人不在世，那就通过他们的书籍，也就是经典来了解。舍此以外，都非正道。由其他途径而得来的知识都是迷识与赘累，"弃常珍而嗜乎异馔者，恶睹其识味也？委大圣而好乎诸子者，恶睹其识道也？……好书而不要诸仲尼，书肆也；好说而不要诸仲尼，说铃也。"（《法言·吾子》）"书不经，非书也；言不经，非言也。言书不经，多多赘矣。"（《法言·问神》）"多闻见而识乎正道者，至识也；多闻见而识乎邪道者，迷识也。"（《法言·寡见》）

这样，扬雄就建立起了一个明道、征圣、宗经的认识和行为体系。人类行为与认识的目的都是为了明道，所以，文学的最高理想，也是最终目的，就是明道。道的外在和具体的表现是圣人的行为与言论，所以明道的具体手段就是征圣与宗经。

由明道、征圣、宗经这一最高理论模式出发，扬雄的文学理论因此具备如下一些特点：

第一，文学的目的不在于审美，不在于娱悦耳目，文学本身并无独立的价值。这种文学观本身是功利主义的。

文学的目的是为了明道，也就是体现儒家伦理思想支配下的治国修身之道，并以之感化和教育他人。这种感化和教育之所以有可能，也是通过言为心声心画这个中介。从创作者来说，文是心的体现；从接受者来说，文可以动读者之情。实际上也就是以作者之心去感动读者之心。这也就是说，通过文学，能够启悟、感化读者，对社会发生积极的作用。辞赋创作也不例外，它的根本目的就是通过作者的阐述，能够使帝王了解与掌握古代帝王的治国修身原则，从而节制并规范自己的行为。因此，扬雄特别重视辞赋的教化功能。汉赋这一体裁一般都有两个部分，第一是夸饰铺陈部分，第二是正言规劝部分。扬雄极其重视辞赋作品中的讽谏因素，指望通过其中的正言规劝能使统治者遵从圣王之道。但实际效果令他极其失望，晚年的扬雄对赋这一体裁有过深刻的反思：

> 雄以为赋者，将以风之，必推类而言，极靡丽之辞，闳侈钜衍，竞于使人不能加也。既乃归之于正，然览者已过矣。往时武帝好神仙，相如上《大人赋》欲以风，帝反缥缥有凌云之志。由是言之，赋劝而不止，明矣。又颇似俳优淳于髡、优孟之徒，非法度所存，贤人君子，诗赋之正也，于是辍不复为。（《汉书·扬雄传下》）

扬雄认为赋是用来讽谏的，一定要推展论述，用尽华丽的辞藻，宏伟侈华推衍无穷，致使人无以复加，既而归为正道，但看的人已翻过去了。从前武帝喜欢神仙，相如献上《大人赋》，要想讽谏，皇帝看后反而飘飘然有凌云之志。由此说来，赋劝而不止，是很明白的。又很像俳优淳于髡、优孟之流，不是具有法度的、贤人君子的纯正之作，于是停止不再作赋。

> 或问："吾子少而好赋？"曰："然。童子雕虫篆刻。"俄而，曰："壮夫不为也。"或问："赋可以讽乎？"曰："讽乎！讽则已，不已，吾恐不免于劝也。"（《法言·吾子》）

由此我们可以看出，扬雄之所以放弃辞赋的创作，完全是因为写赋无法取得经世致用的实用目的，更多的时候还会起到反面作用。

经世致用的功利主义文学观往往会引发出重质轻文的文质观。《太玄·文首》以文为专题对文质关系有过较为系统的论述：

> 阴敛其质，阳散其文，文质班班，万物粲然。
>
> 初一，袾禩何缦，玉贞。测曰：袾禩何缦，文在内也。
>
> 次二，文蔚质否。测曰：文蔚质否，不能俱晬也。
>
> 次三，大文弥朴，孚似不足。测曰：大文弥朴，质有余也。
>
> 次四，斐如邠如，虎豹文如，匪天之享，否。曰：斐邠之否，奚足誉也。
>
> 次五，炳如彪如，尚文昭如，车服庸如。测曰：彪如在上，天文炳也。
>
> 次六，鸿文无范，恣于川。测曰：鸿文无范，恣意往也。
>
> 次七，雉之不禄，而鸡茀谷。测曰：雉之不禄，难幽养也。
>
> 次八，雕戳，谷布亡于时，文则乱。测曰：雕戳之文，徒费日也。
>
> 上九，极文密密，易以黼黻。测曰：极文之易，当以质也。

其大意为：如同人应该内穿彩绣而外披素幔一样，君子应该内文外质。文华虽茂，而质不副，就不能俱美。真正的外表应该是极端朴素的。虎豹之皮，文采斑斑，享祭不用，徒有其名。不过，圣王的典制礼法，却需要炳明离章的文仪。而小人之文则无法而妄为，就像鹤舞鸿飞之象，偶有文字之象而无法。野鸡有文但无禄，家鸡无文却有余谷，有文采却不为世用，难以在社会中立足。雕琢纤巧，以求悦世，耕桑失时而伤粟帛，则府库空乏，民少衣食，其国必乱。故尚文饰必至于乱，文饰太过，必伤害农政，当易之以质朴。

这里论及的文质关系已经远远超越了文学的范围，而涉及治国理民与立身处世，但扬雄的文学观与其政治观和修身观是一脉相承的。总的来说，扬雄主张文章应该华实相副、文质彬彬，在文与质之间找到一种平衡。

或问："君子尚辞乎？"曰："君子事之为尚。事胜辞则伉，辞胜事则赋，事称辞则经。足言足容，德文藻矣。"（《法言·吾子》）

实无华则野，华无实则贾，华实副则礼。（《法言·修身》）

或问："君子言则成文，功则成德，何以也？"曰："以其弸中而彪外也。"（《法言·君子》）

所谓"弸中而彪外"，意思是内容充实而文采外显。他并不否定文华：

典谟之篇，《雅》《颂》之声，不温纯深润，不足以扬鸿烈而章绲熙。（《解难》）

或曰："良玉不雕，美言不文，何谓也？"曰："玉不雕，玙不作器；言不文，典谟不作经。"（《法言·寡见》）

圣人文质者也，车服以彰之，藻色以明之，声音以扬之，《诗》《书》以光之。笾豆不陈，玉帛不分，琴瑟不铿，钟鼓不抎，则吾无以见圣人矣。（《法言·先知》）

然而在扬雄的论述中，文与质是有主次之分的。质是里，文是表；质是根本，文是外饰：

或问"圣人表里"。曰："威仪文辞，表也；德行忠信，里也。"（《法言·重黎》）

外观文饰有时并不能反映事物的本质：

或曰："有人焉，自云姓孔而字仲尼，入其门，升其堂，伏其几，袭其裳，则可谓仲尼乎？"曰："其文是也，其质非也。"敢问"质"。曰："羊质而虎皮，见草而说，见豺而战，忘其皮之虎也矣。"（《法言·吾子》）

文是可以随时间而消逝的，亘古不变的乃是内在的质：

> 或问："圣人之言，炳若丹青，有诸？"曰："吁，是何言与！丹青初则炳，久则渝，渝乎哉？"（《法言·君子》）

文饰的根本目的在于更好地显示本质与情实。

> 文以见乎质，辞以睹乎情。（《太玄·玄莹》）

从《太玄·文首》中，我们可以看出，扬雄再三论述过度的文饰将对本质造成损害，这不仅反映在治国经世上，也反映在文辞书籍的创作中：

> 或曰："女有色，书亦有色乎？"曰："女恶华丹之乱窈窕也，书恶淫辞之淈法度也。"（《法言·吾子》）
> 无质饰，先文后失服。测曰：无资先文，失贞也。（《太玄·饰·次二》）

《饰》为阳家，次二为不吉之赞。王涯曰："无其本质，欲以求饰，虽先以文采，后必失其所服。"司马光谓："二为思中而当夜，小人内无诚实，徒事外饰。其始则文采信美矣，终则失其正服也。服以谕德之形于外也。"

> 素车翠盖，维视之害，贞。测曰：素车翠盖，徒好外也。（《太玄·视·次六》）

《视》为阳家，次六也为不吉之赞。司马光注曰："六为上禄而当夜，小人无德而禄，外好内丑，如乘素车而张翠盖，视其外则华，内实无文也；贞者，当以正视之，则其好丑自分矣。"

> 翡翠于飞，离其翼；狐貄之毛，躬之贼。测曰：翡翠狐貄，好作咎也。

（《太玄·视·次八》）

司马光谓："八为祸中而当夜，外观之美，适为身灾。故曰'好作咎也'。"

赋这一体裁乃是丽辞害意的典型代表，扬雄将他之前作的赋分为二类，那就是"诗人之赋"与"辞人之赋"。《法言·吾子》：

> 或问："景差、唐勒、末玉、枚乘之赋也，益乎？"曰："必也淫。""淫，则奈何？"曰："诗人之赋丽以则，辞人之赋丽以淫。如孔氏之门用赋也，则贾谊升堂、相如入室矣。"

赋有"丽以则"与"丽以淫"两类，"则"是合乎法度，"淫"是泛滥放荡。贾谊、相如这样的辞人之赋虽然有着正确的道德原则和经世致用的劝讽目的，但依然不为统治者所闻，达不到教化的目的，这只能从赋这一形式本身来寻找原因。无论如何，"丽"是汉赋的共同特点，这个特点从某个方面来说，妨碍了经世致用这一最终目的的完成，辞赋的靡丽特点乃是对辞赋最大的损害：

> 或曰："雾縠之组丽。"曰："女工之蠹矣。"（《法言·吾子》）

雾縠虽丽，蠹害女工；辞赋虽巧，惑乱圣文。即便是创作辞赋最出色的大家屈原与司马相如，也无法避免浮虚之病：

> 或问："屈原、相如之赋孰愈？"曰："原也过以浮，如也过以虚。过浮者蹈云天，过虚者华无根。然原上援稽古，下引鸟兽，其着意，子云（当是衍文）、长卿亮不可及也。"（《文选·谢灵运传论》李善注引《法言》）

一个是"浮"，一个是"虚"，都是文饰过盛而造成了质的损害，从而具有"蹈云天""华无根"的特点，这既是特点，更是缺陷。正因为辞赋在形式上存在着这样的缺陷，所以晚年的扬雄将赋视为雕虫小技，辍不复作。

第二，由明道、宗经、征圣的原则出发而建立的文学观必然是古典主义的。说扬雄的文学观是古典主义的，这体现在他的理论与创作两个方面。

从其理论来说，因为道的最具体、最完满的体现是圣人的行为和言论，圣人与经书是人们学习的最高典范，这就强调了古典作家（主要是圣人）及其作品至高无上的重要意义。圣人与经书是后人的楷模，是价值判断的准则。就圣人之行来说，"不合先王之法者，君子不法也。"（《法言·吾子》）就圣人之言来说，"或问：'五经有辩乎？'曰：'惟五经为辩。说天者莫辩乎《易》，说事者莫辩乎《书》，说体者莫辩乎《礼》，说志者莫辩乎《诗》，说理者莫辩乎《春秋》，舍斯，辩亦小矣。'"（《法言·寡见》）

从其创作来说，扬雄的作品严格地遵守古典主义的立场，他的大部分作品都是模拟古典作品的产物："以为经莫大于《易》，故作《太玄》；传莫大于《论语》，作《法言》；史篇莫善于《仓颉》，作《训纂》；箴莫善于《虞箴》，作《州箴》；赋莫深于《离骚》，反而广之；辞莫丽于相如，作四赋：皆斟酌其本，相与放依而驰骋云。"

我们这里使用古典主义而非一般所说的复古主义，同样基于扬雄的理论与创作两个方面的原因。在理论上，扬雄虽然模仿古典作品，也认为古代经书是至高无上的榜样，但在扬雄的哲学观中充满了因变革新的辩证法内容，所以他同时又认为，道非天然，是随时而变、应时而造的，随着时代的不同，圣人的行为与言论是可以有变化有损益的，后人对此必须做到有因有革。他主张"为政日新""新则袭之，敝则益损之"。在创作上，我们已在上文论述过，扬雄的很多作品具有开创性的意义，如他的大赋在讽谏方式上的丰富，《逐贫赋》在赋体形式与表达方式上的创新；《州箴》《官箴》对箴这一古老体裁的发展；《赵充国颂》、连珠体等在文体上的开拓，等等。所以，我们说扬雄的文学观是古典主义而不是复古主义的。所谓古典主义，是继承与创新的结合，它将古典作品视为一种理想、一个楷模，以此来提升当代创作的品位，力图在新的时代条件下遵循其道德伦理原则，恢复其经世致用的功能，而并非亦步亦趋、泥古不化。

第三，明道、宗经与征圣还导致了扬雄的精英主义立场。我们这里所说的精英主义，是指其不趋向世俗，不迎合大众，而坚持以艰深古奥的表述方式阐述其覃思深虑的观念。

扬雄的文章素以艰深难懂著称，类似《太玄》这样的书，"观之者难知，学之者难懂"（《汉书》本传）。刘歆预测其将被后人覆酱瓿。但文必艰深乃是扬雄的一种自觉追求，他认为：首先，从"明道"来说，深奥的、重要的道理必然是常人所难以理解的，"若夫闳言崇议，幽微之途，盖难与览者同也。昔人有观象于天，视度于地，察法于人者，天丽且弥，地普而探，昔人之辞，乃玉乃金，彼岂好为艰难哉？势不得已也。"（《解难》）

天道、地道、人道——自然社会的根本规律怎么可能是浅俗易解的呢？圣人之经是明道的，所以圣人之经同样是艰深难懂的，"或问：'圣人之经不可使易知与？'曰：'不可。'天俄而可度，则其覆物也浅矣。地俄而可测，则其载物也薄矣。大哉！天地之为万物廓，五经之为众说郛。"（《法言·问神》）

可度的东西必然包容小，可测的东西必然所载少，如果人人都易知易晓，那其内容肯定轻浅。

其次，就文章写作的要求来看，也必须做到"约""要""浑""沉"。《太玄·玄莹》说："务其事而不务其辞，多其变而不多其文也。不约，则其旨不详；不要，则其应不博；不浑，则其事不散；不沉，则其意不见。"这一点，圣人与经籍同样可以作为榜样：

> 或曰："辞达而已矣。"曰："圣人之文，其隩也有五：曰元，曰妙，曰包，曰要，曰文。幽深谓之元，理微谓之妙，数博谓之包，辞约谓之要，章成谓之文。圣人之文，成此五者，故曰不得已。"（《渊鉴类函·文章》引《法言》逸文）

正因为文学的目的是明道，而文学的榜样是圣人和经籍，出于认识与表述这双重原因，所以：

> 大味必淡，大音必希；大语叫叫，大道低回。（《解难》）

而曲高则和寡，阳春白雪肯定得不到大众的附和：

> 声之眇者不可同于众人之耳，形之美者不可混于世俗之目，辞之衍者不可齐于庸人之听。今夫弦者，高张急徵，追趋逐耆，则坐者不期而附矣；试为之施咸池，揄六茎，发萧韶，咏九成，则莫有和也。（《解难》）

尽管如此，扬雄依然坚持其精英主义立场。他的文章，只是写给当世乃至后世的知音看的。世人知音，哪怕破琴辍斤，也绝不随俗阿世、随波逐流：

> 是故钟期死，伯牙绝弦破琴而不肯与众鼓；獿人亡，则匠石辍斤而不敢妄斫。师旷之调钟，俟知音者之在后也；孔子作《春秋》，几君子之前睹也。老聃有遗言，贵知我者希，此非其操与！（《解难》）

在中国历史上，扬雄似乎是少数几个坚持文学的精英主义立场的人物。这种立场，从侧面反映出扬雄特立独行的人格。

扬雄对后世文学思潮的影响，不仅仅表现在文学理论与文学理论的直接对应上，他的创作活动、哲学思想和文学理论都对后世的文学思潮有影响。

首先就其创作活动而言，学者许结指出，扬雄以著述企求立名，破西汉儒门师法章句传统之学以成一家之言，寓文学思想于学术著作，这对东汉文学产生了重要的影响。可以说，扬雄独特的文学思想体系的形成在很大程度上取决于他借著述立名这一点，而东汉以后的思想家、文学家如桓谭、王充、张衡、王符、葛洪、陆机、刘勰等对扬雄诸多文学观点的继承，又首先表现为汲取其自创体系的著述精神。这是促进东汉文风转变的一个明显标志。

就其哲学思想而言，许结说：扬雄立"玄"，在开东汉学术玄远旨趣的同时，亦开东汉文风中崇尚自然的思想情趣和达观玄览的艺术境界。这个问题较为复杂。我们曾经谈到扬雄的自然哲学和政治伦理哲学是有矛盾的，尽管他认为天道无为，但他不能彻底地将以天道明人事的立场坚持到底，在涉及人事时，他是反对自然无为的。所以我并不认为在扬雄的文学理论和文学创作中存在着崇尚自然的主张和取向，论者以"鸿文无范，恣于川。测曰：鸿文无范，恣意往也"来论证他有摆脱法度、崇尚自然的文学主张，乃是对这一材料的误读。此句出于《太玄·文首·次六》。《文》为阳首，次六为不吉之赞，此条的倾向是批评性的。司马光注曰："鸿雁之飞，偶有文字之象而无法也，遇川则自恣而已。六过中而当夜，小人之文无法而妄为者也。"也就是说，扬雄是竭力主张文（包括文章）是应该合法度的。东汉文学是否已经形成一种崇尚自然的风气似乎也还可以讨论，但扬雄的《太玄》确实对东汉文学有较大的影响。自扬雄立玄旨以后，东汉文人创作竞相言玄，如《玄根》（刘騊駼）、《思玄》（张衡）、《玄表》（蔡邕）、《玄达》（潘勖）等渐开魏晋文学以玄托旨、因玄显志、以玄达趣的风尚。

就其文学理论而言，扬雄的影响无疑是巨大的。朱东润在《中国文学批评大纲·东汉之文学批评》中说："东汉一代，文学论旨，首推桓谭、班固，其后则有王充。谭、固盛称子云，充之论出于君山，故谓东汉文论，全出于扬雄可也。"实际上，我们尤其应该提及扬雄对于刘勰的影响。《文心雕龙》中屡屡提及扬雄，扬雄有关文学的言论皆成为刘勰论文的准绳。扬雄与文学生活有关的片段，在刘勰心目中皆成为文坛的掌故；扬雄的各种作品，《文心雕龙》中无不论及。徐复观说："我认为最能了解扬雄文学的，古今无如彦和。"我们可以补充一点，对彦和（刘勰）影响最大的，古今无如扬雄。

扬雄对中国文学理论最大的影响有如下几点：

首先，他从理论上奠定的明道、征圣、宗经的原则，上承孟荀，下开刘（勰）韩（愈），成为中国封建社会处于绝对统治地位的正统文学观。先秦时期，孟子在《滕文公上》中自称他并非好辩，而是为了保卫和宣传先圣之道，所言已有明道、征圣、宗经的意思。后来，荀子在《正名》《正论》《儒效》等篇中要求文学与言辞必须符合礼义和道，以圣人及其经典为准则，这些意见比孟子之言更加详细、更加清楚，初步提出了明道、征圣、宗经的思想。扬雄将这些主张加以系统化的论述。这以后，刘勰《文心雕龙》中的《原道》《征圣》《宗经》诸篇，明显是对扬雄这一创作原则的发挥。而韩愈阐述"文"与"道"的关系，依然可以看出扬雄的影响。

其次，乃是其文质相副、以质为主的文质观，成为儒家文学理论中的经典思想。刘勰就从不同的角度阐发了质先于文、质文并重的文学主张，比较全面地说明文学内容和形式的关系。他指出："夫铅黛所以饰容，而盼情生于淑姿；文采所以饰言，而辩丽本于情性。故情者，义之经；辞者，理之纬；经正而后纬成，理定而后辞畅，此立文之本源也。"（《文心雕龙·情采》）很显然，这种观念和扬雄是一脉相承的。正是明道、征圣、宗经的原则和文质相副、以质为主的文质观，构成了正统儒家文学理论的基干。

　　第三，扬雄的文必艰深说，成了唐代古文运动中皇甫湜、来无择、孙樵等人理论的先声。

扬雄的历史思想

在扬雄以前，普遍流行的历史观念乃是历史命定论和历史循环论，最早的大历史观似乎应数邹衍的五德终始论。邹衍将原本适用于自然的阴阳五行学说应用于人类社会的历史发展，创立了五德终始学说。所谓五德终始，是认为每一个朝代都有自己的符应，每一个朝代也都有自己的终结，当其终结之时，必然会有一个受天之命的圣君来代替它。而朝代与朝代的关系则根据五行相克或相生原理而建立。

这种理论，首先是一种历史命定论，认为火德之朝代替木德之朝、水德之朝代替木德之朝乃是历史的必然，是天命所决定的；其次是一种历史循环论，历史以五个朝代为一个循环，周而复始。

邹衍的理论开始时并不能得到人们的承认："王公大人初见其术，惧然顾化，其后不能行之。"（《史记·孟荀列传》）然而社会发展的客观需要，也就是王朝的连续更替，如秦代周、汉替秦需要理论依据和解释，所以它很快便得到接受并转化为社会实践。《史记·封禅书》说："邹衍以阴阳主运显于诸侯，而燕齐海上方士传其术，不能通，然则怪迁阿谀苟合之徒自此兴，不可胜数也。"

实际上，到了汉代以后，接受邹衍理论的绝不仅仅是"燕齐海上方士"及"怪迁阿谀苟合之徒"，而成为汉朝知识阶层一种普遍的历史认知模式。到了董仲舒，又将五德终始说改造为三统循环理论。所谓三统循环，就是历史上一切朝代，都要按照黑、白、赤三统循环更迭。它与五德终始说的不同，就在于五德之间具有相生相克的关系，因而五德之更迭具有内在的生、克的必然性，而"三统"之间的循环则不具有生、克的必然性，这就为后世以和平演变方式改朝换代开启了门户，但它同样是一种循环论和命定论。

扬雄的历史观念则具有如下几个特点。第一个特点是重人事轻天命的历史决定论。扬雄的天命论有着明显的二元论倾向。在董仲舒的神学目的论占统治地位的汉朝，他自然会在某种程度上受其影响，相信有一个至高无上的"天"的存在，《法言·问明》说：

眩眩乎，惟天为聪，惟天为明。夫能高其目而下其耳者，匪天也夫？

但另一方面，他又受道家的影响，认为天道自然无为，并非有意识有目的地造就万物、决定人事，《法言·问道》：

或问天。曰："吾于天与，见无为之为矣。""雕刻众形者，匪天与？"曰："以其不雕刻也。如物刻而雕之，焉得力而给诸？"

或问："其有继周者，虽百世可知也。秦已继周矣，不待夏礼而治者，其不验乎？"曰："圣人之言天也，天妄乎？继周未欲太平也，如欲太平也，舍之而用它道，亦无由至也。"（《法言·五百》）

在《论语·为政》篇中，孔子说："殷因于夏礼，所损益可知也；周因于殷礼，所损益可知也。其或继周者，虽百世可知也。"商朝继承了夏朝的礼仪制度，所减少的和增加的内容是可以知道的；周朝继承商朝的礼仪制度，所减少的和增加的内容也是可以知道的。将来有继承周朝的，就是一百世以后的情况，也是可以预先知道的。按照古人的三正循环说，夏人之王教以忠，其失野，救野之失莫如敬。殷人之王教以敬，其失鬼，救鬼之失莫如文。周人之王教以文，其失薄，救薄之失莫如忠。所以，继周者应该回到夏政。现在秦继承了周朝，并没有用夏政，孔子的话没有应验。扬雄回答说，圣人的预言就是天意，天意怎么可能虚妄？秦虽然继周，但并不想天下太平，如果想天下太平，除了用夏政没有其他方法。

在扬雄的思想中，确实也存在着一种人力无法抗拒的命运因素。

> 或曰："孔子之事多矣，不用，则亦勤且忧乎？"曰："圣人乐天知命，乐天则不勤，知命则不忧。"（《法言·修身》）
>
> 或问"命"。曰："命者，天之命也，非人为也，人为不为命。"请问"人为"。曰："可以存亡，可以死生，命不可避也。"或曰："颜氏之子，冉氏之孙。"曰："以其无避也，若立岩墙之下，动而征病，行而招死，命乎！命乎！"（《法言·问明》）

在天命问题上，扬雄采取的完全是孔子式的传统儒家的观点与方式。总的说来，孔子往往将依凭人力无法把握的力量称为"天"。对于无法了解、把握的事情，孔子的态度是不谈或少谈，所以说："六合之外，存而不论。""子不语怪力乱神。"孟子对天的态度与孔子类似："莫之为而为者，天也；莫之致而致者，命也。"扬雄的天命观也有二元论的倾向，所以扬雄论历史，常常是天人并提，人事与天命因素成就历史的结果：

> 或问："嬴政二十六载，天下擅秦。秦十五载而楚，楚五载而汉。五十载之际，而天下三擅，天邪？人邪？"曰："具。周建子弟，列名城，班五爵，流之十二，当时虽欲汉，得乎？六国蚩蚩，为嬴弱姬，卒之屏营，嬴擅其政，故天下擅秦。秦失其猷，罢侯置守，守失其微，天下孤睽，项氏暴强，改宰侯王，故天下擅楚。擅楚之月，有汉创业山南，发迹三秦，追项山东，故天下擅汉，天也。""人？"曰："兼才尚权，右计左数，动谨于时，人也。天不人不因，人不天不成。"（《法言·重黎》）
>
> 或问："秦、楚既为天典命矣，秦缢灞上，楚分江西，兴废何速乎？"曰："天胙光德，而陨明忒。昔在有熊、高阳、高辛、唐、虞、三代，咸有显懿，故天胙之，为神明主。且著在天庭，是生民之愿也。厥国久长。若秦、楚强阋震扑，胎籍三正，播其虐于黎苗，子弟且欲丧之，况于民乎？况

于鬼神乎？废未速也！"（《法言·重黎》）

从上面的论述我们也可以看出，相比之下，扬雄对于人事因素有更深切的认识，只是在其无法确知其深层次的原因时才将其归于天意。如刘邦的兴起，有熊、高阳、高辛、唐、虞、三代、秦、楚之建国，扬雄既无法揭示其所以得国的原因，而传统上又有君权天授的现成答案，他就直接将其归于天意。但即使如此，他还是看到了这些朝代的兴起有着民心民意的作用："是生民之愿也。"

以下两段话较为典型地表现出扬雄重人事胜于天命的观念：

或问："圣人占天乎？"曰："占天地。""若此则史也，何异？"曰："史以天占人，圣人以人占天。"（《法言·五百》）

或问："星有甘、石何如？"曰："在德不在星。德隆则晷星，星隆则晷德也。"（《法言·五百》）

所以，当问到项羽垓下之败时，他毫不犹豫地否定了天意因素：

或问："楚败垓下，方死，曰：'天也。'谅乎？"曰："汉屈群策，群策屈群力。楚憞群策而自屈其力。屈人者克，自屈者负，天曷故焉？"（《法言·重黎》）

较能准确全面地反映扬雄历史观的是扬雄对于秦灭六国的评述，他将六国之并归于三大因素，即时、地、人的综合作用：

或问："六国并，其已久矣。一病一瘳，迄始皇三载而咸。时激、地保、人事乎？"曰："具。"请问"事"。曰："孝公以下，强兵力农，以蚕食六国，事也。""保"。曰："东沟大河，南阻高山，西采雍、梁，北卤泾垠，便则申，否则蟠，保也。""激"。曰："始皇方斧，将相方刀，六国方木，将相方肉，激也。"（《法言·重黎》）

"便则申，否则蟠"的意思是形势有利可进攻，形势不利可退守。孝公以后秦国持续几代强兵力农的不懈努力、秦国独特的地理位置以及六国君臣懦弱无能的时机造就了秦统一中国。所以，在扬雄的历史观念中，天命往往只是虚悬一格，只是遇到经验理性无法解释偶然性问题时，他才将其归于天意。

扬雄历史观的第二个特点是他的随时而变的历史进化观。

我们知道，扬雄的哲学体系是带有浓厚的循环论色彩的，他认为一切事物的演变发展都经历着一个周而复始的循环周期。然而，扬雄毕竟是一个极为重视征验的经验理性主义者，重视征验的客观立场有时使他能够突破认识上的局限。如当有人问道："五百岁而圣人出，有诸？"这一带有历史循环主义色彩的问题时，尽管明知这一观念出自孟子，扬雄也给予断然否认。他说："尧、舜、禹，君臣也，而并；文、武、周公，父子也，而处；汤、孔子，数百岁而生，因往以推来，虽千一不可知也。"（《法言·五百》）由于上述这些显明的历史事实的存在，扬雄完全无法同意孟子的观点。

和当时的大部分儒生一样，扬雄的历史观念具有很浓厚的复古倾向，视三代之治为理想中的社会政治状态，但他并不认为古代圣王的一切制度、措施都可以效仿、照搬，任何措施都应该根据时代条件，因时而变。自然社会中的一些内部的根本规律尽管有故常，但其外部表现形态却是丰富多彩的，处在不断的变化中。《汉书·董仲舒传》说："道之大原出于天，天不变，道亦不变。"然而扬雄却对道的因革损益作了充满辩证法意味的说明：

夫道有因有循，有革有化。因而循之，与道神之；革而化之，与时宜之。故因而能革，天道乃得；革而能因，天道乃驯。夫物不因不生，不革不成。故知因而不知革，物失其则；知革而不知因，物失其均。革之匪时，物失其基；因之匪理，物丧其纪。因革乎因革，国家之矩范也。矩范之动，成败之效也。（《玄莹》）

事物的顺利发展，既需要继承，也需要改革，不能片面强调一方面而忽视另一方面。是重在继承还是重在改革，关键取决于当时的时机和条件。正确处理因革问题，乃是关系到国家前途、事业成败的大事。在《法言》中，扬雄也反复谈到道的因革损益问题："故夫道非天然，应时而造者，损益可知也。"（《法言·问神》）

> 或问："道有因无因乎？"曰："可则因，否则革。"或问新敝。曰："新则袭之，敝则益损之。"（《法言·问道》）

碰上事物日新之时，则袭而因之；碰上其敝乱之时，则损益随时。不仅道是如此，反映道的圣人之言、圣人之书也是处在一个不断变化与不断发展的过程当中：

> 或曰："圣人之道若天，天则有常矣，奚圣人之多变也？"曰："圣人固多变。子游、子夏得其书矣，未得其所以书也；宰我、子贡得其言矣，未得其所以言也；颜渊、闵子骞得其行矣，未得其所以行也。圣人之书、言、行，天也。天其少变乎？"（《法言·君子》）

由此他认为泥古不化、一成不变地沿袭所谓圣人之法来治理当代之事乃胶柱鼓瑟：

> 或曰："以往圣人之法治将来，譬犹胶柱而调瑟，有诸？"曰："有之。"曰："圣君少而庸君多，如独守仲尼之道，是漆也。"曰："圣人之法，未尝不关盛衰焉。昔者尧有天下，举大纲，命舜、禹；夏、殷、周属其子，不胶者卓矣！唐、虞象刑惟明，夏后肉辟三千，不胶者卓矣！尧亲九族，协和万国；汤、武桓桓，征伐四克。由是言之，不胶者卓矣！礼乐征伐自天子出，春秋之时，齐晋实兴，不胶者卓矣！（《法言·先知》）

圣人之法本没有一定成规，每一位圣王都有自己的功业与事迹，然而他们有一种共同的精神，那就是不墨守先王成法，不胶柱鼓瑟，而是根据时代的特点采取合宜的措施。

扬雄历史观的第三个特点是深受儒家伦理价值观念影响的历史评价标准。与司马迁的历史观作一对比，我们就可明显地看出这一点。扬雄《法言》中有关历史人物的论述很多是针对司马迁《史记》立论的。司马迁以自己的生命体验来把握历史，用自己活生生的鲜活的感情来理解历史，因此，他笔下的历史，受陈腐的观念限制较少，在每个人的传记中，大多寄托、体现着作者的爱憎情感、批判精神、人生理想。扬雄则从小深受儒家正统思想的熏陶，在他对历史人物与事件的评述当中，我们往往可以看到儒家价值伦理观给予他的深远影响，因此，在他的历史评价中，就多了一种陈腐气息而少了一种独创精神。这典型地反映在对揭竿而起的农民起义者的评价上，对失败的英雄人物的感情上，对刺客、游侠与货殖等的看法上。

扬雄虽然反复批判秦朝的酷政，然而他对陈涉的起义却颇有微词，否定它对推翻秦朝酷政所起的伟大作用，认为这是"乱"：

> 或问"陈胜、吴广"。曰："乱。"曰："不若是则秦不亡。"曰："亡秦乎？恐秦未亡而先亡矣。"（《法言·重黎》）

汪荣宝认为，扬雄对陈涉、吴广的指责有其时代背景，而"恐秦未亡而先亡矣"，所指盖当时郡县起为盗贼者而言。《汉书·王莽传》云："五原、代郡起为盗贼，数千人为辈，转入旁郡。莽遣捕盗将军孔仁将兵与郡县合击，岁余乃定。"然而，司马迁所处的时代同样是一个所谓盗贼蜂起的时代。《史记·酷吏列传》载："自温舒等以恶为治，而郡守、都尉、诸侯二千石欲为治者，其治大抵尽仿温舒。而吏民益轻犯法，盗贼滋起。南阳有梅免、白政，楚有殷中、杜少，齐有徐勃，燕赵之间有坚卢、范生之属。大群至数千人，擅自号，攻城邑，取库兵，释死罪，缚辱郡太守、都尉，杀二千石，为檄告县趣具食。小群盗以百数，掠卤乡里者，不可胜数也。"从字里行间我们可以看出，司马迁同情人民的起义反抗，他承认"官逼民反"的合理性。基于这种认识，司马迁热情歌颂秦末农民起义。他把陈涉安排在"世家"当中，在《陈涉世家》中，详细地叙述了陈涉发动起义的经过和振臂一呼群雄响应的革命形势，指出这种反抗的正义性；分析了他们失败的基本原因，肯定了他们推动历史前进的不朽功绩。认为"桀纣失其道而汤武作，周失其道而《春秋》作，秦失其政而陈涉发迹。诸侯作难，风起云蒸，卒亡秦族。天下之端，自涉发难"。像这样热烈歌颂人民对暴力统治的反抗，充分显示了他卓越的思想见识和救世济民的热情。而这种卓越的史识在深受儒家正统观念影响的扬雄那里，显然是不可能有的。

同样，在对黥布、韩信等人的评价上，扬雄也不能像司马迁那样对他们的才能充满崇敬，对他们在汉朝建立过程中所起的巨大作用加以肯定，反而对汉王朝忘恩负义、诛杀功臣的自私残忍没有丝毫的批判，对这些功臣的冤屈没有丝毫的同情，认为他们的名声虽大，但"忠不终而躬逆"，没有好名声。

在司马迁的笔下，他对于那些正义的反抗与复仇始终保持着很高的评价，他专设《刺客列传》，并在对伍子胥等人的评价中也充分表现出来。个人的暴力复仇行动虽然不可能真正解决政治上任何实质问题，但在漫长的封建黑暗统治下，他们那种反抗强暴、决不妥协的精神，都是可歌可泣的，在一定程度上打击了封建暴力统治。这一点又是扬雄所不能理解的。在《伍子胥传》中，司马迁称颂伍子胥"弃小义，雪大耻，名垂于后世""隐忍就功名，非烈丈夫孰能致此哉"，而扬雄在"或问子胥、种、蠡孰贤"一条中，对司马迁所认为的"小义"念念不可弃之，讥子胥"破郢入楚"之所作所为"皆不由德"；甚至对文种、范蠡也颇有微词，认为他们"不强谏而山栖，俾其君讻社稷之灵而童仆，又终弊吴，贤皆不足邵也"。（《法言·重黎》）

司马迁在《游侠列传》中，对游侠"言必信""行必果""已诺必诚，不爱其躯"的高尚品德表示了热烈的歌颂，这表达了封建社会人民要求摆脱被侮辱、被损害处境的善良愿望。而扬雄则说："游侠，窃国灵也。"强调的是游侠对封建统治秩序的危害性。立场不同，观点也就不同。

司马迁在《货殖列传》中所表露的思想最典型地反映出超越时代的史识。司马迁认为谋取个人的利益是人的"天性"，这种"天性"的要求是不可遏制的。"天下熙熙，皆为利来；天下攘攘，皆为利往"（《货殖列传》），进而为求利致富者提供理论根据:"贫富之道,莫之夺予,而巧者有余,拙者不足""富无经业,则货无常主,能者辐凑,不肖者瓦解"(《货殖列传》)。他在韩非以后,继续提出自由竞争的思想,公开为当时的工商业辩护。他又说:"布衣匹夫之人,不害于政,不妨百姓,取与以时,而息财富,智者有采焉。"(《太史公自序》)这种观点,乃是超越千古的。扬雄当然不可能理解和赞成。当有人问到货殖时,扬雄的回答是"蚊":货殖乃是吸血的蚊子。扬雄显然继承了汉朝建朝以来一直强调的重本轻末、抑制工商的人文传统,他没有看到也不可能看到商贸在社会经济中所起的重大作用。

扬雄的历史观很显著地影响了后来的班彪与班固。班固对扬雄十分推崇,他曾说:"自孔子后,缀文之士众矣,唯孟轲、孙况、董仲舒、司马迁、刘向、扬雄,此数公者,皆博物洽闻,通达古今,其言有补于世。传曰'圣人不出,其间必有命世者焉',岂近是乎?"(《汉书·楚元王传赞》)《汉书》在基本的价值观念和很多具体人物的评价上,均接受了扬雄的影响。班彪指责司马迁"是非颇谬于圣人:论大道则先黄老而后六经,序游侠则退处士而进奸雄,述货殖则崇势力而羞贫贱"。在《汉书》卷三十四《韩彭英卢吴传赞》中,对汉初这些异姓诸侯的评价是:"吴芮、彭越、黥布、臧荼、卢绾与两韩信,皆徼一时之权变,以诈力成功……卒谋叛逆,终于灭亡。"将他们的才智、功勋、冤屈一概置之不论。在《游侠传赞》中,宣扬"民服事其上,而下无觊觎"的封建等级观,企图建立牢固的封建统治秩序,认为"郭解之伦,以匹夫之细,窃杀生之权,其罪已不容诛矣"等等,明显可以看出扬雄的影响。而在对其他一些具体人物的评价上,如扬雄评东方朔,其云:

> 世称东方生之盛也,言不纯师,行不纯表,其流风遗书,蔑如也。或曰:"隐者也。"曰:"昔之隐者,吾闻其语矣,又闻其行矣。"或曰:"隐道多端。"曰:"固也!圣言圣行,不逢其时,圣人隐也。贤言贤行,不逢其时,贤者隐也。谈言谈行,而不逢其时,谈者隐也。昔者箕子之漆其身也,狂接舆之被其发也,欲去而恐雁害者也。箕子之《洪范》,接舆之歌凤也哉。"或问:"东方生名过实者,何也?"曰:"应谐、不穷、正

谏、秽德，应谐似优，不穷似哲，正谏似直，秽德似隐。"请问"名"。
曰："秽达。""恶比？"曰："非夷尚容，依隐玩世，其滑稽之雄乎？"
（《法言·渊骞》）

扬雄否认东方朔为隐者，并认为即便算是朝隐禄隐，也是为古人所鄙视的。
这种批评性的评价，显然影响了《汉书》中《东方朔传》的写作，班固不但在传
记的材料上有所取舍，舍弃了东方朔自称为避世于朝廷者、酒酣而歌等内容，而
且详录扬雄对东方朔的评价，班固自己也对东方朔作了否定性的评价："朔之诙
谐，逢占射覆，其事浮浅，行于众庶，童儿牧竖莫不眩耀。而后好事者因取奇言
怪语附着之朔，故详录之。"

在《史记》中，司马迁曾对司马相如表示了高度的称赞："《春秋》推见至
隐，《易》本隐之以显，《大雅》言王公大人，而德逮黎庶，《小雅》讥小己之
得失，其流及上；所言虽殊，其合德一也。相如虽多虚辞滥说，然其要归引之于
节俭，此亦《诗》之风谏何异？"班固便借扬雄之口加以折中之论，《汉书·司
马相如传赞》："扬雄以为靡丽之赋，劝百而风一，犹骋郑卫之声，曲终而奏
雅，不已戏乎！"在《汉书·司马迁传赞》中，班固再次引用扬雄之语来评价司
马迁："然自刘向、扬雄博极群书，皆称迁有良史之材，服其善序事理，辨而不
华，质而不俚，其文直，其事核，不虚美，不隐恶，故谓之实录。"上文我们曾
经提到，班固对司马迁的批评也是深受扬雄影响的，因此，班固对司马迁正反两
方面的评价均来源于扬雄。

《汉书》是二十四史中第一部官修史书，这以后，班氏父子的历史观念便成
为正统的官方史学观念，对中国的历史观念产生了深刻的影响。综上所述，班氏
父子历史观念中有很大一部分渊源于扬雄，所以，实际上，扬雄在中国史学史上
占有重要地位。

扬雄的民族思想

中国的儒生一直希望通过汉政权文化上的优越、政治上的清明、经济上的发达，吸引周边少数民族自觉自愿地归附，所谓"远人不服，则修文德以来之，既来之，则安之"（《论语·季氏》）。修德怀远，不战而胜，乃是儒家政治观念中的最高境界。汉朝的儒生继承了先秦儒家的这一传统，尽管他们在与匈奴这样桀骜不羁、富有侵略性的异族交往中已经意识到这一理想境界的不易达到，但无论如何，他们总希望以较为平和的方式来解决与边境少数民族之间的争端，从不希望动用武力，劳师疲民，加重人民的赋役以及其他负担。能够做到不劳民以事边远，减少人民因此所受的牺牲，也是王道政治的重要内容之一。

西汉与匈奴的关系经历了这样一个发展过程。西汉前期，汉处于忍辱、退让、和亲的被动地位，经过文景时期的恢复发展，到了汉武帝时，情况有了根本变化，从被动局面一变而为主动局面，这时，匈奴频繁的入侵使得西汉对匈奴的武力征讨成为必然，儒生们怀文德以修远的理想在实际操作中根本无法进行。据《汉书·张汤传》记载：

> （建元六年）匈奴求和亲，群臣议前，博士狄山曰："和亲便。"上问其便，山曰："兵，凶器，未易数动……今自陛下兴兵击匈奴，中国以空虚，边大困贫。由是观之，不如和亲。"上问汤，汤曰："此愚儒无知。"狄山曰："臣固愚忠，若御史大夫汤，乃诈忠。汤之治淮南、江都，以深文

痛诋诸侯，别疏骨肉，使藩臣不自安，臣固知汤之（为）诈忠。"于是上作色曰："吾使生居一郡，能无使虏入盗乎？"山曰："不能。"曰："居一县？"曰："不能。"复曰："居一障间？"山自度辩穷且下吏，曰："能。"乃遣山乘鄣。至月余，匈奴斩山头而去。

尽管这样，在是否要对匈奴进行主动征讨的问题上，仍然经过了廷臣中以大行王恢为首的主战派和以韩安国为首的主和派之间的激烈争论。在韩安国的主和言论中，一个被汉儒反复阐述的观点就是烦民以事边远，得不偿失，其云："且三代之盛，夷狄不与正朔服色，非威不能制，强弗能服也，以为远方绝地不牧之民，不足烦中国也。且匈奴，轻疾悍亟之兵也，至如猋风，去如收电，畜牧为业，弧弓射猎，逐兽随草，居处无常，难得而制。今使边郡久废耕织，以支胡之常事，其势不相权也。"（《汉书·韩安国传》）

自宣帝甘露年间，匈奴奉藩称臣，至成帝、哀帝时，仍保持着正常关系，其间曾出现过一些问题，都及时得到了制止。但就在汉朝对外关系最为正常的这一段时间里，朝廷内的外交政策依然有主和派与主战派之争。如郅支单于困辱汉使者，陈汤、甘延寿矫诏灭之，传首京师，石显、匡衡认为他俩是"生事于蛮夷，为国招难"，不能论功。刘向则认为这是"立千载之功，建万世之安"之举。王氏家族似一直倾向于主战派。如王凤重用陈汤，"幕府事一决于汤"。又如绥和元年（前8），当时领尚书事的皇舅大司马骠骑将军王根，听说匈奴有块飞地夹在汉朝土地之中，就在张掖郡，那里生长着奇特的木材，可作箭杆，如果得到那块土地，对于边境则有富饶之利，对于国家则有开拓疆土之利，将军可以建立功勋，垂于无穷。于是他向哀帝进言，哀帝令王根遣夏侯藩入匈奴求之，从而引起匈奴不满。

扬雄的民族思想与刘向、王氏家族的主战政策有异，他比较倾向匡衡等礼仪派儒生的主和策略。

哀帝建平四年（前3年），匈奴单于上书，希望在次年入朝。第二年，哀帝有病，"或言匈奴从上游来厌人，自黄龙、竟宁时，单于朝中国辄有大故。上由是难之，以问公卿，亦以为虚费府帑，可且勿许"（《汉书·匈奴传》），正是在这种情形下，扬雄上谏书，相当具体地阐述了他的对外思想，哀帝接受了他的建议，使得汉与匈奴一直保持较为正常的关系。

然而，就在《法言》成书之后，王莽建新代汉，否定了宣帝以来汉王朝基本采用的怀柔、羁縻策略，对周边少数民族采取歧视、干涉以及滥用武力的政策。王莽采取这些政策的一个最根本的原因在于他主张华夷之辨的大汉族主义思想，当然也与王氏家族一贯强硬的外交策略有关，他甫一上台就发布诏令：

> 天无二日，土无二王，百王不易之道也。汉氏诸侯或称王，至于四夷亦如之，违于古典，缪于一统。

因此，他决定"其定诸侯王之号皆称公，及四夷僭号称王者皆更为侯"。正是在这种大汉族主义思想的主导下，王莽对匈奴采取了一系列破坏民族团结的政策。

始建国元年（9年），王莽遣五威将军王骏率甄阜、王飒、陈饶、帛敞、丁业入匈奴，"谕晓以受命代汉状，因易单于故印。故印文曰'匈奴单于玺'，莽更曰'新匈奴单于章'"（《汉书·匈奴传》）。改"玺"为"章"，表明匈奴地位在诸王之下。他们先收回故印，并让陈饶椎破。第二天当匈奴不满新印试图讨还故印时，王骏等示以坏玺，引起单于及部众的恼怒。王骏等回归途中到左犁汗王咸住地，见其地多有乌桓民众，王骏等强令尽快将其放回乌桓，匈奴积怨更深。而在此之前，王莽又令护乌桓使者告知乌桓诸部民，不得再给匈奴上皮布税。而匈奴依原来成例遣人入乌桓催交皮布税，那些想做买卖的匈奴妇女也接踵而至。乌桓以"奉天子诏条，不当予匈奴税"为辞，拒绝交纳。匈奴使者缚乌桓首领并倒吊起来，乌桓首领昆弟怒，杀匈奴使者及其官属，并将随使者而至的匈奴妇女及马牛扣留。单于即发动左贤王兵攻击乌桓，由于王莽过分干预匈奴同乌桓的关系，汉朝与匈奴之间的关系越发紧张。

是时，西域车师后王句姑、去胡来王唐兜皆怨恨汉朝都护，同亲属一起逃入匈奴，单于将他们安顿在左谷蠡地。王莽得知后，遣使者逼迫匈奴遣还。匈奴认为，自宣、元以来，"为作约束，自长城以南天子有之，长城以北单于有之。有犯塞，辄以状闻；有降者，不得受。臣知父呼韩邪单于蒙无量之恩，死遗言曰：
'有从中国来降者，勿受，辄送至塞，以报天子厚恩。'此外国也，得受之。"
（《汉书·匈奴传》）但在使者的压力下，单于仍不得不将句姑、唐兜二人还给
使者。王莽派人将二人当众处死，并与匈奴重新商定：中国人亡入匈奴者，乌孙
亡降匈奴者，西域诸国佩中国印绶降匈奴者，乌桓降匈奴者，皆不得受；封函带
回宣帝时与匈奴订立的条约。

始建国二年（10年），王莽又侮辱性地更名匈奴单于曰降奴服于。下令说：

> 降奴服于知，轻慢国家基本准则，背弃四条约定，侵犯西域，危及边
> 境，成为百姓祸患，罪当灭族。命令立国将军孙建等共十二将，兵分十路，
> 同时出征，共同执行上天的威力，惩罚他。念及他的先祖故呼韩邪单于稽侯
> 狦，世代忠孝，保卫边塞，不忍心因为知一个人的罪过而灭掉稽侯狦一族。
> 现将匈奴的国土和人民分为十五部，将稽侯狦的子孙十五人立为单于。派中
> 郎将蔺苞、戴级奔赴塞外，召拜应当做单于的人。对因违犯逆贼知的法规而
> 受惩处的人，都予以赦免。

于是派出五威将军苗䜣和虎贲将军王况出五原，厌难将军陈钦和震狄将军王
巡出云中，振武将军王嘉和平狄将军王萌出代郡，相威将军李棽和镇远将军李翁
出西河，诛貉将军阳俊和讨秽将军严尤出渔阳，奋武将军王骏和定胡将军王晏出
张掖，出征者还有偏将、裨将以下的军官一百八十人。招募全国囚徒、丁男和士
兵三十万人，传令各郡转运军服、冬装、兵器和粮食，由各县主要官员从近海的
江淮一带运送到北部边境地区，使者乘坐驿车督促，按战时法令行事。全国一片
骚动。

改制所带来的骚动不仅发生于匈奴，也发生于西南夷，《汉书·王莽传下》
载："始建国元年（9年），贬句町王为侯，句町卒以此畔。"《汉书·西南夷
列传》说："王莽篡位，改汉制，贬钩町王以为侯。王邯怨恨，牂柯太守周钦诈
杀邯。邯弟承攻钦，州郡击之，不能服。三边蛮夷愁扰尽反，复杀益州大尹程
隆。莽遣平蛮将军冯茂发巴、蜀、犍为吏士，赋敛取足于民，以击益州。出入三

年，疾疫死者什七，巴蜀骚动。"这场战争绵延达十余年之久。

《法言》中有关民族政策的论述反映了扬雄的一贯主张，充满了预见性，似乎是直接针对王莽采取的一系列措施。在《法言》中，扬雄首先对汉武以来开疆拓土、建立强大帝国所取得的成就表示出强烈的自豪感：

> 汉德可谓允怀矣。黄支之南，大夏之西，东鞮、北女，来贡其珍。汉德可谓允怀矣，世鲜焉。（《法言·孝至》）

但扬雄随即便谆谆告诫不能轻启边衅，更要避免劳师远征：

> 芒芒圣德，远人咸慕，上也。武义璜璜，兵征四方，次也；宗夷猾夏，蠢迪王人，屈国丧师，无次也。（《法言·孝至》）

此条是说，用崇高的道德让远方之民倾慕，这是最上策；用勇武的军队征讨四方，那是中策；如果搞得蛮夷扰乱中土，侵扰百姓，屈国丧师，那是最下之策。

> 麟之仪仪，凤之师师，其至矣乎！螭虎桓桓，鹰隼䎃䎃，未至也。（《法言·孝至》）

意思是说，像麒麟那样、凤凰那样堂堂正正，好义尚德，那是最好的；只是像螭虎、鹰隼那样勇武，那还未达到最好。

> 龙堆以西，大漠以北，鸟夷、兽夷，郡劳王师，汉家不为也。（《法言·孝至》）

当时，人们认为汉朝对匈奴礼之过盛，对此扬雄指出，汉朝与匈奴之间的友好关系来之不易，现在幸而得其臣服，应当厚抚安养，以珍惜这种大好局面：

或曰："汹汹北夷，被我纯缋，带我金犀，珍膳宁餬，不亦享乎？"曰："昔在高、文、武，实为兵主。今稽首来臣，称为北藩，是为宗庙之神，社稷之灵也，可不享？"（《法言·孝至》）

当时汉朝给予呼韩邪单于及其儿子以丰厚的赏赐，有人质问说，那个经常侵扰我们的匈奴，被赐予缯画、金玺、玉剑和精美的饮食，这样是不是太优厚了？扬雄说，在汉高祖、汉文帝、汉武帝时，两族长期兵戎相见。现在他们稽首称臣，自称北藩，是宗庙之福、社稷显灵，怎么可以不给予优厚的赏赐？

和所有儒生一样，扬雄也有着强烈的文化优越感，但出于对战争的憎恶，他自始至终主张采取明智有效的民族政策，以绥抚等策略维持边境的安宁，使人民能够休养生息，这种思想在当时来说是相当进步的。

第八章

寂寂扬子宅，门无卿相舆

　　扬雄的一生，是寂寞的一生。这种寂寞，不仅表现在仕途上的默默无闻，也不仅仅是晚年的穷困潦倒、孤独无依，还表现在其玄奥精深的学问难以为后人所了解。然而，这种寂寞的生活是扬雄自觉的选择。扬雄用自己的生活实践，为后世知识分子提供了独特的榜样。

投　阁

扬雄热烈歌颂的新朝并没有给扬雄带来幸福，步入人生晚年的扬雄依然穷困潦倒。王莽刚即位时，国家财政困难，公卿以下一个月的俸禄只有八十缕麻线、布二匹或绸绢一匹。始建国三年五月，王莽下诏颁布了官吏俸禄制度，说是困难时期已经过去，国库储备虽然还不充足，但略微宽裕一些，从六月朔日庚寅开始，将按照新制度发给官吏俸禄。从四辅、公、卿、大夫、士，下至众多的幕僚，共分十五等。幕僚的俸禄一年是六十六斛，逐步按等级增加，上至四辅是一万斛。但是为了与人民同甘共苦，各级官吏的俸禄都要按所在地区农业收成的丰歉浮动计算。这一制度非常烦琐，官吏最终还是领不到俸禄，于是只能各自利用自己的职权干坏事，靠收受贿赂来供养自己。

新莽时期，扬雄担任中散大夫，这是个比二千石的高级官职，八十斛的月俸，加上衣食官供和各项赏赐，升官后的扬雄，经济状况应该已经进入中上等行列，然而事实并非如此。由于王莽大量封官授爵，国家财政不堪重负，最终既无地可封，也无禄可加。所以，扬雄尽管升至中散大夫，经济收益却并无增加，反而变得更加不稳定。扬雄晚年时，甚至连酒都喝不上。他一面通过教授生徒来换取生活之资，一面呕心沥血撰著《方言》。

不久，祸从天降。

始建国二年（10年）冬十二月，新朝发生了一起大事件——甄丰自杀了。

王莽登上皇位之前，甄丰、刘歆和王舜是王莽的心腹，他们赞美表彰王莽的功德，并提议让王莽拥有高位大权。授予王莽"安汉公"和"宰衡"的称号以及赐封王莽的母亲、两个儿子以及侄儿，都是甄丰等人共同策划的，甄丰、王舜和刘歆也得到了王莽的恩惠，都获得了富贵。但是甄丰、刘歆等人并没有想让王莽居位摄政。居位摄政的想法最初来自泉陵侯刘庆、前辉光郡人谢嚣和长安令田终术。等到王莽羽翼已成，想要代掌政权时，甄丰等人已经无法阻拦，只能顺从了他的意图，王莽再次封赏了王舜和刘歆的儿子以及甄丰的孙子。甄丰等人爵位尊显，欲望也已经得以满足，但他们实在害怕汉朝皇族和天下豪杰之士。那些统治集团的外围人物想要向上爬的，纷纷制作符命，王莽正是依靠这些势力正式登上皇位的，王舜和刘歆对此非常恐惧，甄丰一向强直，王莽察觉他不高兴，所以假借符命文辞，将担任大司空的甄丰调任为更始将军，让他跟卖饼的王盛地位相当。

王莽由于伪造了符命祥瑞而得以篡位，在他当上皇帝之后，便不希望再有新的符命出现。因为符命一旦泛滥就失去了神圣性，而新的符命极有可能被新的野心家利用，以达到自己的个人目的。

甄丰的儿子甄寻此时担任侍中、京兆大尹，封爵茂德侯。他制作符命，说新朝应该仿照周公、召公分陕的成例，以陕县为界，将京城附近的地方分开治理，设立两个地方长官，让甄丰做右伯，太傅平晏做左伯。王莽照办了，授任甄丰做右伯。甄丰还未起程就职，甄寻又制作了一道符命，说汉朝平帝的皇后黄皇室主是甄寻的妻子。王莽靠骗术登上皇位，所以心里一直怀疑大臣们背后对他有怨恨和诽谤，正想要慑服臣下，看了这道符命之后，大怒，说："黄皇室主是国母，说是甄寻的妻子，这是什么话！"便下令拘捕甄寻。甄丰自杀，甄寻跟着方士躲进了华山，过了一年多才被捉。

甄寻的审讯供词牵涉一大批人，其中有国师公刘歆的儿子刘棻、刘棻的弟弟刘泳、大司空王邑的弟弟王奇，以及刘歆的学生丁隆等人，因此案而死的官员、列侯有几百人。据说甄寻手上的纹理有"天子"字样，王莽割下他的胳膊观察后说道："这是'一大子'，或为'一六子'。六，就是戮，这表明甄寻父子应当被杀死。"最后，王莽将刘棻流放到幽州，将甄寻驱逐到三危，将丁隆杀死在羽山。

王莽规定，因犯人的交代而受牵连的人，可以不作请示，直接逮捕系狱。刘棻的供词牵连到了扬雄，主管这一事件的官员派人逮捕扬雄。扬雄此时正在天禄阁上校书，看到兵吏气势汹汹来抓捕，吓得直接从楼上跳了下去，差点毙命。

王莽听说扬雄跳阁，质问负责此事的官员："扬雄一向不参与此类事情，为什么也要逮捕？"后来才知道，只是因为刘棻跟扬雄学过奇字。据王楙《野客丛书》卷三说：所谓奇字，就是古文的变体。自秦朝后文字有八体：一是大篆，二是小篆，三称刻符，四曰虫书，五是摹印，六叫署书，七曰殳书，八是隶书。王莽曾任命甄丰改定古文，复有六书：一曰古文，就是孔氏壁中所出的六国文字；二曰奇字，古文中比较特别的文字；三曰篆书，就是秦朝篆书；四曰佐书，就是隶书；五曰缪篆，是用来摹印的；六曰鸟书，是用于书写旗帜符节的。扬雄是识奇字的大家，所以，刘棻跟他学习过。对刘棻的政治活动，扬雄确实不知情，因此王莽便下诏不再过问。尽管这件事情与扬雄毫无关系，但扬雄喜爱清静、自甘寂寞的社会声誉还是受到了损害，人们普遍认为扬雄与符命的制作有关，在清静自守的外表下隐含着热衷名利之心，京师曾有人作诗讽刺云："惟寂寞，自投阁；爱清静，作符命。"

此一事件很快过去了，第二年扬雄就被复召为大夫。始建国五年（13年），元后去世。王莽下诏，让扬雄为元后作诔文。这一亲自点名的做法，显示出王莽对扬雄的信任。

撰著《方言》

要统治一个地域辽阔、方言复杂的大国，了解各地方言是一项必须要做好的工作，正因如此，方言学才得以兴起。

应劭《风俗通义·序》说："为政之要，辨风正俗，最其上也。"治国理政，辨别各地民俗、匡正社会风气是第一重要的工作。早在周秦时，官方就开始利用农闲时间进行方言调查，每年农历八月就派遣"輶轩之使"采风。"考八方之风雅，通九州之异同，主海内之音韵，使人主居高堂而知天下之风俗也。"所谓"輶轩"，是一种轻便的车子。"輶轩之使"就是坐着"輶轩"到各地采风的使者。他们归来之后，便将方言奏籍藏于帝王藏书的"秘室"中，天子凭借这些奏籍了解各方言区的语言，进而了解各地的风土人情，不出宫廷而尽知天下之事，也加强了中央王朝与各地的联系。

秦亡以后，遣使采风之俗不复存在，藏于密室的奏籍也已经遗脱漏弃，几不可见。到扬雄生活的西汉末年，只有蜀郡的严君平、临邛的林间翁孺见过輶轩使者的奏言，他们俩都特别喜欢训诂。林间翁孺跟扬雄是"外家牵连之亲"，前者是扬雄母亲家（或者妻子的娘家）的远房亲戚，而扬雄年轻时与严君平有过交往。不过，君平所收的輶轩之言不过千字，林间翁孺对相关内容也只知道梗概。后来，林间翁孺去世，翁孺没有留下子嗣，扬雄觉得只有自己有义务承担这一工作。

王莽新政权建立后，作为文化建设的重要工作，方言的记录与研究得到了王莽的直接关切。刘歆在写给扬雄的信中说：“当今圣朝对典诰非常留意，对方言非常关心，希望不劳动坐戎马高车的使者，在朝廷就能验考四方之事。”

对方言进行调查、记录与研究必须具备两个条件：第一，要有机会接触各方言区的人，只有向使用某一方言的人进行口头调查，才可获得第一手资料，而要完成这项调查任务，调查者必须懂得当时的通语，并能分辨不同地区的方言；第二，当时没有音标，只能用汉字作为记录方言的符号，这就要求调查者掌握大量汉字，对某些有音无字的词，调查人能够自造汉字记录下来。而这两点，扬雄都具备。

扬雄四十多岁的时候由四川来到长安，此后一直在长安任职，这就使他有机会熟悉当时的“通语”，有机会接触五湖四海的人。由于进行过写作大赋的基本训练，扬雄很早就认识不少古文奇字，他还编写过字典，写过《仓颉训纂》，在文字训诂方面很有根底，再加上接触过严君平与林闾翁孺的工作，这就为他以后的工作打下了基础。

扬雄以周秦残存的资料作为起点，进一步收集和整理各地方言。他常常拿着一块油素（所谓油素是上过油的绢，写过还可以抹掉再用）和一支笔，向来京公干的官吏、贡举的“孝廉”和轮流守卫京师的戍卒，调查各地的方言殊语以及少数民族语言，这种方法已经非常接近实地调查。调查所得又用铅笔分别过录到标写在木板上的细目下面，进行初步整理。

扬雄的工作态度十分严谨，他历时27年，才写了九千字左右。我们现在看到的《方言》（全称为《輶轩使者绝代语释别国方言》，共十三卷，一万一千余字，收词1284个，词条675个），应该是经过了后人的增补。大体上说，卷一、卷二、卷三、卷六、卷七、卷十释语词，卷四释衣服，卷五释器物，卷八释动物，卷九释兵器，卷十一释昆虫，卷十二、卷十三与《尔雅·释言》相似。

扬雄按纵横两条线索来分析所记录的方言殊语。从横的方面来说，《方言》按地理分布来分析，通行区域狭的和通行区域广的都给予较明确的说明。从纵的方面来说，《方言》对那些后人难以理解的古代方言词语，也用汉代通语进行解释，使《方言》具有考证古今的作用。此书虽然侧重空间地域上的差异，但也没有忽略语言在历史过程中的变异。

《方言》的释例通常由两个部分组成。前半部分列出被训释的词，然后以通语释之。后半部分为"方言"部分，具体指出被训词的所在地域。例如：

> 怃、俺、怜、牟，爱也。韩郑曰怃，晋卫曰俺，汝颍之间曰怜，宋鲁之间曰牟，或曰怜。怜，通语也。

"怃、俺、怜、牟"是被训释的词，"爱"是通语。这一部分可称为"雅诂"。将字形不同、意思相同的词放在一起，以一个通语来训释，这是继承了《尔雅》的体例。但《方言》的表述方式较《尔雅》进步得多。《尔雅》只罗列古书中的同义词而用通语加以概括解释，既没有辨析这些同义词之间的区别，也没有说明这些词是来源于古语、来源于方言，还是来源于雅言，更没有说明这些词语的发展变化。《方言》则不但罗列方言殊语，用汉代通语加以解释，而且说明这些词语中某某为某地语，某某为四方之通语，某某为古雅之别语，某某为转语，某某为代语，等等；不仅训解了语词的意义，而且说明了这些词通用的范围，有些词还说明了它的变化。也就是说，《尔雅》的训释通例并没有说明被训词之间的差异，而《方言》则指出被训词的"地域之异""古今之异"与"音转之异"。如：

> 悢、怃、矜、悼、怜，哀也。齐鲁之间曰矜，陈楚之间曰悼，赵魏燕代之间曰悢，自楚之北郊曰怃，秦晋之间或曰矜，或曰悼。
>
> 咺、唏、怛、惮，痛也。凡哀泣而不止曰咺，哀而不泣曰唏。于方：则楚言哀曰唏，燕之外鄙，朝鲜洌水之间，少儿泣而不止曰咺。自关而西秦晋之间，凡大人少儿泣而不止谓之唴，哭极音绝亦谓之唴。平原谓啼极无声谓之唴哴。楚谓之噭咷，齐宋之间谓之喑，或谓之惄。
>
> 敦、丰、厖、夺、幠、般、嘏、奕、戎、京、奘、将，大也，凡物之大貌曰丰。厖，深之大也。东齐海岱之间曰夺，或曰幠。宋鲁陈卫之间谓之嘏，或曰戎。秦晋之间，凡物壮大谓之嘏，或曰夏。秦晋之间，凡人之大谓之奘，或谓之壮。燕之北鄙，齐楚之郊或曰京，或曰将。皆古今语也，初别

国不相往来之言也，今或同。而旧书雅记故俗语，不失其方，而后人不知，故为之作释也。

《方言》确定了一套含义较为清楚的术语。确定"转语""语之转"这组术语，尤其说明扬雄有相当高的语言研究水平。所谓"转语"，具体地讲，就是指因时代不同或地域不同而语音发生转化的语词。同一个词，在不同的方言里有着不同的语音形式；反过来说，方言里读音不同的词，可能是同一个词的变体。对这种情况，扬雄已有了初步的认识，所以另外立了"转语""语之转"这样的术语。由于《方言》记录的是人民的口头语言，所以《方言》里所用文字，很多只有标音的作用。有时沿用古人已造的字，有时采用音近假借字。另外，还有扬雄自己造的字。这三类中，除了第一类还跟意义有关之外，其余两类实际上都是标音符号。至于像"无写""人兮"一类语词，更是纯粹以文字当作音符来用。在没有现代标音符号的情况下，这是能够采取的最好措施。

《方言》记载的是古代不同地域的语汇，尽管书中涉及的地域很多，名称很杂，但都是汉代习用的名称。这些地名东起东齐海岱，西至秦陇凉州，北起燕赵，南至沅湘九嶷，东北至北燕朝鲜，西北至秦晋北鄙，东南至吴越东瓯，西南至梁益蜀汉。林语堂归纳为14系：1.秦晋为一系；2.梁及楚之西部为一系；3.赵魏自黄河以北为一系；4.宋卫及魏之一部为一系；5.郑韩周自为一系；6.齐鲁为一系，而鲁亦近第四系；7.燕代为一系；8.燕代北鄙朝鲜洌水为一系；9.东齐海岱之间淮泗为一系（杂入夷语）；10.陈汝颍江淮（楚）为一系（荆楚亦可另为一系）；11.南楚自为一系（杂入蛮语）；12.吴扬越为一系，而扬尤近淮楚；13.西秦为一系（杂入羌语）；14.秦晋北鄙为一系（杂入狄语）。因此，《方言》存贮了相当丰富的汉代方言资料，留下了重要的方言研究成果。如卷十一有一条：

蝉，楚谓之蜩，宋卫之间谓之螗蜩，陈郑之间谓之蜋蜩，秦晋之间谓之蝉，海岱之间谓之蝪。其大者谓之蟧，或谓之蝒马；其小者谓之麦蚻，有文者谓之蜻蜻，其鸣蜻谓之尐，大而黑者谓之蝂，黑而赤者谓之蜺。蜩蟧谓之蓋蜩。啙谓之寒蜩，寒蜩，瘖蜩也。

其中涉及的地区有楚、宋、卫、陈、郑、秦、晋、海、岱，所出现的与蝉有关的名称达十几种之多。要取得这样的材料，并划分方言同语线，需付出大量的心血。在这之后几乎没有人花费如此大的精力进行类似的工作，《方言》成为第一部也是最后一部以个人力量训释全国性方言词汇的书。

《方言》不仅保存了丰富的汉代语言资料，也保存了许多汉代社会文化的历史资料。从《方言》的记载中，我们可以看出汉代社会文化的某方面缩影。周祖谟举例说：由卷三"臧、甬、侮、获，奴婢贱称也"一条，可以知道蓄养奴隶在汉代是很普遍的事情；由卷四所记衣履一类的语汇，可以知道汉人衣着的形制；由卷五所记蚕薄用具在不同方言中的名称，可以知道养蚕在南方北方都是很普遍的事。又如卷十三载："冢，秦晋之间谓之坟，或谓之培，或谓之瑜，或谓之采，或谓之埌，或谓之垅；自关而东谓之丘，小者谓之塿，大者谓之丘，凡葬而无坟谓之墓，所以墓谓之圹。"由此我们可看出汉朝各地不同的丧葬称谓。

从某种意义上来说，《方言》是扬雄现存著作中最富有学术价值的一部。扬雄广博的学识、理性的精神以及求知的热诚最适合从事这类接近于科学的研究工作，也只有在这些领域中，扬雄才能真正找到他自己的位置。

《答刘歆书》

天凤三年（16年），扬雄收到了原先的朋友，当时担任国师，位居上国公的刘歆给他写的一封信，信中说：

我昨天受诏密审五官郎中田仪与官婢陈征、骆驿等私通与盗刷越巾之事，一直到晚上才回府。

皇帝曾下诏询问三代及周秦时期派遣轩车使者、道人使者每年八月到各处巡视，搜集代语、童谣、歌戏，并开列总目编写提要之事。正好从事郝隆搜集了一段时间，但很多地方只有目录而没有正文……听说子云您采集了前朝以及异地那些方言殊语，编成十五卷，大概对此知道得很多吧，只是我没有目录。如果您没有澹雅的才华和深沉的思虑，没有多年的专心一意，就不能成就此书，您确实是勤奋啊！

我虽然比不上孔鲤过庭那样听从父亲的教诲，也很能体会先父的训诫，三代人搜集的书籍都藏在家里，其价值难以估计。现在听说了这件事，很为子云您高兴。现在圣明的朝廷重视这些典籍，大力搜集各地的语言，想要来验证四方的事情，不需要劳烦使者骑马乘车出使就能坐知各地风俗，这正是您大显身手的时候啊。如果不趁着这个时候把您丰富的知识拿出来与大家共享，实在是不明智的，人家会问您为什么要把珍宝藏起来呢？对上能够表明您的忠信，对下可让老朽我承受您的恩惠，这才是所谓的知道积蓄、善于布施啊。

萧何编写律令，张苍推演历书，都是在帷幄中写成后，将成果奉献给皇帝，他们的功劳为汉室所铭记，他们的名声流传千古。这就像在秋天的时候不停地收藏谷物，到了青黄不接的时候又慷慨地布施出去一样。现在恭谨地派遣我的仆人送上我的亲笔信，希望能够合您的心意，使您的这部书能够记入簿册，使当今圣明的朝廷留下光耀千古的典籍。刘歆叩头叩头。

刘歆这时正继承父业编写《七略》，任务主要是"总括群篇，奏其七略"，所以，要求入录"最目"，意思是"条其篇目"，即列出书中每一篇章的次序及题目，以及内容简介、学术流别，等等，并不涉及《方言》的具体文本。

在求取《方言》之前，刘歆说了一件看似随意提及，实则与扬雄大有关系的事："昨受诏，宓（当为案字，意即按验）五官郎中田仪与官婢陈征、骆驿等私通盗刷越巾事，即其夕竟归府。" 因为田仪是扬雄推荐的人，信件的这个开头，必定给扬雄以莫大的压力。

扬雄给刘歆写了一封回信，这就是《答刘歆书》：

扬雄叩头。您的要求我已知道了。您又告诉我田仪之事，事情已彻底追究，真相大白，甚好甚好。田仪和我是同乡，小时候是邻居，相互关爱。看他的行为神采，似乎不是做坏事的人，因此我举荐了他。没想到他的淫迹被揭露，使得举荐他的人低眉羞愧，委任他的人嗫舌而不敢言。但知人之德，就算是尧都有可诟病的地方，我又何须惭愧呢。叩头叩头。

又提及《殊言》十五卷，您怎么知道的呢？请允许我向您说明内心的想法，我不敢违信。年少时我不曾学习文辞，对于训诂五经并不精通，我听说前代轺轩遣人奏报的书籍皆藏于周秦王室，及至周秦破亡，这些书籍全都散佚不见了。唯独蜀人严君平和临邛的翁孺很爱好训诂，还见过轺轩派人上奏的言论。翁孺与我的母亲家有亲缘关系。君平与我有过私谊。君平只掌握了千余字，翁孺也是大概知道一些。翁孺前几年去世了，他的妻子是蜀郡掌氏的女儿，因没有孩子也离开了。

我刚能著文时，先作了《县邸铭》《玉佴颂》《阶闼铭》及《成都城四隅铭》。有个叫杨庄的蜀人，在京师做郎官，将我的文章读给成帝，成帝很喜欢，认为像司马相如，我因此在外廷得到召见。这些都是都水君（指刘歆的父亲刘向，曾担任护左都水使者）见到的，就不重复了。

我做郎官的时候，曾经上奏说，自己年少时没能学习，并且喜欢内容广博、文辞绝丽的文章，愿意三年不领俸禄，能免于值班的公务，以期能安心读书，有所成就。皇上下诏说，可以不夺俸禄，命尚方监赐予我笔墨钱六万，并可以在金匮石室看书。一年后，我作了《绣补》《灵节》《龙骨》三章铭诗，成帝很喜欢，我也实现了先前的心愿。

每当上计吏、孝廉及内郡卫士来到都城时，我常常握着三寸之笔，拿着四尺长的油布，询问他们各地的语言，回家后摘录整理在木板上，到今天已经坚持二十七年了。而各地语言有的相错相反，我反复论思，详细集录，存录其中的疑问。

张伯松不喜欢我的文赋，然而我也有让他感到惊奇的地方。他曾向我言及他父祖的典训，嘱托我写成篇目。我写成后给他看，伯松称赞说，这真是可与日月齐明、不可更改的文章啊！又说，扬雄作《太玄经》就像鼠穴外的积土对于牛场一样，如果被用就能壮实五谷、喂饱国民，否则就如同粪土被遗弃道旁。我很赞同。

伯松和我，为什么可以德才共馨，而您与我却有嫌隙，难道有隐情吗？能不劳戎马高车，令君主坐在帷幕之中就能知道遥远的异地方言，事典在后世流传，言辞展列在书籍中，这是我极度盼望达到的。圣朝有光照远方的明德，派遣您来寻求我这部书。诚如您说的，现在确实是拿出这部书的时候……我并不敢有别的想法，也不敢有吝啬之情。我年少时没有以言行在家乡立身，成年后也没有以功勋显达于仕途，不能在皇室帝籍中留下训诫，只以博览群书、立言著文为事业，所以想要郑重地对待它，不能有遗留，不能懈怠。此书没有写定，尚不可以示人，如果您以武力威胁逼迫，一定要将此书纳入，那么我只好自缢以从命。若可以宽延期限，必不敢吝惜。我所做之事能够帮您贡献于圣朝，我也没有遗憾了，哪里敢有隐匿？请执事您好好想一想。我会一直依您的规劝，完成此作。死对我算是小事，我是敢于践行的。恭谨地回复，扬雄叩头叩头。

《答刘歆书》确实写得"志气盘桓"，始述经历及搜集方言之缘由与不易，继而对人主与国师的重视表示感恩，终则委婉而坚决地予以拒绝。从这封信中我们可以知道，扬雄与刘歆以前似有嫌隙，但具体情形就难以详知了。

《难盖天八事》

在汉朝以前，人们一直相信盖天说。最早的盖天说是天圆地方说，认为"天圆如张盖，地方如棋局"。这种说法大致始于商周时代，主要观点是认为天是固体的，形状像盖子，在上空每天旋转一周；并有七衡六间图，用以说明昼夜变化、寒暑更替等问题；主要观测手段是立竿测日影。这种说法经不起仔细推敲，好多人对此都提出过疑问。他们认为，天地应形状相同，如果是方的，天和地都应该是方的，如果是圆的，天和地都应该是圆的。如果天是圆的，地是方的，那么天就盖不上地的四角，这怎么可能呢？曾子在回答这一疑问时说，天圆地方，指的是天道是圆的，地道是方的。曾子将一个自然科学问题加以哲学化，把原本是描绘形状的"圆""方"理解为天与地的属性规律，巧妙地弥补了这一古老说法的缺陷。不过，这也说明，"天圆地方"这一学说体系是存在致命缺点的。

到了汉代，为了更好地说明天象，回答有关责难，盖天说对自己的理论又作了重大修改，形成了所谓"第二次盖天说"。据南北朝时期祖暅《天文录》一书记载，盖天说实有三个派系：一派说天像车盖，游于八极之中；一派说天像一顶斗笠，中央高而四边低；第三派说天像一个倾侧的车盖，南边高，北边低。第三派的说法没有著作传世，在王充的《论衡·说日篇》中，我们约略可以窥见其大致思想。具体说来，这派认为，天是南高北低，所以天极在人的北面。天就像打开的伞斜倚在平地上，伞的顶端就是北极。顶端既然是在北方，说明天南边高，北边低。

西汉时期，还出现了一种新的天体学说体系，那就是"浑天说"。浑天说的天地观是：天地像一个鸡蛋，天像鸡蛋壳，地像鸡蛋黄；天内充满了水，天靠气支撑着，地则浮在水面上。

当时的一些学者开始制造浑天仪，通过实验来验证自己的学说与天象是否相符。根据浑天说，人们能够制订出比较准确的历法，能够准确地解释日食、月食现象。据扬雄说，浑天仪是武帝时期蜀人落下闳（又作洛下闳）创制的，之后由鲜于妄人测量，到宣帝时，耿寿昌照着又做了一个。落下闳根据浑天仪定时节，作太初历，仍用十九年七闰的置闰法，但取 $29\frac{43}{81}$ 日为一朔望月。太初历在后来的183年间一直被沿用，其间只作过几次小的修改。

以下，我们引述周桂钿先生在《天地奥秘的探索历程》中对扬雄天文学理论的介绍。

扬雄原本是信从盖天说的，早年的他认为天如盖子，往左转，日月星辰随之运行。他还画了天体运转轨迹图，标示四季、历法以及昼夜的变化，想要垂法后世。后来他改信浑天说是受朋友桓谭的影响。据桓谭说，就在扬雄准备画图来表示天体以及运行度数时，桓谭问他："天如果像盖子那样转动，人住南方，日在南边轨道为白天，日在北边轨道是黑夜。从图上可以看出，北边轨道长而南边轨道短，那为什么现在昼夜的时间长短却相当呢？"

又有一次，扬雄和桓谭一起去奏事，在皇宫门外等待皇帝召见。他俩都坐在白虎殿的东厢房走廊下晒太阳。一会儿，日光移走了，他们晒不着太阳了。桓谭便对扬雄说："天体如果像圆盖子那样旋转，阳光应当照在走廊下，然后慢慢地向东转去，不应该像现在这样逐渐向上移动。现在这种情形跟浑天说是相一致的。"

正是在与桓谭不断的交流辩驳中，扬雄放弃了盖天说，成为浑天说的热心拥护者。为了更好地了解浑天说，他曾经请教过作浑天仪的老工人。这位老工人说："我年轻的时候做这项工作，只是根据规定的尺寸法度，并不了解为什么要这样做，但慢慢地开始知道其中的原理。到现在七十岁了，刚刚做得熟练了，又快死了。现在我儿子也爱学作浑天仪，也像当年的我，等到他懂得其中的原理时，也快要老死了。"

　　扬雄改信浑天说之后，对盖天说进行了责难，写下了《难盖天八事》，这篇文章保存在《隋书·天文志》中。文章主要从当时的盖天图上寻找盖天说不能成立的依据。我们现在引述的所谓盖天图，就是七衡六间图，就是在假想的天体上，以北极为圆心，画7个间隔基本相等、大小不同的同心圆。这7个圆圈叫"七衡"，七衡中间的6个间隔带叫"六间"。最小的圆叫内衡，最大的圆叫外衡。七衡是太阳运行的轨道。内衡和外衡之间这一环带被涂上黄色，即所谓黄道，太阳只在黄道内运行。夏至那一天，太阳在内衡道上运行。从夏至日到大暑日，太阳在第一衡（内衡）和第二衡的中间，即第一间运行。大暑日当天，太阳在第二衡上。依此类推。秋分日在第四衡上，即中衡上，霜降日在第五衡上，小雪日在第六衡上，冬至日在第七衡上，即外衡上。从冬至开始，太阳又往内衡方向运行，于大寒、雨水、春分、谷雨、小满，分别经过第六、五、四、三、二各衡，在夏至那一天，太阳又回到内衡轨道上。

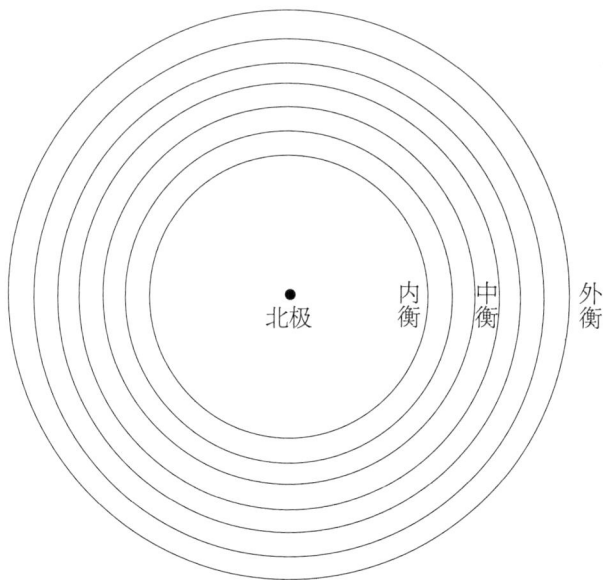

七衡六间图

这七衡的直径分别是23.8万里、27.8万里、31.7万里、35.7万里、39.7万里、43.6万里、47.6万里。日光可照到16.7万里远处。太阳在外衡运行时可照到的天体直径为47.6万里+16.7万里×2=81万里。

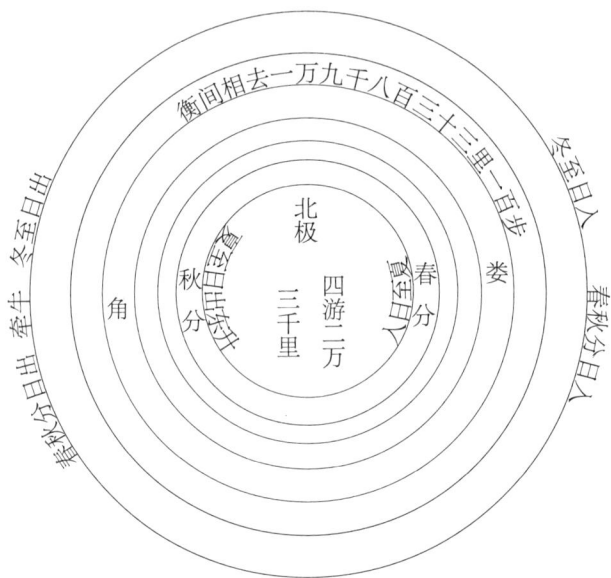

衡间相去一万九千八百三十三里一百步

冬至日出　冬至日入

春秋分日出　牵牛

角　秋分　北极　春分　娄　春秋分日入

四游二万三千里

《周髀算经》中的七衡六间图

盖天说认为周都离北极10.3万里，也就是说北极往南10.3万里就是周都。日光只能照到16.7万里远，人们也只能看到这么远的光源射来的光。因此，以周都为圆心，以16.7万里为半径，所作出的圆，就是身居周都的人所能见到的天体。他们把这一部分涂上青色，叫青图画。青图画的圆边看起来是天地相连接的地方，现在叫地平线。

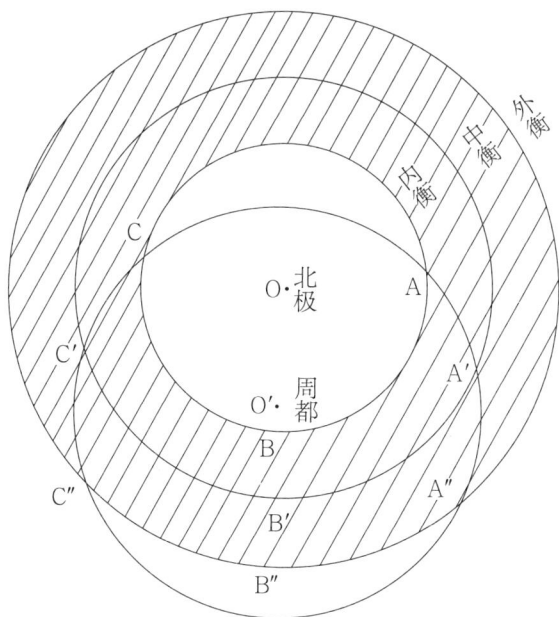

周都所见太阳在不同季节的运行轨道

　　如图所示，A″B″C″是外衡。冬至日，太阳在这一轨道上运行。人们在周都O′上看到太阳从东南方向的A″处出现，到西南方向的C″处没入。中午时太阳处在B″上，离周都很远，因此从周髀上看到的日影最长。这时太阳在最南的轨道上，所以又叫南至。春秋分的时候，太阳在中衡运行，从周都O′的正东方A′出来，入于正西方的C′处。到了夏至，太阳在内衡运行，它从周都O′的东北方向A处升起，入于西北方向的C处。夏至的中午太阳在B点，离周都O′最近，因此，每年夏至日中午是一年中日影最短的时候。由于周都在内衡以内，即使太阳到了最北方，也还在周都的南方。

　　气候随太阳运行的远近而变化。冬至日，太阳离周都最远，所以寒冷；夏至时，太阳离周都最近，所以炎热；春秋分时，太阳离周都不远不近，因此，气候也就不冷不热。每天之中，早晚太阳距离远，中午太阳距离比较近，气温也是早晚凉而中午热。人们一系列的生活经验和感性知识，盖天说都用这个图来加以说明。

　　扬雄《难盖天八事》的第一难是，太阳沿着黄道东行，昼夜都沿着相同的轨迹。牵牛距北极北110度，东井距北极南70度，一共是180度。周三径一，二十八宿一周天应该是540度，现在只有360度，这是为什么?

盖天图是以北极为中心的一幅平面图。二十八宿围绕着北极星组成一个大体上的圆环，共有365度。这些星宿分为4个区域，即东、西、南、北，每个区域有7个星宿。牵牛在北区，东井在南区，它们遥遥相对。牵牛在北区距离北极110度，东井在南区距离北极70度，牵牛到东井180度。根据周长与直径比为3：1，二十八宿周天应该是540度，为什么现在只有360度呢? 这是扬雄从牵牛到东井的直线距离来责难盖天图。盖天说认为天是拱形的，但画盖天图时却忽略了拱形的说法，把拱形面的星图勉强画在平面上。从盖天图上看，牵牛到东井本来是呈弧线的，如今却变成了直线，于是产生了矛盾。扬雄的责难可谓击中要害。

第二难是，春秋分的时候，太阳出在卯位，入在酉位，而昼漏为五十刻。天盖转的话，晚上应该是白天的两倍。现在晚上也是五十刻，为什么?

从盖天图上看，在春分、秋分季节时，太阳在七衡的中衡轨道上运行。中衡在青图内的弧线长度大约只相当于青图外弧线长度的一半。也就是说，从盖天图上看，白天时间只相当于黑夜的一半，而实际上这两个时节，昼夜时间都是五十刻，一样长。这个问题桓谭曾经责难过扬雄，扬雄回答不上来，现在扬雄也用这个问题来非难盖天说。这个问题的产生也是由于用平面图来描述拱形的天体，而又没有较科学的投影法。

扬雄的第三难是说，太阳出来就看不见星辰，太阳隐没以后才能看见星辰。盖天说指出，北斗下面的地方，6个月可以看见太阳，另6个月见不到太阳，那么北斗星就应该6个月看得见，6个月看不见，而实际上现在每晚都可以看到北斗星，这是怎么回事呢?

如果扬雄在北极地区生活一年，那他就不会提以上的问题了。因为在北极地区，确实是6个月可以看到北斗星，另6个月看不到。扬雄大概以为只要日光能够照到北极，日光就会夺了星光，那样就看不见北斗星。或者，他可能以为北斗星对于全天下的人而言，感觉都是一样的，住在北极的人看不见北斗星，全天下的人也都看不见北斗星。全天下的人对天象的感觉是完全一致的，这是浑天说的观点。它认为太阳出来，全天下都是白天；太阳西没，全天下都进入黑夜。但是盖天说认为"昼夜易处",任何一个时刻,有的地方是早晨,另一地方则是中午,又一地方却是傍晚,还有的地方是半夜。在这一问题上,盖天说比浑天说更科学。而扬雄在这里是用浑天说的错误观点来反对、责难盖天说的正确观点,说明他对盖天说还是没有深入地理解,因此,他很容易被持浑天说观点的桓谭驳倒。实际上,北极地区6个月见太阳,6个月不见太阳,完全是事实;6个月可见北斗星,6个月不见北斗星,也是事实。

扬雄的第四难是从盖天图看天河,从北斗起到狼狐,之间是一条弧线,而实际看到的天河却是一条直线,这是为什么?

盖天图的天河为什么和肉眼观察到的天河不一样呢?这说明盖天图不是完全按照肉眼观察到的结果画的。看起来是直线的天河画成了弧线,同样,看起来是弧线,画出来却可能是直线。我们可以认为,在盖天图创制者的印象中,天河是弧形的。这一点与天球面是拱形的说法("天象盖笠"说)是一致的。但是首创盖天图的人将曲面画在平面上,这就有许多弊端,扬雄的很多疑问大多由此而起。

第五难是说:"周天二十八宿,以盖天图视天,星见者当少,不见者当多。今见与不见等,何也?出入无冬夏,而两宿十四星当见,不以日长短故见有多少,何也?"

这里有两个问题。一是从盖天图来看,人们能看见的二十八星宿应当比看不见的少,就是青图覆盖的面积不到黄图的一半。但实际上看见的和看不见的一样多,这是什么原因?这仍然是盖天图投影法的不合理造成的。二是冬天日短夜长,夏天日长夜短,无论冬夏,都是能看到二十八宿的一半,不会因为白天的长短变化而有改变,这又是为什么?实际上这里不存在什么问题,如果恢复拱形天体,青图覆盖黄道的一半,那么无论太阳如何运行,也无论昼夜长短,人们所见的都是二十八宿的一半,这与冬夏出入、昼夜长短没有什么关系。

其六难是说:"天至高也,地至卑也。日托天而旋,可谓至高矣。纵人目可夺,水与影不可夺也。今从高山上,以水望日,日出水下,影上行,何也?"

按照盖天说的说法,天是最高的,地是最低的。太阳附着在天体上,任何时候都比地高出几万里,因此太阳光总是自上往下照射的。扬雄观察到一种现象,从高山上可以看到太阳从地平线以下升起来。为了避免眼睛的错觉，他用水平面来观察，可以看到太阳从水平面以下升起来，太阳最初的影子落在水面之上。高山水平测日影，证明了浑天说的正确性，盖天说无论如何也解释不了这种现象。

其七难说："视物，近则大，远则小。今日与北斗，近我而小，远我而大，何也？"

观察物体，近看就大，远望就小，这是常识。扬雄所谓"日与北斗，近我而小，远我而大"，可以有两种理解：一是太阳与北斗星相比；一是太阳、北斗星自身比，例如冬至时的太阳与夏至时的太阳相比。

根据七衡图，冬至日，太阳在外衡轨道上，中午时刻离周都洛阳13.5万里，而北极离周都只有10.3万里，北斗星在中午时比北极更近一些。但是，太阳在远处，看起来却很大，而北斗星在近处，看起来却小得多。另外，一年中每天早晚的太阳离人都在16万多里，都比北斗星远得多，看起来却更大些，是什么原因呢？我们设想，盖天说当时可以说太阳比北斗星大得多，而现在我们知道，北斗星离地球比太阳离地球远千亿倍，它实际上比太阳大得多。从这一点来看，似乎盖天说不难回答。

按另一种理解，即冬至时的太阳与夏至时的太阳相比，根据盖天图，冬至时的太阳比夏至时要远很多，冬至日在外衡，夏至日在内衡。但是，夏至日，太阳视半径为15′46″，而冬至日约为16′17″，冬至太阳离得远，为什么看起来却大一些呢？这种情况是盖天说无法解释的。现在我们知道，冬至日，地球公转运行到近日点轨道上，因此，这时地球距离太阳最近，而夏至日，地球运行到远日点轨道上，距离太阳最远，这正好与盖天图所标示的结果相反。由于远近的缘故，所以太阳看起来略有大小的差别。由于差别小，肉眼一般无法辨别。扬雄用什么办法能够测出太阳的大小呢？这仍是个疑案。

其八难曰："视盖橑与车辐间，近杠毂即密，益远益疏。今北极为天杠毂，二十八宿为天橑辐。以星度度天，南方次地星间当数倍。今交密，何也？"

古人坐车，上有车盖遮雨挡日。这个车盖是圆形的，像现在的伞那样。它的骨架是辐射状的条木，叫车辐。这些条木叫盖橑，车盖的中心叫杠，盖橑的一端与它相连。车轮中心的圆木叫毂，车辐的一端与它相接。这一段话首先是讲常识：盖橑离盖杠越近，它们之间越密，越远则越疏。同样，车辐也是接近车毂的地方较密，越远越疏。然后讲到盖天图，盖天图的中心北极相当于盖杠、轮毂，二十八宿相当于盖橑、车辐，用星度来衡量天体，在南方离地面很近的方位，星星的间隔应该比北极附近要大几倍。但是，现在它们却一样密，为什么呢？

周天是365度，这是盖天说和浑天说共同的看法。如果天体是鸡蛋形的或弹丸形的，南北各星之间的距离就都差不多，而如果从盖天图来看，离北极远的地方，星星的间距要大得多，然而观察的结果却是南天与地面接近处的星星的间距并不显得特别大。这一点也暴露了盖天图投影法的缺陷。

从以上八条来看，除了第六条外，扬雄都是从盖天图上找毛病，而且盖天图的主要毛病也是由于投影法不大合理造成的。

大地是球形的，地球转动，在地球上观察天象，天似乎是一个鸡蛋壳形的。这当然有许多合理性：浑天说相当于现在的球面天文学。盖天说认为天体是拱形的，事实上，越靠近北极，这种说法的合理性就越明显，因为地球的自转轴指向北极，所以看起来，很像一个圆盖在旋转。扬雄对平面盖天图提出了许多责难，但如果把盖天图恢复成拱形的，那么，扬雄提的许多问题都可以得到解释。也许首创盖天图的人心里是明白的，但他的图像表示和文字说明，后人并不能完全理解，似乎就产生了一系列矛盾。扬雄起先也信盖天说，结果很容易就被桓谭驳倒，说明他也没有了解盖天说的真谛：天是拱形的，平面盖天图只是用平面来描绘拱形的天。

总之，扬雄从知识主义的立场出发，以高度的热诚、孜孜不倦的精神对当时几乎所有重要的知识门类都进行了涉猎乃至研究。我们看到，无论是哲学、历史、文学、语言、音乐，还是天文、历法、地理，扬雄均有或深或浅的了解，取得了或高或低的成就，成为一个典型的通儒。

知识型的人生

扬雄喜欢喝酒，当时就有人装着酒肴跟随他周游讲学，而巨鹿人侯芭也常常跟随扬雄，向他学习《太玄》《法言》。

刘歆曾对扬雄说："平白无故自己找苦受！《易》立学官，学者可得禄利，但《易》的价值并不被人们了解，又何况《太玄》？我担心后人会用它来覆盖酱瓮。"扬雄笑而不答。

天凤五年（18年），扬雄去世。据《杨雄家谍》说：扬雄的坟墓是在安陵阪上，平时和他交情深厚的沛郡桓谭、平陵如子礼，加上弟子侯芭，共为治丧，桓谭拿钱帮他办了丧事，建起祠茔，侯芭背土作坟，号曰"玄冢"。（《艺文类聚》卷四十《礼部下》引）据说侯芭按照弟子的礼仪为扬雄守丧三年。

当时大司空王邑、纳言严尤听说扬雄去世，对桓谭说："你曾称赞扬雄的书，这些书是否能传于后世呢？"桓谭说："一定能传下去，但我们都来不及看到后世的场景了。"

左思说："寂寂扬子宅，门无卿相舆。"（《咏史》）卢照邻也说："寂寂寥寥扬子居，年年岁岁一床书。"（《长安古意》）扬雄的一生，是寂寞的一生。这种寂寞，不仅表现在仕途上的默默无闻，也不仅仅是晚年的穷困潦倒、孤独无依，还表现在其玄奥精深的学问难以为后人所了解。然而，这种寂寞的生活是扬雄自觉的选择。徐复观指出，两汉知识分子的特性之一，是道德感的政治性，或者也可以说是政治性的道德感非常强烈。西汉知识分子的人生形态，可以概略地称为道德的政治形态，或者称为政治的道德形态。在这一大背景下，扬雄却自始至终与政治保持了相当程度的疏离，他放弃了进策建功、析圭儋爵、怀符分禄、上尊人君、下荣父母这一世俗所推崇的人生追求，而是选择了靠著述以立名的途径来完成其人生理想。徐复观将扬雄的这一人生形态称为"知识型的人生形态"，即以好奇好异之心，倾注他的整个生命去追求知识。这一人生形态，乃是扬雄基于对现实形势的判断并在儒、道两家人生理想的影响下做出的自觉选择。

汉朝的现实形势乃是从"士无常君，国亡定臣"，天下离析、列国争雄的混乱局面一变而为天下定于一尊的封建极权专制局面；从以往"得士者富，失士者贫"，从而竞相搜罗人才的乱世一变而为"庸夫高枕而有余"的治世。所谓"治世"，从另一角度来讲，即意味着庸常无奇的社会环境，整个社会依照制度化的模式循规蹈矩地运行，无须甚至杜绝超凡出众的行为。因此，"县令不请士，郡守不迎师，群卿不揖客，将相不俯眉"，社会对人才不再如过去那样重视。至元帝之世，诏以四科取士，以质朴、敦厚、谦逊、有行来考核郎官等第。诚如王船山所指出的，这乃是"以柔惰销天下之气节"，从此社会风气由沉滞而至麻木腐烂。客观上才俊之士失去了矫翼厉翮、恣意所存的环境，一切露锋芒、显才智的行为都将招致疑忌从而产生不可预测的后果，所谓"言奇者见疑，行殊者得辟""且握权则为卿相，夕失势则为匹夫"（《解嘲》）。这时，以超凡出众的行为方式来博取功勋爵位，例如以出奇策而建奇功的危险就大大增加了。就在扬雄为官前后的成帝时期，很多人就因为进谏而遭免官甚至杀身。如以正直著称的王章，有感于帝舅王凤专权，借日蚀上章奏事，言凤不可任用，结果罪至大逆。谷永承王氏、太后之意上章攻击后宫、成帝，成帝大怒，差点系狱，幸赖有王氏家族这一强大的靠山而免于难。哀帝时，王莽、师丹、傅喜均因为谏阻傅太后上尊号得罪哀帝而被免官。

自孔子以来的儒家先哲们一直主张有道则进，无道则退。在政治形势不适合进取干政时，则以保全自己的生命为最高智慧。孔子说："邦有道，谷；邦无道，谷，耻也……邦有道，危言危行；邦无道，危行言孙。"（《论语·宪问》）"宁武子，邦有道，则知；邦无道，则愚。其知可及也，其愚不可从也。"（《论语·公冶长》）南宫适因为能做到"邦有道，不废；邦无道，免于刑戮"，孔子对其十分赞许，还将自己的侄女嫁给了他。

孔子对保命全身也十分重视，鲍庄子被刖足，孔子曾说："鲍庄子之知不如葵，葵犹能卫其足。"（《左传·成公十七年》）可见，天下无道时以保身为重，这也是儒家恪守的基本准则。扬雄虽蒙王根推荐，但并不算王氏家族之亲信，而成帝尤其是哀帝时期在扬雄看来远远算不上是有道之时，有鉴于此，扬雄选择了一条追求知识、疏离政治的道路。

扬雄选择这种知识型的人生形态，另一个重要的原因乃是出于他在辩证式人生智慧影响下所形成的人生观。所谓辩证式人生智慧，由于老子作了精彩的表述，人们一直将其视作是道家思想，但实际上，这种智慧已经超越了学派的畛域而成为全民族的共同智慧，无论是儒、道、法、名诸家都有类似主张。汉朝以来，由于黄老之学在汉初造成的深远影响，它更是成为一般知识分子的共识。

扬雄的思想区别于道家中的激进派庄子，他不像庄子那样彻底，在面对人生必然遇到的一些主要问题如生死、贫富、穷达、毁誉时，以相对主义的立场否定一切区别，甚至认为生命是累赘，生不如死。以扬雄一生的行迹来看，他对声誉一直没有放弃，班固说他是"其意欲求文章成名于后世"，他自己也说："不为名之名，其至矣乎！为名之名，其次也。"（《法言·孝至》）他放弃的只是世俗价值观念所十分器重的富贵与功业，支配他做出这一选择的乃是中国式智慧中祸福损益倚伏的辩证法思想以及由此而引发的知足不辱、知止不殆的人生观。

扬雄对自然乃至人生规律的一个根本看法是"物极必反"，任何事物都有一个盈虚盛衰的过程。在《太玄》中，他用数字的形式来表现事物的这一规律。《玄图》说："故心思乎一，反复乎二，成意乎三，条畅乎四，著明乎五，极大乎六，败损乎七，剥落乎八，殄绝乎九。生神莫先乎一，中和莫盛乎五，倨剧莫困乎九。夫一也者，思之微者也；四也者，福之资者也；七也者，祸之阶者也；三也者，思之崇者也；六也者，福之隆者也；九也者，祸之穷者也。二、五、八，三者之中也，福则往而祸则承也。"事物发展到极盛也正是衰败的起点，所以扬雄特别警惕功名隆盛后面所隐含的危险。他深知"炎炎者灭，隆隆者绝"，因此，在对自然界的观察中，得出自己的人生态度："观雷观火，为盈为实，天收其声，地藏其热。高明之家，鬼瞰其室。攫拏者亡，默默者存；位极者宗危，自守者身全。是故知玄知默，守道之极；爰清爰静，游神之庭；惟寂惟默，守德之宅。"（《解嘲》）这种思想与态度的产生与强化，除了与道家学说以及易传哲学有关外，现实社会也有许多鲜明生动的实例，所有这些都使扬雄感触很深。

哀帝年间急剧变化的政治形势，给扬雄思想上带来的震动是非常大的。就在这6年时间里，扬雄目睹了一连串人生祸福无常的事件，这些事件就发生在他的身边，发生在他的同事、朋友身上。如李寻，是扬雄的同门、同事，曾经与扬雄一起反对朱博为相。李寻因长于灾异之说，深得哀帝器重，"每有非常，辄问寻。寻对屡中"（《汉书·李寻传》）。后涉入夏贺良之事，减死一等，迁敦煌郡。朱博，哀帝年间步步高升，直至担任丞相，但数月后即被赐死。扬雄的同事董贤更是一个典型例子。董贤的发迹可以说是一步登天，贵宠无匹，权倾一时，但哀帝一死，董贤惶恐不知所出，竟与妻子双双自杀。所以扬雄在《解嘲》一文中提到，当客人嘲笑扬子不能做到"纡青拖紫，朱丹其毂"时，扬雄深有感触地说："客徒欲朱丹吾毂，不知一跌将赤吾之族也……当涂者入青云，失路者委沟渠，且握权则为卿相，夕失势则为匹夫……故为可为于可为之时，则从；为不可为于不可为之时，则凶。"所以，贯穿《太玄》全书的一条主要线索，即是论述盛极必衰、否极泰来的人生哲理，论述遇时则伸、失时则伏的出处之道。

尽管扬雄对人生的祸患灾难特别敏感而力图避免，但他决不像庄子那样为了保身便随俗浮沉、顺从迁就，结果从避世走向游世，扬雄从来不主张完全的出世。《法言·先知》说："圣人乐陶成天下之化，使人有士君子之器者也，故不遁于世，不离于群。遁离者，是圣人乎？"在《解嘲》中他对战国时期游士们建策立功的入世行为并没有否定，而是说汉朝的时代条件不允许如此干政，而只能默然自保，所以，扬雄的人生态度基本上属于儒家式的，他没有放弃在可能的情况下为自己的政治理想采取一定的行动。比如，扬雄以他并不擅长也并不一定相信的灾异之说来阻止朱博升任丞相，在朝廷与匈奴将要失和的关键时刻他上书进谏，阻止哀帝采取不明智的举动，这些都取得了很好的效果。

扬雄主张在生活中应该信守一定的操守与原则，他称赞他特别推崇的老师严君平时说："蜀严湛冥，不作苟见，不治苟得，久幽而不改其操，虽随、和何以加诸？举兹以旃，不亦宝乎！"他称赞其乡人李仲元则说："不屈其意，不累其身。"（《法言·渊骞》）所以，尽管他追求声名，但他决不采取哗众取宠的手段，"不修廉隅以徼名当世"。明确了这一点，也就能明白他为什么能甘守寂寞，冒着不被时人以及后人理解的风险，创作深奥难懂的《太玄》。

扬雄知识型人生形态的形成与其好知的个人兴趣有极大的关系。扬雄的一生，充满了求知的热忱。人的生命的存在可以区分为两面：一面是理性，一面是意志。理性以知为目标，因而产生知识化的宇宙以及科学的知识架构。意志以行为目标，促使人实践理想与价值。知与行应该是人所共有的两个方面，但不同的人，其趣向有轻重之别，扬雄则是明显趋于知性的人物，在求知与践行两者中，扬雄对求知有着更大的热情。

有很多事例可以说明知识是扬雄最珍视的事物，对知识的探求在其生命中占据最重要的地位。为了探求知识，他可以抛弃得之不易的官职与三年的俸禄而专心于读书。联想到扬雄经济拮据，更可以看出他求知的热忱。他在《与刘歆书》中叙述自己作《方言》的经过："故天下上计孝廉，及内郡卫卒会者，雄常把三寸弱翰，赍油素四尺，以问其异语，归即以铅摘次于椠，二十七岁于今矣。而语言或交错相反，方覆论思，详悉集之。"他以近乎半生的精力一点一点地收集资料，反复地考查辨证，来完成并无太大实用价值的学术著作，这也只有视知识为生命的人才能做到。班固《汉书叙传》中说："家有赐书，内足于财，好古之士，自远方至。父党扬子云以下，莫不造门。"徐复观说："这反映出扬雄不慕荣利，但决不放过求知的凭借。"

正因为不肯放过任何求知的凭借，扬雄才能够忍受三世不徙官的煎熬，放弃隐居闾巷或山林的生活方式，执着地在京城做汉室的执戟之臣。这个原因，徐复观也已经指出，因为京城并不仅仅是名利角逐之场，亦为视听之枢机、知识之汇聚。京城政治上的波诡云谲、生活上的声色纷陈，对扬雄来说可以全不放在心上。始建国二年（10年），正当刘、甄之事闹得沸沸扬扬，执事之臣前来拘捕扬雄时，扬雄依然专心一意，校书于天禄阁上，对政治的淡然疏离与对知识的执着追求，形成了鲜明的对比。

扬雄以追求知识为人生的终极目标，而在追求知识的过程中，扬雄性格中一个鲜明的特点展露无遗，那就是"好胜"。徐复观说，扬雄在当时流行的各类文体中，都要选定一个居首位的目标进行模仿，进而超越。《汉书》本传说："以为经莫大于《易》，故作《太玄》；传莫大于《论语》，作《法言》；史篇莫善于《仓颉》，作《训纂》；箴莫善于《虞箴》，作《州箴》；赋莫深于《离骚》，反而广之；辞莫丽于相如，作四赋：皆斟酌其本，相与放依而驰骋云。"他为自己定下的目标可谓高远，在文章的各个领域，都要与历史上的最佳进行较量，进行比拼，这显示了扬雄在知识掌握上的自信，也正因为这种好胜不甘居于人后的性格，非抒发性情而着力于超越前人的写作目的，使得扬雄在其文章中尽量求深、求难、求博、求奇，因为只有在这些方向，才是可以角逐比较从而显示优劣的。而他只求成名于后世的追求，使他能够不在意当时人们的不理解与不重视。

扬雄的人生形态，在以政治上成功与否作为衡量知识分子唯一价值标准的中国封建社会有着分外重要的意义。把知识作为个人安身立命的基石，孜孜不倦地追求，为此不惜抛弃富贵功利与当世浮名，忍受毕生的寂寞穷困，这种为知识而知识的人生形态在扬雄之前从未有人做到过。

自老子以后，在道家思想的发展过程中一直存在着一种反智的倾向，既反对智慧的运用，也反对知识的占有，这种倾向也极大地影响了法家的学说，从而成为中国历史上一股强有力的思想潮流。老子和韩非是从君人南面之术出发，意识到民众的智慧与知识是统治的障碍之一，从而提出反智的观点，而庄子则是从个人的保身养性出发，指出知识乃是争斗的工具。

中国知识分子较为普遍的人生形态大约有三种。第一种是积极地介入社会政治活动，通过建功立业，获得社会上通行评价机制的普遍认同，从而封官晋爵、扬名后世，他们为达到此目的而执着地追求，甚至知其不可为而为之。第二种就是蔑视乃至抛弃社会上普遍的激励机制，如庄子式的彻底避世甚至游世。第三种便是坚守有道则进、无道则退的立场，在时势可能的前提下介入社会政治，兼济天下，在时势不可能的情况下则坚持独善其身。

扬雄为第三种人生形态树立了一个现实榜样，在退守自我的时候，他将知识作为生命最终也是最重要的凭借。庄子式的彻底避世一定要看透三关，即名利、知识与生死，不但要看到名利、知识、生命的虚幻，更要看到它们的危险，名利是祸害，知识是不幸，生命是累赘。与扬雄不同的是，庄子将追求知识看成是一种危险的行为："吾生也有涯，而知也无涯。以有涯随无涯，殆已。"（《养生主》）庄子及其后学将知识看作是人们争斗的工具："名也者，相轧也，知也者，争之器也。二者凶器，非所以尽行也。"（《人间世》）类似的看法在汉朝依然是一股强大的思想潮流，《淮南子》中就曾反复论及这一点。在这一背景之下，扬雄能够坚持自己的思想行为，为后世的知识分子提供一种新的安身立命的途径，这在中国的思想文化史上有着不可轻视的价值。

第九章

悠悠百世后，英名擅八区

唐朝以前，无论是扬雄的思想学问、文学创作还是生活实践，一直受到高度的评价，只有少数学者稍有异议。宋朝以后，对扬雄的评价开始有了明显的分歧，产生了广泛的、几乎是不可调和的争议，争议的焦点主要集中在扬雄对新莽政权的态度和他的文章风格上。如果站在现代人的立场上，我们对扬雄思想、人生的价值评判也许会完全不同于古人。

汉魏六朝人心目中的扬雄

自东汉到唐朝，无论在思想界还是在文学界、史学界，扬雄一直具有崇高的地位。班固的父亲班彪与扬雄有交往，班固在写作《汉书》时，其价值观深受扬雄的影响，对很多历史人物的评价与扬雄一致。班固将扬雄视作是仅亚于圣人的命世之才，他说：

> 自孔子后，缀文之士众矣，唯孟轲、孙况、董仲舒、司马迁、刘向、扬雄，此数公者，皆博物洽闻，通达古今，其言有补于世。传曰"圣人不出，其间必有命世者焉"，岂近是乎？（《汉书·楚元王传》）

他在《答宾戏》中将扬雄与陆贾、董仲舒、刘向相提并论，对扬雄的文章充满了敬意：

> 扬雄覃思，《法言》《太玄》，皆及耆君之门闱，究先圣之壶奥，婆娑虖术艺之场，休息虖篇籍之囿，以全其质而发其文，用纳虖圣听，列炳于后人，斯非其亚与！（《汉书叙传》）

桓谭、王充与张衡对扬雄均无比推崇，他们一致认为扬雄是度越诸子而与圣人并列的人物。王莽曾问桓谭："扬子云何人邪？"桓谭答曰："扬子云才智开通，能入圣道，卓绝于众，汉兴以来，未有此也。"（《论衡·超奇》及《太平御览》卷四百三十二、卷六百零二引桓谭《新论》）桓谭将扬雄推举为圣人，"张子侯曰：'扬子云西道孔子也，乃贤如此。'吾应曰：'子云亦东道孔子也。昔仲尼岂独是鲁孔子？亦齐、楚圣人也。'"（《意林》卷三引《新论》）

王充对扬雄的著作非常痴迷，他曾说："玩扬子云之篇，乐于居千石之官；挟桓君山之书，富于积猗顿之财。"（《论衡·佚文》）他认为扬雄、司马迁是最杰出的作者，说："汉作书者多。司马子长、扬子云，河、汉也；其余，泾、渭也。然而，子长少臆中之说，子云无世俗之论。"（《论衡·案书》）又说："近世刘子政父子、扬子云、桓君山，其犹文、武、周公并出一时也。"（《论衡·超奇》）"行与孔子比穷，文与扬雄为双，吾荣之。"（《论衡·自纪》）

陆绩为《太玄》作注时，也在其序中说扬雄是圣人。可以说，东汉三国时期是对扬雄评价最高的时期，死后的荣名略略弥补了扬雄生前的寂寞。这一时期，扬雄的天道无为观念、对儒家天命学说的批判、反对谶纬迷信、批判成仙之说等思想均得到了王充的继承与发扬；扬雄"贵其有循而体自然"、客观反映自然规律的认识思想无疑也深刻地影响着"耽好玄经"的张衡。正是这种唯物主义和理性主义的思想使得张衡成为中国历史上伟大的科学家之一，张衡浑天说的理论体系显然是在扬雄对盖天说的批判的基础上发展成熟的。

总之，自西汉晚期开始，两汉思想界形成了一条与官方虚妄的神学经学相对抗的理性主义思想线索，那些在野知识分子重事实、重征验，以经验理性反对宗教迷信，在中国思想史上闪烁着夺目的光彩，而扬雄则具有筚路蓝缕的开启之功。

这种高度的赞誉一直延续到三国时期。当时，代理蜀郡太守的王商（既非西汉乐昌侯王商，亦非成都侯王商）想要为严君平、李弘建立祠庙，秦宓（字子敕，广汉郡绵竹人）写信请求为司马相如、扬雄建祠，他说："扬子云潜心著书立说，有益于世，出污泥而不染，行动以圣人为师，今日天下之人，仍在诵读他的文章。国家有这样的人，足以向四方夸耀，奇怪的是您颠倒本末，反不为他建造祠堂。"可见其对扬雄的推崇。

魏晋时期，是《太玄》之学的兴盛期。被刘歆讥为"将覆酱瓿"的《太玄》

出人意料地成为魏晋易学研究的热点之一。这一时期，为《太玄》作注或指归的分别有宋衷、陆绩、虞翻、王肃、李谲、陆凯、范望数家，其中不乏当时的硕学巨儒。喜好阴阳术数的，往往同时钻研《易》和《太玄》。比如《晋书·忠义传》所记载的刘敏元，"字道光，北海人也。厉己修学，不以险难改心。好星历阴阳术数，潜心《易》《太玄》，不好读史，常谓同志曰：'诵书当味义根，何为费功于浮辞之文！《易》者，义之源，《太玄》，理之门，能明此者，即吾师也。'"（《晋书·忠义·刘敏元传》）

在魏晋南北朝的文坛上，无论是扬雄的文章还是文论，都被反复提及。扬雄因其杰出的文学著述而对后世产生了深远的影响，其人其事在后代文学作品中被广为传颂。有人认为扬雄的才学文章超过了刘向，《晋书·隐逸·范粲传附范乔传》记载：

> 光禄大夫李铨尝论扬雄才学优于刘向，乔以为向定一代之书，正群籍之篇，使雄当之，故非所长，遂著《刘扬优劣论》。

而在魏晋南北朝时期的诗歌中，扬雄首先作为蜀地历史名人的代表而被歌咏。北魏的常景有《赞四君诗》四首。《北史》上说，常景长期沉沦下位，淹滞门下，好多年都无法升迁至显官。因为蜀地的司马相如、王褒、严君平、扬子云皆有高才而无重位，于是为这四位各写了一首诗，托意以赞之。在写到扬雄时说：

> 蜀江导清流，扬子挹余休。含光绝后彦，覃思邈前修。世轻久不赏，玄谈物无求。当途谢权宠，置酒得闲游。

刘宋时期鲍照有《蜀四贤咏》，其所谓的蜀地四贤同样是司马相如、王褒、严君平、扬雄。他称颂扬雄"玄经不期赏，虫篆散忧乐"，也就是说，扬雄创作《太玄》不是为了得到别人的赏誉，同时他用辞赋来抒发自己的忧乐之情。然后说："首路或参差，投驾均远托。"意思是这四位贤人开始时虽然是殊途异路，但到后来却是一道同轨，都是心远仕途，托意于撰著。刘孝威《蜀道难》也是列举了四位蜀地历史名人来形容经过蜀道的艰难，同样是司马相如、王褒、严君平与扬雄。

在魏晋南北朝诗人的心目中，扬雄最深入人心的形象就是一位远离纷争、独守寂寞、博学能文的学者。陆厥的《入兰台赠王治书僧孺诗》称道说："故人扬子云，校书麟阁下。寂寞少交游，纷纶富文雅。"萧纲《君子行》说："君子怀琬琰，不使涅尘淄。从容子云阁，寂寞仲舒帷。"将扬雄校书与董仲舒下帷读书相提并论，称道他们能甘于寂寞。

而写作和讲授《太玄》，更是扬雄甘于寂寥、功名无成的典型写照。西晋的左思在《咏史诗》首先描绘了京师王侯权贵的豪奢热闹的生活："济济京城内，赫赫王侯居。冠盖荫四术，朱轮竟长衢。朝集金张馆，暮宿许史庐。南邻击钟磬，北里吹笙竽。"与扬雄的寂寞孤独形成了鲜明的对比："寂寂扬子宅，门无卿相舆。寥寥空宇中，所讲在玄虚。"左思对扬雄做出了高度评价，认为他"言论准宣尼，辞赋拟相如。悠悠百世后，英名擅八区"。不过，也有诗人并不赞同扬雄闭门草玄、不求功名这一行为。如谢灵运就说："既笑沮溺苦，又哂子云阁。执戟亦以疲，耕稼岂云乐。万事难并欢，达生幸可托。"（《斋中读书诗》）鲍照也认为："闭帷草《太玄》，兹事殆愚狂。"（《建除诗》）吴均则说："顾看草玄者，功名终自微。"（《结客少年场》）他们都对扬雄闭门草玄的行为不太认同。

另外，扬雄家贫嗜酒的事迹也为一些有同样经历的诗人津津乐道，引以为自况。如陶渊明《饮酒》专门歌咏过："子云性嗜酒，家贫无由得。时赖好事人，载醪祛所惑。觞来为之尽，是谘无不塞。有时不肯言，岂不在伐国？仁者用其心，何尝失显默！"酒喝得畅快之后，凡有问询，都非常痛快地告知。有时不肯说，是因为咨询的是伐国这样的不仁之事。仁者的表现，有时显，有时默，但都以仁为依归。这与其说是在歌咏扬雄，不如说是在自况。

谢灵运《北亭与吏民别诗》："刀笔愧张杜，弃繻惭终军。贵史寄子长，爱赋托子云。"意思是他裁断吏事没有张汤、杜周那样的刀笔，也不能像终军那样投笔从戎，但他热爱历史与辞赋创作，经常从司马迁、扬雄那儿寻找寄托。吴均的《赠周散骑兴嗣诗二首》也说："子云好饮酒，家在成都县。制赋已百篇，弹琴复千转。"

北朝同样有很多扬雄的推崇者，据《北齐书·司马子如传》记载，司马膺之"好读《太玄经》，注扬雄《蜀都赋》。每云：'我欲与扬子云周旋。'"。

这一时期，对扬雄也有一些微词。比如《世说新语·文学》刘孝标注云，王隐论扬雄《太玄经》曰："玄经虽妙，非益也。是以古人谓其屋下架屋。"王隐是东晋人。刘勰对扬雄的文章多有赞扬，但他对《反离骚》评价不高。《文心雕龙·哀吊》说："扬雄吊屈，思积功寡，意深文略，故辞韵沉腴。"意思是扬雄凭吊屈原的《反离骚》，思考很多而成就不大，立意重在反诘屈原的《离骚》，因此文辞沉滞不流畅。北齐颜之推是仅有的对扬雄持严厉批评态度的学者，他说：

> 或问："吾子少而好赋？"雄曰："然。童子雕虫篆刻，壮夫不为也。"余窃非之曰：虞舜歌南风之诗，周公作鸱鸮之咏，吉甫、史克雅、颂之美者，未闻皆在幼年累德也。孔子曰："不学诗，无以言。""自卫返鲁，乐正，雅、颂各得其所。"大明孝道，引诗证之。扬雄安敢忽之也？若论"诗人之赋丽以则，辞人之赋丽以淫"，但知变之而已，又未知雄自为壮夫何如也？著《剧秦美新》，妄投于阁，周章怖慑，不达天命，童子之为耳。桓谭以胜老子，葛洪以方仲尼，使人叹息。此人直以晓算术，解阴阳，故著《太玄经》，数子为所惑耳；其遗言余行，孙卿、屈原之不及，安敢望大圣之清尘？且太玄今竟何用乎？不啻覆酱瓿而已。

颜之推强烈反对扬雄的"辞赋无用论"，继而对扬雄的晚年行为进行了批评，认为写作《剧秦美新》、妄投于阁才是不达天命的童子作为。尽管有一些批评之声，但扬雄在文坛上依然具有绝对权威的地位。这表现在刘勰深入频繁地称引扬雄的言论作为自己立论的根据，赞颂扬雄的文章，并将其视作文章的典范，以及有关扬雄的琐事轶闻成为人们津津乐道的传奇性话题等各个方面。相对于扬雄在易学、文学上如日中天的地位，儒家色彩相对强烈的《法言》则较为沉寂，直到晋朝才有李轨作注。

唐朝诗文中的扬雄形象

至唐代，扬雄更是成为经常被吟咏的前代文学家之一。在唐代各个时期，都有大量诗人在各种不同场合称引扬雄。在这些诗人笔下，扬雄主要以两种形象出现：一为献赋入仕的宫廷侍从，一为闭屋著述的草《玄》者。透过这些扬雄形象，我们可以看到唐代诗人对社会人生的观察与思考。

据学者杨许波统计，唐代直接称引扬雄的共有62位诗人，涉及108首诗，其中初唐10位诗人15首诗，盛唐14位诗人39首诗，中唐24位诗人31首诗，晚唐14位诗人23首诗。也就是说，从盛唐开始，扬雄经常被称引。其中称引最多的诗人是杜甫，共有20首诗；其次是李白，8首；这以后，王绩、张九龄、王维、韦应物、白居易、刘禹锡、权德舆、许浑、郑谷、皮日休、罗隐、陆龟蒙等著名诗人也一再地称引扬雄。

在他们的笔下，扬雄首先是一位通过献赋而受到皇帝赏识的宫廷侍从。诗人所要表达的情感可分为两类：一是抒发尚未及第的感慨，希望像扬雄一样能有人举荐进而获得皇帝赏识而入仕。如"谁能为扬雄，一荐《甘泉赋》"（孟浩然《田园作》）；"此日小臣徒献赋，汉家谁复重扬雄"（卢象《驾幸温泉》）。第二类是诗人已经成为宫廷侍从，因此以扬雄自比。比如李白，就是由道士吴筠有荐举而被召为翰林供奉，期间也献过《大猎赋》，所以他多次以扬雄自比。"昔献《长杨赋》，天开云雨欢。当时待诏承明里，皆道扬雄才可观。"（《答杜秀才五松见赠》）又说："子云不晓事，晚献长杨辞。赋达身已老，草《玄》

鬓若丝。"(《古风》其八)"因学扬子云，献赋甘泉宫。天书美片善，清芬播无穷。归来入咸阳，谈笑皆王公。"(《东武吟》)有一些诗人注意到扬雄之赋皆为讽谏而发，如卢纶《和王员外冬夜寓直》诗云"扬雄托谏在文章"，罗隐《寄侯博士》诗云"规谏扬雄赋"，等等。

扬雄在唐代诗歌中的另一个形象就是一位寂寞而失意的草《玄》者。到唐代，出现了大量吟咏扬雄草《玄》事迹的诗歌，多继左思《咏史诗》而来。卢照邻在《长安古意》中，纵笔描绘了长安豪门贵族争竞豪奢、追逐享乐的生活后，最后以穷愁读书的扬雄自比："寂寂寥寥扬子居，年年岁岁一床书。"在表现寂寥失意的同时，也有自我宽解的意味。诗人们借古人之酒杯，浇自己之块垒，在表现扬雄的寂寞生活时，往往也在感慨自己或友人的落寞寂寥。如王绩《病后醮宅》："今日扬雄宅，应堪草《太玄》。"王勃《赠李十四四首》之三："从来扬子宅，别有尚《玄》人。"高适《哭单父梁九少府》："夜台今寂寞，犹是子云居。"岑参《杨雄草玄台》："吾悲子云居，寂寞人已去。"刘禹锡《和董庶中古散调词赠尹果毅》："寂寞草《玄》徒，长吟下书帷。"温庭筠《李羽处士寄新酝走笔戏酬》："所恨玳筵红烛夜，草《玄》寥落近回塘"等等。

扬雄的这一形象作为一个文学典故，在唐朝诗歌中的寓意和在魏晋南北朝时期并没有太大的不同，但是，他在中国思想史上的地位，在中唐以后却有了一个巨大的转变和提高。东汉魏晋南北朝人所推崇的扬雄，首先是一位明于阴阳、妙极道数、穷幽探赜的数术掌握者，其次是一位造于妙思、搜选诡丽、理赡辞坚的辞赋创作者，他以其博学、覃思、深微、宏丽征服了这一时期的学者。也就是说，东汉魏晋南北朝时期，扬雄崇高的地位并不取决于他是儒学的捍卫者，也不取决于他是诸子的批判者。首先将扬雄塑造为儒家道统的传承者的是韩愈，正是由于韩愈的推崇，扬雄得以成为与孟子、荀子、董仲舒等人并列的儒学大师。韩愈说：

> 晚得扬雄书，益尊信孟氏，因雄书而孟氏益尊，则雄者亦圣人之徒欤……孟氏醇乎醇者也，荀与扬，大醇而小疵。(《读荀》)

其时桓谭以为雄书胜《老子》，老子未足道也。子云岂止与老子争强而已乎？此未为知雄者。（《韩昌黎全集》卷十七《与冯宿论文书》）

其次，韩愈特别推崇扬雄的学问与文章，他认为扬雄是一位博学宏辞的豪杰之士，他说：

夫所谓博学者，岂今之所谓者乎？夫所谓宏辞者，岂今之所谓者乎？诚使古之豪杰之士，若屈原、孟轲、司马迁、相如、扬雄之徒，进于是选，必知其怀惭，乃不自进而已耳。（《答崔立之书》）

汉朝人莫不能为文，独司马相如、太史公、刘向、扬雄为之最。然则用功深者，其收名也远。（《答刘正夫书》）

相对而言，柳宗元对扬雄的文章就不那么推崇，尽管柳宗元曾经为《法言》作注，但他认为扬雄的文章肯定不如司马迁，也不如韩愈：

退之所敬者，司马迁、扬雄。迁于退之，固相上下。若雄者，如《太玄》《法言》及《四愁赋》，退之独未作耳，决作之，加恢奇；至他文过扬雄远甚。雄文遗言措意，颇短局滞涩，不若退之猖狂恣睢，肆意有所作。（《答韦珩示韩愈相推以文墨事书》）

柳宗元作为韩愈的朋友，说韩愈的文章恢奇恣睢自由，远胜扬雄，现在看来一点也没有溢美，也确实反映出扬雄文章有局促滞涩的缺点。作为一个唯物主义思想家，柳宗元对董仲舒、扬雄多言符命祥瑞的批评更加尖锐，认为这些言语昏惑犹如淫巫瞽史，只能诳乱后代。《新唐书·柳宗元传》引《贞符》云：

臣所贬州流人吴武陵为臣言："董仲舒对三代受命之符，诚然？非邪？"臣曰："非也。何独仲舒尔，司马相如、刘向、扬雄、班彪、彪子固皆沿袭嗤嗤，推古瑞物以配受命，其言类淫巫瞽史，诳乱后代，不足以知圣人立极之本，显至德，扬大功，甚失厥趣。

在史学界，刘知几在《史通·自叙》中认为自己的命运跟扬雄非常类似。第一，两人都期以撰述者自命。第二，《太玄》和《史通》都累年不就。第三，扬雄作《法言》，时人批评其妄，作《解嘲》；而刘知几作《史通》，见者言其短，他亦作《释蒙》以拒之。第四，扬雄早先因为写赋而为范逡、刘歆所重，晚年创作《太玄》，有覆酱瓿之讥；而刘知几初好文笔，获誉当时，晚撰史传，减价于知己。但他说，他与扬雄有一点不一样，那就是，扬雄的著作在身后历代都有知音，所以能世代流传，而自己虽然当世有知音，而后世恐怕不一定有，因此很担心自己的著作不能像扬雄的著作那样流传久远。

尽管刘知几以扬雄自况，但他对扬雄并不是没有批评，他认为扬雄的著作中有许多怪奇鄙陋的神话，这对于一位史学家来说是无法忍受的。《史通·外篇·杂说下》说：

> 扬雄《法言》，好论司马迁而不及左丘明，常称《左氏传》唯有"品藻"二言而已，是其鉴物有所不明者也。且雄哂子长爱奇多杂，又曰不依仲尼之笔，非书也，《自序》又云不读非圣之书。然其撰《甘泉赋》，则云"鞭宓妃"云云，刘勰《文心》已讥之矣。然则文章小道，无足致嗤。观其《蜀王本纪》，称杜魄化而为鹃，荆尸变而为鳖，其言如是，何其鄙哉！所谓非言之难而行之难也。

总的来说，唐朝对扬雄的思想和文章以肯定居多。而对扬雄后期的政治经历给予强烈批评的是初唐时期的李善，他在给《文选·剧秦美新》作注时说："王莽潜移龟鼎，子云进不能辟戟丹墀，亢辞鲠议；退不能草玄虚室，颐性全真，而反露才以耽宠，诡情以怀禄，素餐所刺，何以加焉！"相比之下，同是给《文选》作注，李周翰的态度就比较温和，他说：

> 王莽篡汉位，自立为皇帝，因号新室。是时，雄仕莽朝，见莽数害正直

之臣，恐己见害，故著此文。以秦酷暴之甚，以新室为美，将悦莽，意求免于祸，非本情也。（《六臣注文选》卷二十八）

李周翰的这种解释可说是后世避祸说的开端。

宋人对扬雄的不同态度

　　宋朝以后，对扬雄的研究掀起了一个热潮。宋人对扬雄的关注首先表现在对《太玄》的注释上。自魏晋以后，宋朝成为为《太玄》作注最多的时代。《郡斋读书志》卷三录有徐庸的《太玄经》10卷，郭元亨的《太玄经疏》18卷，张詧的《太玄经解》10卷并《发隐》2卷、《释文》1卷，司马光的《太玄经集解》10卷。据《少室山房笔丛》卷二十八《九流绪论中》，尚有宋维翰《太玄经注》10卷，林瑀《太玄经注》10卷并《太玄经释文》1卷，徐庸尚有《玄颐》1卷，杜元颖《太玄经传》3卷，陈渐《演玄》10卷，范谔昌《补正太玄经》10卷，程贲《太玄经手音》1卷，冯玄《太玄音训》1卷，林共《太玄图》1卷，孙胄《太玄正义》1卷又《太玄叩键》1卷，王长文《通玄》10卷，张揆《太玄渊旨》1卷，吴祕《太玄释文》1卷，许翰《玄解》4卷、《玄历》1卷，晁氏《星纪图》1卷，邵雍《太玄准易图》。为《法言》作注的则有宋咸、吴祕、司马光等人。《太玄》的注者通常都给予此书极高的评价，把它抬升到与儒家经书并列的地位。

　　随着对扬雄关注的深入，对扬雄的评价开始有了明显的分歧。有意思的是，这种分歧并非我们所熟知的北宋新党、旧党的党派之争，亦非洛学、川学或关学之间的学派之争。对扬雄评价的分歧，超越了党派、学派之间的畛域，呈现出一种较为复杂的状态。概而言之，可以分为以程朱一系为阵营的贬扬派和以其他知名儒者为另一阵营的褒扬派。他们的分歧集中在四个焦点问题上：1.对扬雄仕莽的评价；2.对扬雄人性论的评价；3.对扬雄作为儒家思想家的历史地位的评价；

4.对扬雄文章风格的评价。

北宋时，柳开、孙复是较早的褒扬派。柳开直接称扬雄为圣人，他说：

> 子云作《太玄》《法言》，本传称：非圣人而作经籍，犹吴楚之君僭
> 号称王，盖天绝之。呜呼！且子云之著书也，非圣人耶？非圣人也，则不能
> 言圣人之辞，明圣人之道；能言圣人之辞，能明圣人之道，则是圣人也；子
> 云苟非圣人也，则又安能著书而作经籍乎？既能著书而作经籍，是子云圣人
> 也。圣人岂异于子云乎？经籍岂异于《太玄》《法言》乎？（《河东集》卷
> 三《汉史扬雄传论》）

孙复则继承了韩愈有关儒家道统的主张，将扬雄视为西汉传承儒学道统的
关键性人物。其云："孔子而下至西汉间，世称大儒者，或曰孟轲氏、荀卿氏、
扬雄氏而已，以其立言垂范，明道救时，功丰德钜也。"（《孙明复小集·董仲
舒论》）宋祁也同样称赞扬雄坚持儒家价值观、拒斥诸子、发扬正声的立场，他
在《子云象赞》中说："卓哉子云，为汉儒师。准《易》《论语》，同圣是非。
百家滞淫，我独正声。"（袁说友《成都文类》卷四十八引）曾巩一直喜欢扬雄
书，他说："巩自度学每有所进，则于雄书每有所得。介甫亦以为然。则雄之言
不几于测之而愈深，穷之而愈远者乎！"（《曾巩集》卷十六《答王深甫论扬雄
书》）他在编校刘向《新序》时，批评刘向而推崇扬雄，说："自斯以来，天
下学者知折衷于圣人而能纯于道德之美者，扬雄氏而止耳。"与曾巩关系密切
的王安石显然也是褒扬派，他说："孟子没，能言大人而不放于老庄者，扬子而
已。"（《临川先生文集》卷七十二《答龚深父书》）王安石政治上的死敌司马
光在褒扬这一立场上和王安石意见完全一致，他曾穷三十年之力为《太玄》作
注，又为《法言》集注。他在请求印行《法言》的章奏中说：

> 战国以降，百家蜂起，先王之道荒塞不通，独荀卿、杨雄排攘众流，张
> 大正术，使后世学者坦知去从。（《司马温公文集》卷十六《章奏一·乞印
> 行〈荀子〉、杨子〈法言〉状》）

司马光对扬雄的赞颂可以说是北宋褒扬的顶点。

> 呜呼，杨子真大儒者邪！孔子既没，学圣人之道者，非子云而谁？孟与荀殆不足拟，况其余乎？观《玄》之书，昭则极于人，幽则尽于神，大则包宇宙，细则入毛发。合天地人之道以为一，刮其根本，示人所出，胎育万物而兼为之母，若地履之而不可穷也，若海挹之而不可竭也。天下之道，虽有善者，其蔑以易此矣。（《读玄》）

对于子云仕莽这一事件，褒扬派分别采取不同的策略为其辩护。第一种可称为否定说，此说取一种强硬的辩护策略，其完全不顾子云仕莽、写作《剧秦美新》等事实，转而言扬雄是一位坚定的反莽勇士，其以孙复为代表，他说：

> 千古诸儒，咸称子云作《太玄》以准《易》。今考子云之书，观子云之意，因见非准《易》而作也，盖疾莽而作也……若刘歆、甄丰之徒皆位至上公，独子云耻从莽命，以圣王之道自守，故其位不过大夫而已。云既解疾莽之篡逆，又俱来者蹈莽之迹，复肆恶以人上……大明天人终始顺逆之理，君臣上下去就之分，顺之者吉，逆之者凶，以戒违天咈人与戕君盗国之辈。（《孙明复小集·辨扬子》）

《太玄》作于哀帝年间，此时王莽执政柄未几，旋即下台归乡，篡逆之形未昭，扬雄怎知后来之事？

第二种可称为明夷说。此说取一种滑头的辩护策略，引箕子为榜样，大意谓扬雄仕莽既得全性命，又保持贞直之志。此说以曾巩为代表，其云："雄遭王莽之际，有所不得去，又不必死，辱于仕莽而就之，固所谓明夷也。然雄之言著于书，行著于史者，可得而考。不去非怀禄也，不死非畏死也，辱于仕莽而就之，非无耻也。在我者亦彼之所不能易也，故吾以谓与箕子合。"周武王是圣君，箕子仕周才可为儒者所称；王莽为篡逆，扬雄何得与箕子同乎？类似的辩护者还有王安石，他抬出的榜样来头更大，其云：“雄之仕合于孔子无不可之义，余何欲非之乎？”（《临川先生文集》卷七十二《答龚深父书》）然此说难于解释扬雄作《剧秦美新》，王安石便干脆否认，云《剧秦美新》出自谷永。

洪迈则进一步认为，扬雄仕新是为社稷考虑。他将扬雄与晏子并提。齐庄公因与崔杼之妻东郭姜私通，被崔杼杀害。晏子身为大臣，既不逃亡，也不殉身，说：“如果君主是为社稷而死，那我也与他共死；君主为社稷逃亡，我也随他逃亡；如果只是因个人原因而死，因个人原因而逃亡，若非是与他特别亲密的人，又有谁敢承担这样的责任呢？我不只是忠于君主，我只做对社稷有利的事。”扬雄在王莽篡汉时，不和那些担任高官者同赴死，而是托其身于列大夫之中，终身持守道义，这和晏子的做法是一样的，都是为社稷考虑，而不为君主殉身。至于《剧秦美新》，那是他不得已而作，其中藏有深意；而用五帝三王来比附王莽，只不过是在调戏王莽：

> 世儒或以《剧秦美新》贬之，是不然，此雄不得已而作也。夫诵述新莽之德，止能美于暴秦，其深意固可知矣。序所言配五帝冠三王，开辟以来未之闻，直以戏莽尔。使雄善为谀佞，撰符命，称功德，以邀爵位，当与国师公同列，岂固穷如是哉？（《容斋随笔》卷十三《晏子扬雄》）

第三种可称为避祸说，此说取一种较老实的辩护策略，认为扬雄对王莽是有限度的支持，代表者为司马光。

> 或曰杨子之诌也，以王莽可以继周公轶阿衡。迂夫曰：得已哉。杨子之为书也，品藻当世，蜀庄、子真、仲元，靡不及焉。莽宰天下而自况于伊周，敢遗诸乎？何鲍之死不可不畏也。虽然，莽自况伊周则与之，况黄虞则不与也。其志将曰：为伊周而止，斯可矣。不止而至于篡，伊周岂然哉？（《司马温公文集》卷七十四《史剡·辨扬》）

至于扬雄的人性论，褒扬派亦可分成两种观点。第一种是独尊扬子，以司马光为代表，其云：

> 孟子以为人性善，其不善者外物诱之也；荀子以为人性恶，其善者圣人之教也：是皆得其偏而遗其大体也。夫性者，人之所受于天以生者也，善与恶必兼有之。是故虽圣人不能无恶，虽愚人不能无善，其所受多少之间则殊矣……杨子以为人之性善恶混，混者善恶杂处于身中之谓也，顾人择而修之何如耳，修其善则为善人，修其恶则为恶人，斯理也，岂不晓然明白矣哉？如孟子之言，所谓长善者也；如荀子之言，所谓去恶者也。杨子则兼之矣。韩文公解杨子之言，以为始也混，而今也善恶，亦非知杨子者也。（《司马温公文集》卷七十二《善恶混辨》）

第二种是调和诸贤，以王安石为代表，其云：

> 孟子之言性曰性善，扬子之言性曰善恶混；孟子之言命曰莫非命也，扬子之言命曰人为不为命也。孟扬之道未尝不同，二子之说未有异也，此孔子所谓言岂一端而已，各有所当也。孟子之所谓性者，正性也；扬子之所谓性者，兼性之不正者言之也。扬子之所谓命者，正命也；孟子之所谓命者，兼命之不正者言之也。（《临川先生文集》卷六十四《论议·扬孟》）

张载对扬雄评价虽然不高，但一直承认扬雄所阐发的是圣人之学，他说：

> 扬雄择圣人之精，艰难而言之正，止得其浅近者，使之为政又不知如何，据此所知，又不遇其时，无所告诉。然扬雄比董生孰优？雄所学虽正当，而德性不及董生之博大，但其学差溺于《公羊》、谶纬而已。（《张子全书》卷四《周礼》）

贬扬派的主力之一是苏氏父子，苏氏父子均不喜扬雄。苏洵曾经专门研究过《太玄》，最后认为扬雄此书是学习《周易》却无得于心，只能以形式唬人，如果扬雄真有心得，便不会写作《太玄》。《嘉祐集》卷八《太玄论》说：

> 后之不得乎其心而为言，不得乎其言而为书，吾于扬雄见之矣。疑而问，问而辩，问辩之道也。扬雄之《法言》，辩乎其不足问也，问乎其不足疑也，求闻于后世而不得其有得，君子无取焉耳。《太玄》者，雄之所以自附于夫子，而无得于心者也，使雄有得于心，吾知《太玄》之不作也。

苏洵在《太玄总例》中更是说："盖雄者好奇而务深，故辞多夸大，而可观者鲜。"元人李冶《敬斋古今黇拾遗》卷二云："老泉既破扬雄《太玄》，以为无得于心而侈于外，又以为乐天为之名，以侥幸于圣人而已。是谓雄之《玄》无一而可取也。"这在《太玄》几乎被神圣化的宋代可谓石破天惊。

苏洵之子苏轼对扬雄也常有微词。川党尽管与洛党意气相争，但在对扬雄的评价上，两党却如出一辙，都认为扬雄是无自得之见的模仿者，其人性论则是混淆了才与性。苏轼在《扬雄论》中说，韩愈之性论（也包括扬雄）：

> 是未知其所谓性者，而以夫才者言之。夫性与才相近而不同，其别不啻若白黑之异也。圣人之所与小人共之，而皆不能逃焉，是真所谓性焉。而其才固将有所不同。今夫木，得土而后生，雨露风气之所养，畅然而遂茂者，是木之所同也，性也。而至于坚者为毂，柔者为轮，大者为楹，小者为桷，桷之不可以为楹，轮之不可以为毂，是岂其性之罪焉？天下之言性者，皆杂乎才而言之，是以纷纷而不能一也。（《苏轼文集》卷四）

苏轼这里所说的性近于我们所说的共性，而才，近于我们所说的个性。在二程言论中，也常有类似议论：

> 扬雄、韩愈说性，正说著才也。（《二程遗书》卷十九）
>
> 扬子，无自得者也，故其言蔓衍而不断，优游而不决；其论性则曰："人之性也善恶混，修其善则为善人，修其恶则为恶人。"荀子，悖圣人者

也，故列孟子于十二子，而谓人之性恶。性果恶邪？圣人何能反其性以至于斯耶？（《二程遗书》卷二十五）

由于人性论是二程学说中一个最基本的部分，而在人性问题上见解歧异，导致二程对扬雄全盘否定：

汉儒如毛苌、董仲舒，最得圣贤之意，然见道不甚分明。下此，即至杨雄，规模窄狭。道即性也，言性已错，更何所得？（《二程遗书》卷一）

韩愈亦近世豪杰之士。如《原道》中言语虽有病，然自孟子而后，能将许大见识寻求者，才见此人。至如断曰："孟氏醇乎醇。"又曰："荀与杨择焉而不精，语焉而不详。"若不是佗见得，岂千余年后便能断得如此分明也？如杨子看老子，则谓："言道德则有取，至如抵提仁义，绝灭礼学，则无取。"若以老子"剖斗折衡，圣人不死，大盗不止"，为救时反本之言，为可取，却尚可恕。如老子言"失道而后德，失德而后仁，失仁而后义，失义而后礼"，则自不识道，已不成言语，却言其"言道德则有取"，盖自是杨子已不见道，岂得如愈也？（《二程遗书》卷一）

扬雄的言论常常成为二程的批评对象：

圣人之言远如天，近如地。其远也若不可得而及，其近也亦可得而行。扬子曰："圣人之言远如天，贤人之言近如地。"非也。（《二程遗书》卷二十五）

扬雄作为儒者的纯粹性已被强烈地质疑，扬雄的人生态度也遭到批评：

扬雄去就不足观。其曰"明哲煌煌，旁烛无疆"，此甚悔恨，不能先知。"逊于不虞，以保天命"，则是只欲全身也。若圣人先知必不至于此，必不可奈何，天命亦何足保耶？问《太玄》之作如何，曰：此亦赘矣，必欲

撰《玄》，不如明《易》。（《二程遗书》卷十八）

扬雄仕莽的行为更遭到强烈的非议：

> 世之议子云者，多疑其投阁之事。以《法言》观之，盖未必有。又天禄阁世传以为高百尺，宜不可投。然子云之罪，特不在此。亀勉于莽、贤之间，畏死而不敢去，是安得为大丈夫哉。（《二程遗书》卷四）

这以后，洛学门人基本上都成为贬扬派。杨时说：

> 扬雄作《太玄》准《易》，此最为诳后学。后之人徒见其言艰深，其数汗漫，遂谓雄真有得于《易》，故不敢轻议。其实雄未尝知《易》。（《龟山集》卷十一）

与极端的褒扬派司马光相应，极端的贬扬派可推为朱熹。与二程痛贬扬雄性论不同，朱熹痛贬的是扬雄理论中的老庄思想。《朱子语类》中此类言辞比比皆是：

> 扬子说到深处，止是走入老庄窠窟里去，如清净寂寞之说皆是也。又如《玄》中所说（灵根之说）云云，亦只是老庄意思，止说那养生底工夫耳。（《朱子语类》卷一三七《战国汉唐诸子》）
>
> 某尝说，扬雄最无用，真是一腐儒。他到急处，只是投黄老。如《反离骚》并"老子道德"之言，可见这人更无说，自身命也奈何不下，如何理会得别事？如《法言》一卷，议论不明快，不了决，如其为人。（《朱子语类》卷一三七《战国汉唐诸子》）
>
> 雄之学似出于老子。如《太玄》："潜心于渊，美厥灵根。"测曰："潜心于渊，神不昧也。"乃老氏说话。（《朱子语类》卷一三七《战国汉唐诸子》）

不唯扬雄的理论在朱熹看来不是纯儒学，扬雄仕莽在朱熹看来也属奸憝之行，所以在《朱子纲目》里，直书扬雄为"莽大夫"，学问行事均不称其意，对扬雄的评价当得上"严苛"二字：

> 董仲舒自是好人，扬子云不足道，这两人不须说。（《朱子语类》卷一三七《战国汉唐诸子》）
>
> 不要看扬子，他说话无好处，议论亦无实处，荀子虽然是有错，到说得处也自实，不如他说得恁地虚胖。（《朱子语类》卷一三七《战国汉唐诸子》）
>
> 他见识极低，语言极呆，甚好笑！荀扬二人自不可与王韩二人同日语。（《朱子语类》卷一三七《战国汉唐诸子》）
>
> 荀扬不惟说性不是，从头到底皆不识。当时未有明道之士，被他说用于世千余年。韩退之谓荀扬"大醇而小疵"，伊川曰："韩子责人甚恕。"自今观之，他不是责人恕，乃是看人不破。（《朱子语类》卷一三七《战国汉唐诸子》）

等等，不一而足。由于程朱理学影响甚广，贬扬之风在南宋似占据上风，直到真德秀才为扬雄说了几句公道话，其云：

> 自孟子没而圣学失传，汉儒者董仲舒氏、扬雄氏皆尝以道自鸣，而性命之学则有所未究，然赖其言而世之学者犹知尊道谊，尚名教，天理民彝未尽泯绝，则亦不可谓非其力也……故尝谓尧舜周孔开皇极创造之勋也，汉世诸儒则区区持守而已。（《西山先生真文忠公文集》卷二十五《昌黎濂溪二先生祠记》）

喜欢扬雄理论和为人的，也喜欢扬雄的文章，如司马光在《注扬子〈法言〉序》中说："扬子之文，简而奥。"应该说，这基本上还算是中性的评价。宋咸的评价就更进了一层，他在《进重广注〈扬子法言〉表》中称："惟彼《法言》，准夫《论语》，义高而绝，文秘而渊。"不喜欢扬雄理论和为人的，同样不喜欢扬雄的文章。朱熹借林艾轩之口说：

> 班固、扬雄以下，皆是做文字。已前如司马迁、司马相如等，只是恁地说出。（《朱子语类》卷一三九《论文上》）
>
> 司马相如赋之圣者。扬子云、班孟坚只填得他腔子，如何得似他自在流出。（《朱子语类》卷一三九《论文上》）

同样，苏轼也不喜欢扬雄故作艰深的文风。苏轼说：

> 好为艰深之辞，以文浅易之说，若正言之，则人人知之矣。（《答谢民师书》）

明清时期对扬雄的评价

后人有关扬雄的议论基本上都没有摆脱宋人确定的框架，和苏轼一样，明人王世贞也不喜欢扬雄的文风，他说：

> 余读《法言》，其称则先哲畔道者寡矣，顾其文割裂聱曲，闿智渳涩，剽袭之迹纷如也。甚哉！其有意乎言之也。圣人之于文也，无意焉，以达其所本有而不言秘耳，故其辞浅言之而愈深也，深言之而不秘也，骤之而日星乎，徐之而大羹之酒哉，乃其矩矱天就矣。世之疾扬氏以道也，余之病扬氏以文也。（《读书后》卷五《读扬子云》）
>
> 孔子曰："辞达而已矣。"又曰："修辞立其诚。"……扬雄氏避其达而故晦之，作《法言》；太史避其晦，故译而达之，作帝王《本纪》，俱非圣人意也。（《艺苑卮言》一·七四）

不过，这时候，扬雄的文风已经不是关注的焦点了，争议的焦点集中在扬雄作《剧秦美新》并附莽上。因为这个污点，扬雄的声誉可以说是一落千丈，原来授予的"先儒"尊号被取消，灵牌也从文庙撤出，不再作为孔子的陪祀。但这一时期依然有喜爱扬雄的人为他辩护。这些辩护者通过考证扬雄的生平以证明扬雄不可能作《剧秦美新》，代表人物是胡直。

胡直，字正甫，号庐山先生。他考证说，扬雄至京见成帝，年四十余矣，自成帝建始改元至天凤五年，共有五十二年。所以，天凤五年时扬雄已近一百岁了。扬雄到京师，王音还活着，王音是在永始初年死的，扬雄一定是在此年之前来京。扬雄是七十一岁死的，王莽始建国时可能已经去世了。郫县人简绍芳引桓谭《新论》说："雄作《甘泉赋》一首，始成，梦肠出，收而内之，明日遂卒。"扬雄作《甘泉赋》是在永始四年。扬雄虽然不一定死于永始四年，但很有可能死于平帝末年，那时他正好是七十一岁。总之，王莽篡汉时，扬雄早死了，他不可能媚莽，更不可能附莽。那么《剧秦美新》是谁作的呢？很有可能是谷永谷子云，雄绝无仕莽、投阁、美新之事（见《衡庐精舍藏稿》卷十八《书郫县志后》）。焦竑、刘元丙等对此都很赞同。

四川布政司参政范涞是扬雄的信徒，他高度评价扬雄：

> 维时扬子云氏，深沉圣学，体撰契神，其《大人》《长杨》诸赋，尚土苴一斑，勿论。论其大者，为《法言》，又为《太玄经》，三摹九据，悉根于性命天道，泄羲文周孔所未泄，即中原、稷下群儒，瞠乎其后，猥云雕虫能之乎？

《大人赋》实际上为司马相如所作。范涞尤其反感别人引不实之辞批评扬雄附莽，他说扬雄必不附莽，有五个理由：

第一，古人将扬雄比拟孟荀已经很长时间了，既然有这样的比拟，肯定是相类似的，能和孟子、荀子并列，怎么可能仕莽？第二，郫县大司空何君公、新繁太中大夫张公儒、中郎侯直孟皆以不附莽见杀。扬雄和他们处于同一时期，也都是蜀人，而时论视扬雄为名流领袖，仕莽之事，这三君且不屑，子云难道屑之？第三，《法言》品藻了汉兴以来诸将相名臣，独不及莽，而从扬雄其他清高的言论中也可看出他必不仕莽。第四，扬雄是在汉成帝时就被推荐为郎的，与王莽、董贤等人同官并列。以后经过两代皇帝，莽、贤皆为三公，权倾人主，他们所荐举的人没有一个不得到提拔、获得高位，而扬雄历经三世，并没有迁过官职。王莽篡位后，扬雄也没有获得加官封爵之荣，进献《剧秦美新》已经是在王莽欲绝符命之时，只能给自己招致危险。第五，范涞原原本本引述了胡直、简绍芳的考证。总之，扬雄绝不可能附莽。

不过，胡直等人的考证并不难驳倒，姚范、全祖望、梁章钜等都有考证文章加以辩驳。郭子章是胡直的学生，连他都说："予师胡庐山先生为扬子辩仕莽，累千言，顾亦未有确据。《美新》《安汉》二篇，即扬子百喙无以自解。"不过，郭子章也为扬雄进行了开脱，他说：

> 予谓美新不剧汉而剧秦，《法言》不曰继汉而曰安汉，扬子之心盖有大不得已焉者。且古今国亡而死者，度不死无为也，其不死者忍其死将有为也……恶知《法言》《太玄》二书不就于汉亡之后邪？又恶知扬子之不死不为是邪？予因题扬子墓而系之《法》《玄》，明不死意也。（《四川通志》卷四十四《汉扬雄墓记》）

清朝初年，顾炎武、王夫之、朱彝尊对扬雄的行为都有过批评。顾炎武在《日知录》卷十九论巧言之害时说："有王莽之篡弑，则必有扬雄之《美新》；有曹操之禅代，则必有潘勖之《九锡》。是故乱之所由生也，犯上者为之魁，巧言者为之辅。"把扬雄视为以巧言辅篡弑的佞臣。朱彝尊《曝书亭集》卷五十六《论扬雄》则把扬雄的言行视作"伪"：

> 以言取人伪之所从出也。扬雄之书诵法孔子，自周秦以降，折衷圣人而纯于道德者，莫有过焉者也……抑知其尽出于伪哉？王莽将篡汉，恭俭以下士，雄之澹泊自守，若无荣利动其中，其初盖欲悦莽之心，及久未见用，躁不能禁，乃为《剧秦美新》之文以献媚。前之所为，唐尊之柴车瓦器也；后之所为，哀章刘秀之符命也。其独不得柄用者，莽尝与雄同为郎，莽之伪雄知之，雄之伪莽亦习知之也。莽作《金縢》《大诰》，以自拟于周公，雄作《太玄》《法言》，以自比《周易》《论语》，相率而为伪焉矣。投阁之事，已为当世所笑。后之君子顾或有取于雄者，徒以其言之不诡于圣人也。

同书卷三十六《黄先生遗文集》说：

> 君子之学，一于诚而已……顾后世躁进若扬雄之徒，每援圣人以自文其过，其进也不以礼，其禄也非其道；几微祸福之不明，进退、出处、死生之未能信，善道之谓何？无他，诚未立于中，宜所守之易夺矣。

朱彝尊不但批评扬雄的为人，还批评他的文风，上引书卷三十一《与李武曾论文书》说：

> 西京之文，惟董仲舒、刘向经术最纯，故其文最尔雅，彼扬雄之徒，品行自诡于圣人，务掇奇字以自矜，尚安知所谓文哉？

扬雄从传统的默守寂寥、澹泊淡然的学者变成了一位躁竞之徒。颜元更是激烈地说："扬雄为莽大夫，春秋所必诛，尚可从祀乎？"（《颜元集·习斋记余》卷三《答许酉山御史书》）联系当时的朝代背景，这样的批评容易理解。宋朝之后，忠于一家一姓之观念深入人心，改易朝代被视为大逆不道，人人都视王莽为巨憝大奸，想要为扬雄辩护并不容易。

王夫之则对《太玄》作了尖锐的批评，并由此发挥，认为扬雄和王莽在思维方式上有相同之处，最后附新并不奇怪。他在《周易外传》卷五中说：《太玄》这本书，"其所仰视，四分历粗率之天文也；其所俯察，王莽所置方、州、部、家之地理也。进退以为鬼神，而不知神短鬼长；寒暑以为生死，而不知冬生而夏杀。方有定而定神于其方，体有限而限易于其体，则亦王莽学周公之故智。新美雄而雄美新，固其宜也……其于《易》也，犹爝火之于日月"。

清朝篇幅最长的扬雄评论当数乾道年间黄承吉的《梦陔堂文说》。黄承吉（1771—1842年），字谦牧，号春谷先生，江都（今江苏扬州）人。他生活于乾隆至道光年间，嘉庆十年进士出身，曾任广西兴安知县、乡试同考官等。黄承吉以为，由于扬雄有文章乃"童子雕虫篆刻，壮夫不为"之语，后世之轻文者，皆以此语为口实。他又认为自孟子以后，司马迁乃尊圣道、明六经之第一人，而扬雄说司马迁"行不副文，是非颇缪于圣人"，这一观点又被班固继承，使得班固有意识地贬抑司马迁。为此，他写了十一篇文章，用了三十余万字痛斥扬雄。黄承吉认为，正因为扬雄有着崇高的历史地位，因此对他的批评一定要说透。这十一篇文章的内容观点大致如下：

第一，自扬雄有辞赋乃雕虫篆刻之说，致使文章为后世所诟病，然而文章关系至重。第二，扬雄说赋为童子雕虫篆刻，壮夫不为，壮夫就是壮年之意，然而扬雄所作之赋全在壮年。第三，《汉书》中不应该给扬雄立传。第四，《汉书·扬雄传》是扬雄自序，对扬雄仕莽忽略不提，这是班固针对扬雄而对史例作的改变。第五，扬雄的《甘泉赋》，赋的正文与序言不合。第六，黄承吉认为《甘泉赋》通篇都是以昆仑谀颂，献媚赵昭仪。第七，《河东赋》《校猎赋》《长杨赋》《逐贫赋》《太玄赋》辞意杂乱鄙陋，有乖文体。第八，扬雄设"风""劝"二字贬赋，就为诬陷司马相如。他先误解《诗序》，兼误及一切经书。第九，扬雄因毁东方朔，致毁柳下惠为乡原仁贼，同时还批评了《法言》中其他错误的言论。第十，认为《汉书》中多诬陷司马迁之语。第十一，认为《太玄》自谓合天应历，其实所言皆臆，数与天历不合。黄承吉此书利用对扬雄的批评，阐述了自己对文章价值、赋的文体、"风""劝"等问题的看法，有的观点确实有一得之见，但对扬雄的批评有很多意气用事的地方，现在看来，难称公允。但阮元在给《梦陔堂文说》写的序言中却称赞此书一出，"于是千古之诬枉始正，人心之是非始正，人心之忠奸始正，经史之是非、孔孟之指归是非亦皆正。然则君之不出山，特为司马迁、雄、固定此一案也，使君出山，复能办岑溪等案。官至督抚，终碌碌以归，不及此数十万言者"。

近世章太炎对扬雄的评价从总体上来说并不高，但他认为其人性论有独到之处，其云："扬子云迂腐，不如孟荀甚远。然论性谓善恶混，则有独到处。于此亦须采佛法解之，若纯依儒家，不能判也。"（《章太炎国学讲演录·诸子略说》）然后用佛家所谓阿赖耶识来解释人之本性。章太炎说扬雄模拟太甚，绝无卓然自立之处，正是依靠人性"善恶混"这一观点，才能和孟荀并提。尽管章太炎对扬雄的学问、理论评价不高，但对他附莽的行为却多有辩解。他和洪迈一样，认为易代之际，去就向无定轨，唯心所取。扬雄在汉朝职位颇低，去故就新，不为携贰。而《剧秦美新》虽外示符命，但内藏讽切。《法言》中说"汉兴二百一十载而中天"，是明确预言了汉朝的寿祚才到一半。（《检论》卷八《扬颜钱别录》）章太炎的这一说法也并非独创，宋祁就说过："《剧秦》诡辞，恨死新时。曰汉中天，果不吾欺。"（《成都文类》卷四十八《子云象赞》）

总之，清朝时期的舆论总体上对扬雄贬多于褒。对扬雄评价的变化，实际上从一个侧面反映出中国思想史的变迁与发展。随着宋明理学的深入人心，"忠臣不事二主"这一观念成为士大夫最基本的价值观，这就使得对扬雄仕莽的行为越来越重视，评判越来越严苛，而这种严苛的政治、道德评判也影响到对扬雄的学术地位、文学成就的评价。

扬雄思想的价值

回顾历史上褒扬派与贬扬派之间的争论，我们需要思考一个重要问题，即扬雄思想的主要价值何在？

与古代学者不同，很多现代研究者认为，扬雄融合儒道，开启魏晋玄学乃是他在思想史上的主要价值所在，因而，扬雄思想中的道家成分影响甚至决定了其思想特质的形成，决定了他异于前人或超越前人的思想史地位。但我认为，我们可能夸大了扬雄受道家思想影响的程度。在我看来，扬雄所接受的道家思想中的一些成分（主要是其辩证法思想、人生态度以及天道观，等等）已经超越了学派的畛域而成为全民族的共同智慧。比如说，在扬雄著作中反复论述的一个规律——盛极必衰、物极必反，早在《易经》中就有过类似的观念，《乾·上九》爻辞中有"亢龙有悔"之语，《泰·九三》爻辞中有"无平不陂，无往不复"之说，只不过后来由老子作了更精彩更知名的表述，我们现在才将其视作道家思想。就人生态度而论，道家有退守知足、明哲保身的人生主张，儒家也并不是一味主张进取，而是主张"邦有道，则智；邦无道，则愚"，即有道则进，无道则退，以保身为主的人生态度。再比如天道观，这乃是儒家理论悬搁的一个部分，但就在《老子》提出"天道无为"，用"莫为"之说反对"或使"之说后，很快就被儒家（如荀子）所接受并发展，"天行有常，不为尧存，不为桀亡"（《荀子·天论》），天道自然无为的观念成了当时最进步的思想观念之一。

扬雄接受的道家思想主要就是那些已成为全民族共同智慧的思想，而在经历了汉初黄老思想作为治国之道的历史阶段之后，汉朝人或多或少都会接受某些道家思想的影响。值得注意的是，这些儒道共有又略有区别的思想领域，扬雄肯定是接近儒家而疏远道家的。比方说，同样是明哲保身的人生态度，扬雄采取的方式是"有道则进，无道则退"，而非道家的出世；同样是辩证法，他接受的是重视阳刚进取的《易传》系统，而非柔弱守雌的《老子》系统；在政治哲学上，道家以天道无为推演出无为政治，扬雄承认天道无为却否定无为之治，主张人事之重要（这明显接近荀子），等等，这一切，都说明扬雄对道家的接受程度比我们想象的要小。

扬雄早年曾受教于严君平这一事实是使我们夸大道家思想对扬雄的影响的主要原因之一。早年所受教育固然是个人思想形成的重要因素（实际上，我们对扬雄早年所受的教育了解很少，根据当时教育的一般状况，儒家的经典教育应该是更基本的教育），但人的思想会随着以后的经历而发展变化，这种变化在扬雄身上表现得相当明显。比方说，扬雄早年好辞赋，但到晚年却认为这是壮夫不为的雕虫之技。所以，即便他早年深受道家思想影响，但在晚年写作《法言》之时，已对老子思想有了更为清醒的认识："老子之言道德，吾有取焉耳。及槌提仁义，绝灭礼学，吾无取焉耳。"（《法言·问道》）这较为清楚地说明了扬雄对于老子学说的取舍。实际上，我们曾经论及扬雄将道德这一概念用儒家思想进行了改造，所以无论如何，扬雄的思想是以儒家思想为主干的。

很多人认为《太玄》乃是以《老》释《易》，这种将《周易》与《老子》结合的做法，为以后学术思想发展中的知识结构、学说融合提供了一个成功的范例。在此基础上，又进一步形成了以"三玄"——《周易》《老子》《庄子》——作为自己主要的思想养分的一种思潮——魏晋玄学，而扬雄对魏晋玄学的影响则在很大程度上决定了他在中国思想史上的崇高地位。但据我看，扬雄的《太玄》在象数方面，模仿的是孟京易学，在义理方面，模仿的乃是《易传》。要说《老子》对《太玄》有什么影响的话，那也主要集中在天道观和辩证法思想上，而我们在上文说过了，首先这些思想可以视作是全民族的智慧，不能说是道家一家的主张；其次，与其说扬雄的天道观和辩证法来自《老子》，不如说是来自《易传》更为恰当。因此，与孟京易学和《易传》相比，《老子》对《太玄》

的影响可以说是微乎其微。

接下来我们讨论《太玄》对魏晋玄学的影响。确实，有间接的证据可以证明魏晋玄学的重要人物王弼接触过《太玄》，《太玄》中的一些名词也为魏晋玄学所沿用。尤其是两者在名称上的接近，更会给人一种联系紧密的印象。但如果仔细分析一下即可知道，《太玄》之"玄"与玄学之"玄"，其含义是不同的。玄学中的"玄"通常的含义是"玄远"，指远离"世务"和"事物"的一种超绝的形而上的本体论。而《太玄》之"玄"则主要指宇宙的规律、结构和起源，它最后不但落实到事物上，更落实到世务上。所以，如何评估《太玄》给予魏晋玄学的影响，依然是一个需要慎重考虑的问题，毕竟，《太玄》与魏晋玄学在性质上是属于两种完全不同的学说。

首先，《太玄》是在汉朝烦琐化学术风气影响下的产物，在"虚无""神明""阴阳"诸概念上再累加上"玄"概念。孟京易学以八卦为中心，以此配合历法、干支、五行、星宿；扬雄《太玄》则是以数字为中心，在配合历法、干支、五行、星宿的基础上，再配以地理、声律、五色、五味（舌中之味）、五奥（鼻中之味）、五形、五脏以及性、情、视、用、帝、神，等等，并在《易传》所论卦象的基础上，发展出更加繁复的以至于令人眼花缭乱的象数系统，这些都是踵事增华的体现。而我们知道，魏晋玄学恰恰是两汉学术烦琐化的反向调整，整个学说都体现出简约化的特点。

其次，《太玄》中的思维方式基本上是经验的、机械的，它的赞测之辞无一不与伦理纲常有关，这与魏晋玄学主要运用思辨的方式，远离具体世务，具有形而上学的特征有着根本的不同。

第三，《太玄》基本上还是宇宙论，只不过其重点在于宇宙构成论，而魏晋玄学则属于本体论。所以我们认为，《太玄》是典型的汉学，它对于魏晋玄学的影响是浮面的、枝节的而非深刻的、本质的。

综上所述，我认为，道家思想并非是扬雄思想的主干，其思想史上的地位也并不因为其道家思想而确定。

还有一种观点是将扬雄视为正统的儒家，其思想史上的地位因其辟斥诸子百家、恢复孔孟道统而得以奠定。确实，扬雄以孟子自居，其辟斥诸子、捍卫孔子之道的精神显然影响了韩愈，甚至也影响到宋朝诸儒。我们不能否认扬雄在儒学振兴过程中所起的作用，但这一作用也不应该作不适当的夸大。

首先，辟斥诸子、独尊儒术的首先是董仲舒，是他在"天人三策"中斩钉截铁地说："今师异道，人异论，百家殊方，指意不同。是以上亡以持一统；法制数变，下不知所守。臣愚以为诸不在六艺之科孔子之术者，皆绝其道，勿使并进。邪僻之说灭息，然后统纪可一而法度可明，民知所从矣。"（《汉书·董仲舒传》）董仲舒不仅在理论上提倡独尊儒术，而且这一主张也被汉武帝运用到实际统治中去，儒学的昌明、诸子之学的衰亡，最大的功臣是董氏而非扬雄。推尊孔子乃是汉朝经师的一致观点，要说扬雄在这方面有什么异于常人的突出贡献，恐非实情。扬雄对儒学的贡献在于他提高了孟子的地位，但仔细分析，扬雄的思想理论与大部分汉儒一样，与其说是接近孟子，不如说是接近荀子。如天道无为的自然观、详礼略仁的伦理学、尚智重学的知识论、尊师重教的教育观等等都与荀子很接近。孟子最具特色的一些理论，如性善说，尽心、知性、知天的唯心主义哲学思想，在扬雄思想体系中占比很小。乍一看，孟子的仁政学说对扬雄应该很有影响，但仔细一分析也不尽然。扬雄政治思想的主要内容是重礼而非重仁，他的仁政思想是在礼仪尤其是在等级制度规范下的政治思想，所以他最反感的是下对上的僭越，他也并不是一味主张减轻农民的负担，当三十税一与十税一发生矛盾时，他坚定地主张十税一。什一税、井田制，可能是扬雄接受孟子影响最有力的证据，但除了孟子主张什一税、井田制之外，西汉时的今文经学家同样如此主张。从文字用语分析，扬雄从公羊派儒生那儿接受这一主张的可能性比从孟子那儿接受这一主张的可能性要大。

总之，尽管扬雄十分尊崇孟子，但两人在思想上共同之处并不多。他自比孟子主要是基于孟子在杨墨塞路时辟斥诸子的战斗精神。韩愈说："孟氏醇乎醇者也，荀与扬，大醇而小疵。"似乎也看出扬与孟之不同。但无论如何，由于扬雄的思想中扬弃了汉儒学说中的灾异、祥瑞、谶纬等种种虚妄之说，基本上继承了先秦儒学尤其是荀子一系的儒学精神。而由董仲舒奠定基础的汉朝官方儒术，却是经过改造后有所变质的儒学。与董仲舒相比，扬雄的思想更接近先秦儒学的本质。所以，扬雄对后世儒家的影响应远远大于他对道家的影响。因此，扬雄在中国思想史上最重要的价值，确实在于他恢复了孔孟以来的道统，继承了先秦儒学的精神，对唐、宋以后儒学的复兴起了无可替代的作用。

其次，我认为扬雄在中国思想史上的重要价值，又是由其所生活的时代来凸显的。扬雄在思想史上的价值，还表现在人生实践这一层面上，是他用自己的生活实践，为后世知识分子提供了一套独特的生活方式。这是一种边缘化的生活方式，自觉地避开社会政治的中心，从而也就避开了各种足以危身的旋涡。他将知识作为安身立命的基石，甘心寂寥地默默无闻地困守书斋，与此同时也不放弃自己的社会责任，在保身的前提下完成自己应尽的使命。这使他在举世争骛禄利、学术依附于政治的时代中，能够保持自己人格的完整与独立，从而能够信守个人的学术立场。这种生活方式是在愤世、玩世与避世之间找到了一条新的出路。所以，扬雄作为知识分子的一种新范型一直受到后人的称颂。这是扬雄在中国思想史上一个很大的贡献。

再次，我认为扬雄在思想史上的价值还在于其理性主义的立场。扬雄对后世思想家最明显也是最重要的影响就是，其理性主义立场启发并引导了东汉以后的唯物主义思想家如桓谭、王充、张衡等人，使得以理性主义和唯物主义为特征的哲学思想成为东汉时期一股巨大的思想潮流。在儒学神学化、灾异方术充斥朝野的汉朝，扬雄坚持并捍卫了先秦儒学的理性主义精神，对灾异谶纬和神仙方术自始至终保持着高度怀疑，从不迎合。在扬雄的著作中，几乎看不到当时流行的灾异之说，而对神仙鬼怪之说则绝不信从。

扬雄反对灾异方术的理性主义立场是他思想体系符合逻辑的发展结果。由于扬雄坚持天道无为的自然观，反对当时流行的神学目的论，"君子以人占天"，坚持重人事轻天命的主张，这就使灾异方术没有了思想基础。但能在当时的情形下坚持这一立场，还需要人格上的独立与超卓。我们曾经指出过，当时的灾异谶纬之说，大部分不是因为对天意的信仰，而是一种上以为挟持、下以为利禄的工具，只有不卷入权诈阴谋，不追求高官厚禄，才能对当时的妖妄迷信之说保持较为清醒的批判头脑。扬雄的这种理性主义立场可能也是当时《诗》《礼》之学重礼仪轻灾异这一学风的折射。我们在前文曾经论述过，扬雄的思想较为接近礼仪派儒生，而礼仪派儒生仍保留着潜在的理性主义、经验主义倾向，但由于他们从未对此有过系统的论述，扬雄就得以成为西汉持理性主义立场的学者们的最重要的代言人。

最后，我们也必须指出，扬雄的思想表述虽然很艰深，内容却并不深刻，苏东坡讥其为以艰深之辞文浅易之说，虽有些尖刻，却不无道理。即便在西汉一朝，他也称不上是最出色的思想家。他的生活态度和生活方式决定了他不可能成为司马迁那样的伟大人物。

扬雄终身困守书斋，他是用冷静理智的眼光观察时代与生活，而非用全部的生命体验生活，所以，在他的理论中，自始至终缺少一种因生命体验而产生的深邃的洞察力和因热血情感的涌动所带来的强烈感染力。读扬雄的作品，我们很少会有拍案叫绝的惊叹，很少有醍醐灌顶的猛醒，很少有发自肺腑的共鸣，更没有令人动情的感动。疏离现实政治、默默追求知识这一人生态度造就了扬雄，也限制了扬雄，他无法像司马迁那样从自己的切身生活感受中迸发出"倘所谓天道，是邪非邪？"（《史记·伯夷列传》）的终极疑问，也无法如司马迁一样建立不以成败论英雄、不以世俗论是非的评价标准，因而也就无法理解司马迁对下层民众及其不幸者高度的赞颂与评价，更无法产生司马迁《货殖列传》那种超越千古的史观与史识。同样是对酷政的批判，从《史记》充满激愤的叙述中，我们可以感受到作者对酷吏暴君深恶痛绝的伟大情感，而在扬雄的点评式议论中，我们感受到的只是不痛不痒的浮泛。扬雄的理论，今天大部分已成为历史的陈迹；他的文字，如今也已无法打动我们。一个缺少热血与激情的学者，过着一种疏离现实的生活，无论其知识多么渊博，也难以产生深刻的思想，这是扬雄留给我们的教训。

西蜀子云亭

　　在成都、乐山、犍为、郫县、绵阳境内，到处都有
扬雄的遗迹，它们是扬雄思想与精神的物质载体。这些遗
迹不见得都是真实的，但寄寓着四川人民对扬雄的思念与
缅怀。

成都市的扬雄故居

"南阳诸葛庐，西蜀子云亭，何陋之有？"刘禹锡《陋室铭》中的这句话使得子云亭这座纪念扬雄的建筑变得家喻户晓。事实上，在西蜀多地都有子云亭的存在。除了子云亭之外，蜀地尚有墨池、草玄堂、扬子云读书台、扬雄墓等等纪念性建筑。尽管对扬雄的评价有很多的争议，但在蜀地人民的心目中，扬雄毫无疑问是最著名的乡贤；在蜀地官员中，也不乏喜爱扬雄的人，他们保护、重建了扬雄的许多遗迹，有的成为当地的重要景点。这些遗迹大部分分布在成都、乐山、犍为、郫县、绵阳境内。

在成都市内，有关扬雄遗迹的记载是最多的。据北宋人高惟几的《扬子云宅辨碑记》考证：

> 蜀都故关内中兴寺即西汉末扬雄宅，南齐时有僧建草玄院，以雄于此草《太玄》也。《蜀记》曰："草玄亭即扬雄草《太玄》所也，宅在州城西北二里二百八十步。"扬氏《蜀王本纪》云："蜀之地本治广都樊乡，后徙居成都。秦惠王遣张仪定蜀，筑成都而县之。"今子城乃龟城也，亦仪所筑。《县经》曰："县在子城西北二里一百步。"今草玄亭废址乃其宅，去县仅二百步，与二说符矣。

《蜀记》是晚唐郑暐所作，州城、子城都是指秦时所筑之大城，大城之西北，在今青龙街附近。另据《太平寰宇记》卷七十二记载："子云宅，在少城西南角，一名草玄堂。"少城亦是秦时所筑，在大城的西边，少城西南角，大致在市桥附近，距西胜街不远。而《太平御览》卷一百八十引《成都记》则曰："成都县南百步，有严君平、司马相如、扬雄宅。今草玄亭遗迹犹存。"所谓《成都记》，应该就是唐朝人卢求的《成都记》五卷。此书成书于大中九年（886年）八月之前。

也就是说，在唐朝的时候，扬雄故宅的地点就有两说，一说在子城西北，一说是在少城西南。

在唐朝人的诗歌中，曾反复提到扬雄的这个故宅。初唐时王绩在《田家三首》（其一）中就提到："草生元亮径，花暗子云居。"诗人王勃在《赠李十四》四首中说："乱竹开三径，飞花满四邻。从来扬子宅，别有尚玄人。"然而这些诗歌无法帮助我们确认扬雄宅的正确地点。李白在《淮南卧病书怀，寄蜀中赵征君蕤》一诗中说："朝忆相如台，夜梦子云宅。"把相如台与子云宅并举，大概可以说明子云宅应该是在成都。不过，等到岑参拜谒扬雄故里时，看到的是寂寥人空的景象，他以一种悲凉的心情，写了《扬雄草玄台》："吾悲子云居，寂寞人已去。娟娟西江月，犹照草玄处。"草玄台即子云居，这有助于印证高惟几的说法，即扬雄故居在南齐时建了草玄院。

北宋庆历八年（1048年），在高惟几的主持下，重修了墨池，并建了一座准易堂。曾在眉州、嘉州、汉州担任官职的南充人何涉写了一篇《墨池准易堂记》，记录了这次重修的缘起，其云：

> 扬子云，历汉哀、平、新莽际，号为名儒，声光冯冯，虽千百年亡辄衰贬。有宅一区，在锦官西郭隘巷，著书墨池存焉。后代追思其贤而不得见，立亭他端，岁时来游，明所以景行响慕。入魏晋李唐，其间兴衰，如蠓蠛蠓，如蝇营营，侵晦谨谡之声未穷，而氏姓俄变，独子云之宅岿然下据，不被废撤，亦足以信其材度艺学为世所仰也。王德数尽，中原溃丧。王建由草窃进攘蜀土，僭立称号，用淫虐暴恣以成其一切，固不暇识所谓扬子云果何人也。宅与墨池垣入官界，为仓庾地。至知祥、昶世，及皇朝，仍而弗革。

淳化甲午，李顺寇始乱，放兵烧掠，隆隆积廪，化作灰阜。贼平，主者因其地改创营坞，以休养卒徒。环堵儒宫，弥益污辱。

据此我们知道，当时认定的扬雄故居是在“锦官西郭隘巷”中，与《太平寰宇记》的说法相同。子云故居中尚有墨池，后来在“他端”建成了一座亭子，这座亭子有可能即是草玄台。但到了前蜀王建的时候，扬雄宅与墨池都成了官府的仓庾之地。到了淳化甲午，即公元994年，此一粮仓在李顺起义时被烧毁。起义平息后，此地改造成了一个营坞，供兵卒休息。

庆历丁亥（1047年），今相国、集贤文公适为是都尹，有中兴寺僧怀信诣庭言状，公叹惋累日，命吏部寻遗址画疆，以还其旧。然屋已名龙女堂，池复湮塞洪溷，时方议疏葺，而公遽迫入觐，事用中寝。

文公即是文彦博。据南京师范大学程杰教授考证，文彦博庆历四年知益州，到庆历七年三月，仍在益州任上。益州与成都府，北宋前期反复升降易称。庆历间官方名应称益州，但当地人称成都府，也很习见。到了庆历八年（1048年），文彦博的官衔是礼部侍郎、同中书门下平章事、集贤殿大学士。同中书门下平章事即宰相，故称“相国、集贤文公”。

明岁戊子，提刑司田郎高侯惟几，乘闲独至，睹荒圮渺莽，咨嗟久之。且言子云八十一首、十三篇、逮他箴颂，其辞义奥远，山生泽浸，上与三代经训相褾襮。士大夫不通其语，众指以为孤陋。用其道反绌其迹，如耸善捄俗之风将坠地弗振何？退谕贤僚名卿，敛俸余，以图经构。知尹直枢密程公，学据壶奥，人推宗师，扶乘飚流，敦尚名义，闻而说，命取良材，充助其用。都人士逮田衣黄冠师，虽平时叛吾教、訹佗说以自夸者，亦欢欣忘劬，来相是役，辨方审曲，率有意思。直北而堂，曰“准易”；绘子云遗像，正位南向。诸公仪观列东西序。池心筑台，置亭其上，曰“解嘲”。前距午际，轩楹对起，以须晏会，曰“吐凤”。奇葩杂树，移置交带，垂茗森列，气象蔼蔼。三月晦，凡土木黝垩之事毕成。

这篇文章在《成都文类》卷四十二和《四川通志》卷四十一都有引录，但都有错讹，以上的引文是综合两个版本略作校勘而成。知尹直枢密程公，即程琳，时任枢密直学士，知益州。田衣即袈裟，黄冠为道冠，意思是从士人到和尚道士都来帮忙。除了疏浚墨池之外，又建造了准易堂、解嘲亭和吐凤堂。

《天中记》卷十四引《成都记》云："草玄扬雄宅，后置宝园寺，今为宫亭，有墨池在焉。"实际上，此条应如《说郛》卷六十二所引，出自赵抃《成都古今记》。卢求《成都记》和赵抃《成都古今记》在古书中容易相混，赵抃《成都古今记》作于熙宁七年（1074年）之前。看上去，龙女堂和宝园寺似乎是一回事。而赵抃眼中的扬雄故居已经是一片宫亭了。

除了宫观亭台以外，这个建筑群中还有一组画像。袁说友《成都文类》卷四十八引张俞《蜀三贤画像赞》云："益州中兴寺有墨池院，院有前汉扬子云、严君平、李仲元三贤画像，因各赞之。"张俞大致为北宋中期人，活动年代在1035年左右。大概是受前人画像的启发，范镇《载酒亭群公画记》记载，高惟几"既葺子云之居，镵其书，又画其像，及其徒"（《成都文类》卷四十五）。画中之人有田锡、苏易简、陈充、朱台符、张及、王湜、张逵、李畋、彭乘、孙抃、陈希亮、梅挚、何郯、郭辅、张中庸、李绚等蜀地名臣，这些人都被视为扬雄之徒。

南宋人宋京来到此地时，写了一首《扬子云洗墨池》，诗曰："君不见子云草玄西阁门，一径秋草闲黄昏。何须笔冢高百尺，墨池黯黯今犹存。童乌侯芭竟零落，玄学无人终寂寞。汉家执戟知几年？垂老身投天禄阁。俗儿纷纷重刘向，思苦言艰动嘲谤。汉已中天雄已亡，不教空文从覆酱。如今却作给孤园，吐凤亭前池水寒。安得斯人尚可作，会有奇字令君看。"宋京此诗应该是在怀古，除了吐凤亭是当时实景之外，"如今却作给孤园"说的应该是置宝园寺之事。

元朝初年，蒙古大将纽璘在驻守成都期间，曾将文翁石室、扬雄墨池、杜甫草堂列为学宫，并以私财建立书院（见张雨《勾曲外史诗集》卷五），此为墨池有书院之始。明朝弘治年间（1488—1505年）初，蜀王府承奉官宋景复加修建，有书堂、书楼，内藏经书万卷。

到万历二十四年（1596年）时，这个原本"气象蔼蔼"的纪念建筑群已经不知其处。此年范涞来蜀担任四川布政司参政。范涞特别喜爱扬雄，他认为前人对扬雄的批评并非事实，有失公允，一直想要给扬雄平反。他来到成都后，寻访扬雄的故居，得知故居就在官署旁的武担山南面。并研读古志，知道北宋时曾修建墨池、准易堂、吐凤亭等建筑，但"墨池遗迹溷于贾区，芜秽潢污，寄足无地"。只有街旁有一片碑石，刻着"墨池"两个大字，据说是耿定力（字子健）担任成都知府时所立，而字出于宋人米芾。范涞写信给成都县令施所学，希望重建扬雄故居，而程正谊此前就有类似提议。程正谊，字叔明，号居左，时任四川左布政司。于是施所学与华阳县令张守约商量后，向郡守汇报，并在程正谊主持下开始重建草玄堂。程正谊说服了蜀王府捐出墨池之北十一间店铺，靠近墨池的民宅愿意出售的，由官府购买。当地的主要官员都鼎力襄助，有的出钱，有的出力。"构材必择钜丽者，石理瓦甓必择坚致者"，以此建造的建筑群十分堂皇。北面是草玄堂，六楹大堂，屋宇轩豁，窗户敞亮。堂前为平台，台前即墨池，用砖石砌岸。池前为西蜀子云亭。堂后开隙地，种植树木纳凉；堂左右由厨房和浴室形成两翼；两翼之南有二个碑亭。"又南各绕地为栏砌，绵亘相望，可莳杂卉奇葩，列文石，映清波，以憩以游，谈学娱宾，无适而非适。锦城胜迹，蔑有右之者。"（《四川通志》卷四十二录范涞《新修扬子云草玄堂记》）

曹学佺1609年担任四川右参政，1611年升任四川按察史，1613年罢职。他所撰写的《蜀中广纪》卷三《名胜记·川西道·成都府》说扬雄宅："按今在藩司西南隅，属城之北，俱移来者。墨池二字，旧是米颠书扁，刻于石矣。"他所说的扬雄故宅应该就是范涞他们重修的草玄堂。在曹学佺看来，此地并非是扬雄故居所在，是后世和县治一起移过来的。曹学佺心目中的扬雄故居应该是在少城西南。

天启年间，洗墨池畔的扬雄故居已包纳在成都县署之内。至清初，墨池淤积，其故址改作民居。清嘉庆己卯（1819年），聂铣敏任四川提督学政。他听说程正谊、范涞他们所修的草玄堂在青龙街附近，那一带房屋地基已经成为某道观察郑静山的私宅。墨池周围修造了亭台楼榭。郑观察过世后，此园又将倾颓。道光元年（1821年），聂铣敏购买了墨池故地民房三大院及空地数亩，以中院为墨池书院，左为东园，右为廉泉精舍，根据原有的堂庑斋舍，增修成讲堂学舍。聂离开后，书院荒废，于是，将原址在拐枣树街侧的芙蓉书院迁至墨池之西。光绪二十九年（1903年）改为成都县小学堂，光绪三十二年（1906年）改为县中学堂，民国三年改称成都县立中学。新中国成立后，因墨池日益缩小，将其填平后成为操场。

子云亭则划入成都县女子小学内，后改为成都县立女中。民国三十五年（1946年），成都县政府迁至城西茶店子，将子云亭拆迁至茶店子横街。（以上见《成都城坊古迹考·杂考篇·子云亭与墨池》）

嘉定府的扬雄遗迹

在嘉定府有多处传说中的扬雄遗迹。在府治龙游（今乐山）有扬雄观和扬雄山，且都有扬雄遗像。南宋王象之《舆地纪胜》卷一百四十六《嘉定府》载：

> 读书洞，在后溪延祥观，本名杨雄观。《九域志》以为雄故宅也。观有子云□□，洞有子云像，高三尺许，傍有二人列侍……杨雄山，在府治西。有洞深邃，子云隐居于此，遗像存焉。

《九域志》是元丰年间所成，可见北宋人已经认为龙游的扬雄观才是扬雄故居。明朝时似乎又修筑了一个亭子，明人蔡祯曾游此亭，留诗为纪：

> 独步城西路，萧条一草亭。
> 古苔环径碧，修竹绕轩青。
> 石凿观书所，碑镌陋室铭。
> 草元（玄）今已矣，千载想仪型。

在犍为县，则有子云山和扬雄滩，王象之又说："子云山，在犍为县南五里。旧经云，子云隐居之地。下有杨雄滩。"南宋时，知县左震建兴文楼，楼成后撰有《兴文楼记》，其中云："试登斯楼而望焉，子云之山杳霭烟岚，若隐若见，犹有草元之余风，士而讲学求如子云之精深，而后可以羽翼经传也。"（乾隆十一年版《犍为县志》卷七《艺文志》）可见左震将犍为子云山视为扬雄草玄之处。

另外还有子云城，应该就在子云山上。明代曹学佺《蜀中广纪》卷十一《上川南道·犍为县》记载有"扬雄故宅"：

> 《本志》云：子云城，在县南三十里。昔扬子云避乱于此，后人增筑为城，今水月寺是其故址，俗讹为"紫云城"。

据清同治三年版《嘉定府志》卷四《方舆志·山川》载："（子云）山腹有子云洞，其颠有池。"子云山上亦有子云亭，康熙时嘉定知州张苣有诗《行经子云亭诗》云："落月摇双旌，行役犍为道……遥望子云亭，青峰殊缥缈。"不过，这首诗在乾隆十一年编的《犍为县志》中名为《云亭晓烟》，未题作者。

子云山的子云亭在历史上屡兴屡废。乾隆初年，知县宋锦曾经重修。民国十一年（1923年）县知事冷遇春等又重修一次。后来毁于1954年。

传说犍为人还保存着扬雄草玄时的砚台，何宇度的《益部谈资》卷中载：

> 子云家贫，嗜酒，问字者多载酒而往。《清赏录》载："昔有犍为人，得雄草元之砚，如今制，但去圭角。"

《清赏录》是明朝张翼、包衡所撰。又据乾隆四十三年版《屏山县志》卷五《人物志》载："扬雄，字子云，成都人。初隐居犍为之子云山，又筑室于邑之沐川。"这说明，在屏山县沐川（今沐川县）还有一座扬雄故居。

嘉定府尤其是犍为县为什么有如此多的扬雄遗迹与传说？高惟几的《扬子云宅辨碑记》说：

> 楚汉之兴也，扬氏溯江上，处巴之江州。自注曰：即犍为郡，汉建元末领江阳。今《图经》有扬雄宅并洞，洞前刻扬雄像，此即扬侯。尔以雄名最

显，后人慕之，第称曰扬雄。宅与像迨此存焉。今为道宫。

也就是说，扬氏家族第一次迁居是到了犍为郡，后人将扬雄先祖的遗迹全都算在了扬雄名下。这不失为一种有趣的推测。我觉得另一种可能是此处有山原名紫云，后讹为子云山，于是附会出与扬雄有关的种种传说，并由此生发出种种所谓遗迹。

郫县、绵阳的扬雄遗迹

历史上绝大部分人都根据《汉书》本传，认定扬雄是郫县人，但有意思的是，郫县的扬雄遗迹非常寥落，当地人对纪念扬雄也并不热衷。万历二十六年（1598年）郭子章被皇帝任命为右副都御史巡抚贵州，兼制蜀楚军事。来到郫县后，他写了一篇文章，题为《汉扬雄墓记》：

> 予入郫县，进诸生问扬子云亭，对曰："扬子故有亭，已改为书院，祀扬子其中。已复改为学宫，移扬子，祀乡贤，无复亭矣。"问扬子裔，对曰："郫无复扬子者。"予曰："扬子五世俱独传一子，宜不番，今海内亦鲜扬姓者，微独郫。"问扬子墓，对曰："墓在邑西二十里，芜秽不治，里中儿樵牧其上，行道嗟怜。"予曰："是即非侯芭所名玄冢者，疑衣冠葬也，不宜尽销灭。"乃檄有司封之土，周遭树以柏，下令禁樵牧。城都守耿子健暨郫令李某题其墓石。予题之曰："汉扬法玄先生之墓"。付郫令勒之石。（《四川通志》卷四十四《汉扬雄墓记》）

扬雄在郫县被冷落，与此地的扬雄墓不太可信有关。《艺文类聚》卷四十《礼部下》引《杨雄家谍》明确记载说，扬雄葬地在安陵阪上，桓谭为敛赗，起祠茔，侯芭负土作坟，号曰玄冢。郫县的这个扬雄墓多少有些底气不足。郭子章解释说，这应该是扬雄的衣冠冢。这才为此墓稍稍增加了一些可信度。

县城西门外，原有一个读书台，据说是扬子云读书处。乾隆时编的《郫县志书》卷七记载：

> 读书台，在县西门外，汉扬子云□。久圮。明成化年间，邑人宋伯明就其地经营祠宇，縻费千金。督学王敕为之记。杨升庵先生过此亦有题咏……今祠宇亦废，一望榛莽而已。

王敕这篇文章名为《尊贤尚义碑记》，存录于《郫县志书》卷九《艺文志》中。据此文说，郫之西一舍许，旧有汉儒扬子云亭，历世滋久，沦圮在榛莽之中。此地所修的读书台，基址虽存，又埋于穷檐茅屋之下。宋景字伯明，为当地著姓张君茂之子，早年得侍藩府，赐姓为宋。因原基址而广之。杨慎的这首诗也存录于《艺文志》中，题名《郫县子云阁》：

> 落景登临县郭西，坐来结构与云齐。
> 平郊远讶行人小，高阁回看去鸟低。
> 林表余花春寂寂，城隅纤草晚萋萋。
> 酒阑却下危梯去，犹为风烟惜解携。

杨慎诗中的子云阁（亭）似乎并未沦圮，不知是诗人的想象，还是他看到的实景。该方志也提到在县西二十里处的扬雄墓。此墓不断毁损，又不断修葺。据清同治本《郫县志》记载，在清朝道光年间，当时的郫县令黄初在墓旁植上柏树，后任署理知县杨得志立石表墓。此墓南侧有一条小河，咸丰末年，河水把墓脚冲塌，乡人周子升伐石培护，并将河道改向，扬雄墓才能完整地保留下来。

在绵阳，也有扬子云读书台。据《直隶绵州志》卷十四《古迹》载：

> 扬子云读书台，（旧志）州西五里许西山观，古名仙云观，山腰盘石，相传为扬子云读书台。台前石壁镌雄像，左镌扬子真像四字，尚存。

下有按语：

　　子云读书台，州境有二，一在州西南三十里皂角铺，州牧费元龙题。坊云古钟阳镇其南不数武，扬子云读书台在焉。一即此。

　　以上这些古迹不见得真是扬雄遗迹，但它们的存在，能够反映蜀地人民对扬雄的热爱。

汉宣帝甘露元年（前53年）

扬雄出生。

汉成帝建始元年（前32年）

作《县邸铭》《王佴颂》《成都四隅铭》《绵竹颂》《蜀王本纪》。

阳朔二年（前23年）

大致在此年作《反离骚》。

元延元年（前12年）

被招为门下史。

元延二年（前11年）

成帝春正月行幸甘泉，郊祀泰畴。扬雄作《甘泉赋》，大病。

成帝农历三月行幸河东祠后土，扬雄作《河东赋》。

十二月，扬雄作《校猎赋》及《赵充国颂》，除为郎，给事黄门。

元延三年（前10年）

秋，作《长杨赋》。

元延四年（前9年）

作《酒赋》。

绥和元年（前8年）

与李强谈论严君平。

绥和二年（前7年）

作《绣补》《灵节》《龙骨》铭诗三章。

汉哀帝建平元年（前6年）

哀帝即位，始作《太玄》。

建平二年（前5年）

与李寻一起论鼓妖事。

建平三年（前4年）

《太玄》完成，作《解嘲》《解难》。

元寿元年（前2年）

上书谏勿许单于朝。

汉平帝元始元年（1年）

平帝即位。扬雄连丧二子，归葬蜀地，作《逐贫赋》。

元始二年（2年）

作《法言》及《自序》。

元始四年（4年）

作《琴清英》等篇，王莽据以立乐经。

元始五年（5年）

作《训纂》《难盖天八事》。

孺子婴居摄元年（6年）

续《史记》。

初始元年（8年）

作《官箴》及《州箴》。

新莽始建国元年（9年）

完成《法言》。为中散大夫，作《剧秦美新》。

始建国三年（11年）

因刘棻事被牵连，投天禄阁下，几死，以病免官。

始建国四年（12年）

复召为大夫，侯芭从其受《太玄》《法言》。

始建国五年（13年）

作《元后诔》。

天凤三年（16年）

刘歆致书索取《方言》，扬雄答刘歆书论《方言》。是时此书正在撰著中。

天凤五年（18年）

卒，弟子侯芭为起坟。

（汉）扬雄撰，（晋）李轨等注：《宋本扬子法言》，国家图书馆出版社，2017

（汉）扬雄撰，汪荣宝义疏：《法言义疏》，中华书局，1986

（汉）扬雄撰，韩敬注：《法言注》，中华书局，1992

（汉）扬雄撰，韩敬译：《法言全译》，巴蜀书社，1999

（汉）扬雄撰，（晋）范望注，明万玉堂翻宋本：《太玄经》，上海古籍出版社，1990年影印

（汉）扬雄撰，（宋）司马光集注：《太玄集注》，中华书局，1998

（汉）扬雄撰，郑万耕校释：《太玄校释》，北京师范大学出版社，1989

（汉）杨雄撰，刘韶军校注：《太玄校注》，华中师范大学出版社，1995

（汉）扬雄撰，周祖谟校：《方言校笺及通检》，科学出版社，1956

（汉）扬雄撰，（明）张溥编：《扬子云集》，《汉魏六朝百三家集》，四库全书本

（汉）扬雄撰，张震泽校注：《扬雄集校注》，上海古籍出版社，1993

（汉）扬雄撰，郑文笺注：《扬雄文集笺注》，巴蜀书社，2000

（汉）扬雄撰，林贞爱校注：《扬雄集校注》，四川大学出版社，2001

黄开国撰：《一位玄静的儒学伦理大师：扬雄思想初探》，巴蜀书社，1989

蓝秀隆撰：《杨子法言研究》，文津出版社，1989

郑万耕撰：《扬雄及其太玄》，蓝灯文化事业股份有限公司，1992

刘君惠等著：《扬雄方言研究》，巴蜀书社，1992

陈福滨撰：《扬雄》，东大图书公司，1993

沈冬青撰：《扬雄》，幼狮文化事业公司，1993

王青撰：《扬雄评传》，南京大学出版社，2000

张强撰：《宇宙的寂寞——扬雄传》，东方出版社，2001

郭君铭撰：《扬雄〈法言〉思想研究》，巴蜀书社，2006

万志全撰：《扬雄美学思想研究》，中国社会科学出版社，2008

刘韶军撰：《杨雄与〈太玄〉研究》，人民出版社，2011

David R.Knechtges.*The Han Rhapsody*：*A study of the Fu of Yang Hsiung*（*53B.C.—A.D.18*），
Cambridge University Press，1976

出于偶然的机缘，我在二十年之前曾经写作过《扬雄评传》一书，写完之后，并没有在此一领域继续深入，虽然在很多细节文字上陆陆续续地发现了错误，但主要观点至今没有什么改变。感谢四川省委宣传部、成都市委宣传部以及天地出版社，使我有了重新整理扬雄传记的机会。相对于《扬雄评传》，本书更加强调了蜀地文化对扬雄的影响，更加详细地介绍了扬雄生活与创作的时代背景，对扬雄在历史上产生的影响也作了较多的补充；考虑到此书的读者定位，所以文字也尽可能做到浅易流畅。感谢张万文社长的邀约，感谢南京大学许结老师对此书写作的提点，也感谢刘倩女士认真负责的编辑校正。最后要感谢我的家人，他们是我努力工作的最大动力。

王　青

2018年12月24日于南京仙林茶苑

图书在版编目（CIP）数据

四川历史名人丛书. 传记系列. 扬雄传 / 王青著.
—成都：天地出版社，2020.1 （2021.9 重印）
　ISBN 978-7-5455-4121-2

　Ⅰ. ①四… Ⅱ. ①王… Ⅲ. ①扬雄（前53-18）—传
记 Ⅳ. ①K820.871

中国版本图书馆CIP数据核字（2018）第192583号

四川历史名人丛书. 传记系列

扬雄传
YANGXIONG ZHUAN

出 品 人　杨　政
作　　者　王　青
责任编辑　刘　倩
封面设计　今亮后声
内文排版　麦莫瑞
责任印制　葛红梅

出版发行　天地出版社
　　　　　（成都市槐树街2号　邮政编码：610014）
　　　　　（北京市方庄芳群园3区3号　邮政编码：100078）
网　　址　http://www.tiandiph.com
电子邮箱　tianditg@163.com
经　　销　新华文轩出版传媒股份有限公司

印　　刷　廊坊市印艺阁数字科技有限公司
版　　次　2020年1月第1版
印　　次　2021年9月第2次印刷
开　　本　710mm×1000mm　1/16
印　　张　21
字　　数　341千字
定　　价　78.00元
书　　号　ISBN 978-7-5455-4121-2